高等职业教育供应链运营专业"理实一体化"创新教材
浙江省高职高专院校"十三五"新形态教材

# 供应链管理基础

主　编　靳荣利

副主编　葛万军　王耀燕

参　编　陆　毅　颜宏亮

机械工业出版社

本书是由高等职业院校具有丰富一线教学经验的教师编写的高等职业教育供应链运营专业"理实一体化"创新教材、浙江省高职高专院校"十三五"新形态教材。

本书的主要特色是教学内容项目化、教学模式理实一体化、能力训练任务化、考核评价成果化，以此实现逐步提升学生管理技能的教学目标。

本书共设计了8个教学项目、16个教学任务，主要内容包括供应链管理认知、供应链战略规划、供应链体系构建、供应链网络设计、供应链计划与协调、供应链绩效管理、供应链风险管理及供应链服务管理。每个教学项目都设有学习目标、知识结构图、任务描述、任务分析、知识链接、微课短视频、能力训练、复习思考题、实践能力训练等，并配有数字化教学资源，满足读者的学习需要。

本书可作为高等职业院校供应链运营、工商企业管理、市场营销等专业的教材。

## 图书在版编目（CIP）数据

供应链管理基础/靳荣利主编． —北京：机械工业出版社，2021.11（2024.7重印）
高等职业教育供应链运营专业"理实一体化"创新教材　浙江省高职高专院校"十三五"新形态教材
ISBN 978-7-111-69756-5

Ⅰ．①供… Ⅱ．①靳… Ⅲ．①供应链管理—高等职业教育—教材 Ⅳ．①F252.1

中国版本图书馆CIP数据核字（2021）第248468号

机械工业出版社（北京市百万庄大街22号　邮政编码100037）
策划编辑：宋　华　　责任编辑：宋　华　王　芳
责任校对：炊小云　　封面设计：鞠　杨
责任印制：单爱军
北京虎彩文化传播有限公司印刷
2024年7月第1版第2次印刷
184mm×260mm・13印张・294千字
标准书号：ISBN 978-7-111-69756-5
定价：43.00元

电话服务　　　　　　　　　网络服务
客服电话：010-88361066　　机　工　官　网：www.cmpbook.com
　　　　　010-88379833　　机　工　官　博：weibo.com/cmp1952
　　　　　010-68326294　　金　书　网：www.golden-book.com
封底无防伪标均为盗版　　　机工教育服务网：www.cmpedu.com

# 前 言 Preface

英国著名管理学家马丁·克里斯托弗（Martin Christopher）曾指出：21世纪的竞争不是企业之间的竞争，而是供应链之间的竞争。数据显示，我国社会化供应链成本占GDP的18%左右，欧洲和美国占比为7%～8%，而日本却低至5%～6%。《国务院办公厅关于积极推进供应链创新与应用的指导意见》（国办发〔2017〕84号）中指出：供应链是以客户需求为导向，以提高质量和效率为目标，以整合资源为手段，实现产品设计、采购、生产、销售、服务等全过程高效协同的组织形态；供应链具有创新、协同、共赢、开放、绿色等特征，推进供应链创新发展，有利于加速产业融合、深化社会分工、提高集成创新能力，有利于建立供应链上下游企业合作共赢的协同发展机制，有利于建立覆盖设计、生产、流通、消费、回收等各环节的绿色产业体系；供应链通过资源整合和流程优化，促进产业跨界和协同发展，有利于加强从生产到消费等各环节的有效对接，降低企业经营和交易成本，促进供需精准匹配和产业转型升级，全面提高产品和服务质量；推进供应链全球布局，加强与伙伴国家和地区之间的合作共赢，有利于我国企业更深更广融入全球供给体系，推进"一带一路"建设落地，打造全球利益共同体和命运共同体，建立基于供应链的全球贸易新规则，有利于提高我国在全球经济治理中的话语权，保障我国资源能源安全和产业安全。

随着信息技术的发展，供应链已发展到与互联网、物联网深度融合的智慧供应链新阶段。为加快供应链创新与应用，促进产业组织方式、商业模式和政府治理方式创新，推进供给侧结构性改革，支持高等院校和职业学校通过深化教育教学改革，创新供应链人才培养机制，培养多层次供应链专业人才。

本书就是为满足我国对日益增长的高端技能型供应链管理人才的需求，由高等职业院校具有丰富一线教学经验的教师编写的高等职业教育供应链运营专业理实一体化创新教材、浙江省高职高专院校"十三五"新形态教材。

本书的主要特色是教学内容项目化、教学模式理实一体化、能力训练任务化、考核评价成果化，以此实现逐步提升学生管理技能的教学目标。

本书共设计了8个教学项目、16个教学任务，主要内容包括供应链管理认知、供应链战略规划、供应链体系构建、供应链网络设计、供应链计划与协调、供应链绩效管理、供应链风险管理及供应链服务管理。每个教学项目都设有学习目标、知识结构图、任务描述、任务分析、知识链接、微课短视频、能力训练、复习思考题、实践能力训练等，并配有数字化教学资源，满足读者的学习需要。

本书可供高等职业院校供应链运营、工商企业管理、市场营销等专业的学生使用。作为浙江省高职高专院校"十三五"新形态教材，本书提供完整的配套课程教学资源，其中供学生学习使用的部分教学资源可通过扫描教材中二维码获取，其他教学资源可通过登录超星教学平台中的机工共享专区获取，任课教师可以向出版社申请获取登录账号和密码。

本书由靳荣利主编，葛万军和王耀燕为副主编，参编人员有陆毅、颜宏亮。具体编写分工为：靳荣利负责项目一和项目二的编写，葛万军负责项目三和项目四的编写，陆毅和颜宏亮负责项目五和项目六的编写，王耀燕负责项目七和项目八的编写，靳荣利负责全书的策划和统稿。

本书在编写过程中，参考了书籍、文献、论文等，在此对相关作者表示深深的谢意。同时也对参与和支持本书出版的所有同志表示我们的谢意。

由于时间仓促，水平有限，书中难免有不妥之处，敬请读者批评指正。

编　者

# 二维码索引

| 序号 | 名称 | 二维码 | 页码 | 序号 | 名称 | 二维码 | 页码 |
|---|---|---|---|---|---|---|---|
| 视频1-1 | 服务供应链 | | 6 | 视频5-1 | 综合生产计划的制订策略 | | 83 |
| 视频1-2 | 智慧供应链 | | 20 | 视频5-2 | 京东和美的CPFR模式 | | 116 |
| 视频2-1 | 供应链战略决策 | | 29 | 视频6-1 | 供应链绩效评价的特点 | | 123 |
| 视频2-2 | 供应链战略匹配 | | 32 | 视频6-2 | 供应链企业的激励措施 | | 138 |
| 视频3-1 | 供应链设计原则 | | 40 | 视频7-1 | 供应链风险的特性 | | 143 |
| 视频3-2 | 供应链合作伙伴选择的影响因素 | | 50 | 视频7-2 | 拯救福特皮卡供应链 | | 152 |
| 文字资源4-1 | 任务描述补充资料 | | 59 | 视频8-1 | 第三方物流的特征 | | 162 |
| 视频4-1 | 供应链网络设施决策 | | 61 | 视频8-2 | 供应链金融形态及其创新 | | 179 |
| 视频4-2 | 供应链中运输的作用 | | 69 | | | | |

# 目 录 Contents

前言

二维码索引

## 项目一　供应链管理认知 ... 001
　　任务一　供应链基础知识认知 ... 003
　　任务二　供应链管理体系构建 ... 011
　　复习思考题 ... 021
　　实践能力训练 ... 022

## 项目二　供应链战略规划 ... 023
　　任务三　供应链战略认知 ... 025
　　任务四　供应链战略匹配 ... 029
　　复习思考题 ... 036
　　实践能力训练 ... 036

## 项目三　供应链体系构建 ... 037
　　任务五　供应链系统设计 ... 039
　　任务六　供应链合作伙伴选择 ... 045
　　复习思考题 ... 057
　　实践能力训练 ... 057

## 项目四　供应链网络设计 ... 058
　　任务七　供应链网络设施规划 ... 060
　　任务八　供应链运输网络设计 ... 069
　　复习思考题 ... 076
　　实践能力训练 ... 076

## 项目五　供应链计划与协调 ... 077
　　任务九　供应链计划管理 ... 079
　　任务十　供应链协调策略 ... 095
　　复习思考题 ... 119
　　实践能力训练 ... 119

## 项目六　供应链绩效管理 ... 120
### 任务十一　供应链绩效评价 ... 122
### 任务十二　供应链企业激励 ... 134
### 复习思考题 ... 140
### 实践能力训练 ... 140

## 项目七　供应链风险管理 ... 141
### 任务十三　供应链风险的识别与评估 ... 142
### 任务十四　供应链风险防范 ... 149
### 复习思考题 ... 153
### 实践能力训练 ... 154

## 项目八　供应链服务管理 ... 155
### 任务十五　供应链物流服务外包 ... 157
### 任务十六　供应链金融服务创新 ... 174
### 复习思考题 ... 198
### 实践能力训练 ... 198

## 参考文献 ... 199

# 项目一

## 供应链管理认知

### 学习目标

【知识目标】
- ★ 掌握供应链的概念、结构、特征及类型。
- ★ 掌握供应链管理的概念、特点及作用。
- ★ 理解供应链管理的目标、要素、流程及运营机制。
- ★ 了解供应链管理模式的产生及发展历程。

【技能目标】
- ★ 能够正确绘制供应链结构图。
- ★ 能够正确识别不同类型的供应链。
- ★ 能够明确供应链企业的业务流程。

【素质目标】
- ★ 树立严谨认真的工作态度。
- ★ 培养团结协作的工作精神。

## 供应链管理基础

### 知识结构图

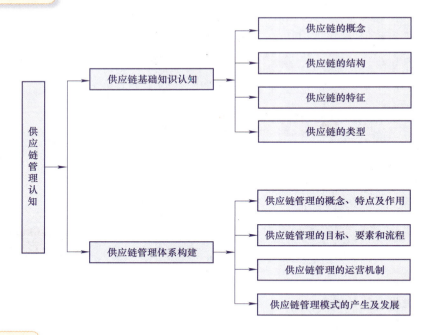

### 任务描述

G公司是一家专业从事汽车零部件制造与销售的跨国公司，其主要使命是为美国、南美洲、加拿大、墨西哥、亚洲和欧洲的汽车制造和修理公司生产汽车用的发动机、传动器和底盘等零部件。公司制造的零部件主要是采用集装箱船运往海外市场的。在南美洲和亚洲，公司为了服务其客户，拥有很大的物流分拨中心；在欧洲，公司是将零部件运抵汉堡和格但斯克，在那里委托第三方物流服务商将其产品递送至遍布欧洲的客户。

近年来，由于受劳动力成本和运输成本的影响，公司在亚洲面临激烈的市场竞争压力，公司在欧洲的业务虽然得到了迅速发展，但也面临新的市场竞争，并且其原有的顾客也变得更加苛刻，质量需求有了明显的提高。公司对其产品在欧洲遭遇的延迟交付和野蛮装卸深感不快，因此公司管理者决定引入供应链管理理念，通过调整和优化供应链网络结构，构建供应链管理体系，来获得持续的竞争优势。

### 任务分析

G公司管理层针对公司业务经营在不同市场中存在的主要问题，决定引入供应链管理理念。因此，公司管理者必须充分了解供应链基础知识，熟悉供应链管理体系，以便做出明智的决策。为此，公司的管理者需要熟悉如下任务内容：

- 任务一　供应链基础知识认知
- 任务二　供应链管理体系构建

# 任务一　供应链基础知识认知

## 知识链接

自20世纪90年代以来，随着科学技术的飞速进步和经济全球化的快速发展，人们的消费水平不断提高，企业之间竞争加剧，加上政治、经济、社会环境的巨大变化，这些都使得市场需求的不确定性大大增强，企业面临着缩短交货期、提高产品质量、降低成本和改进服务的多重压力。所有这些变化都要求企业能对市场做出快速的反应，源源不断地开发出能够满足用户需求的、定制化的产品以占领市场、赢得竞争。新的竞争环境对企业的管理模式产生了深刻的影响，企业不得不从传统的"纵向一体化"，即"大而全""小而全"的管理模式向"横向一体化"的管理模式转变，充分利用企业外部资源快速响应市场需求，本企业只集中精力做自己的核心业务，而将非核心业务外包给专业的合作伙伴企业。例如，福特汽车公司的某一款车系就是由美国福特汽车公司设计，由日本的马自达公司生产发动机，再由韩国的制造厂生产其他零配件并进行组装，最后在美国市场上销售的。由此，"横向一体化"形成了一条从供应商到制造商再到分销商、零售商的贯穿所有企业的"链"。由于相邻节点企业之间是一种需求与供应的关系，因此当把所有相邻企业彼此连接起来时，便形成了供应链（Supply Chain）。

## 一、供应链的概念

供应链的概念最早出现在20世纪80年代，此后，国内外一些研究人员从不同角度给出了不同的定义，到目前为止仍没有形成统一的定义。

首先，供应链是一个系统，是人类生产活动和整个经济活动的客观存在。人类生产和生活的必需品，都经过了原材生产、零部件加工、产品装配、分销、零售等环节。将这些生产、流通、交易、消费环节连接起来，就形成了一个完整的供应链系统。供应链示意图如图1-1所示。

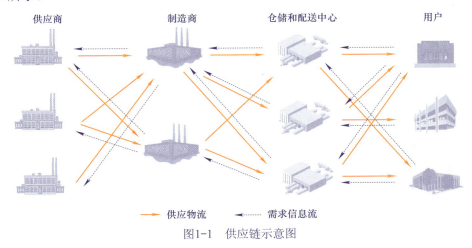

图1-1　供应链示意图

早期的观点认为，供应链是制造企业中的一个内部过程，即企业将从外部采购的原材料和零部件，通过生产转换成产品并通过销售等活动，传递到零售商和最终用户的一个过程。由于传统的供应链概念局限于企业内部操作层面，因此，其关注的重点是企业自身资源的利用目标。有些学者把供应链的概念与采购、供应管理相联系，用来表示制造商与供应商之间的关系。但这是一种仅仅局限于制造商和供应商之间的关系，而且供应链中各企业独立运作，忽略了与外部供应链成员企业之间的联系，往往会造成企业之间目标的冲突。

其后发展起来的供应链概念注意了供应链企业的外部环境，认为它应该是一个"通过链中不同企业的制造、组装、分销、零售等过程将原材料转换成产品，再到最终用户的转换过程"，强调供应链的完整性，注意到了供应链所有成员企业操作的一致性。

最近，供应链的概念更加注重围绕核心企业的网链关系，如核心企业与供应商、供应商的供应商及一切前向关系，核心企业与用户、用户的用户及一切后向关系。由此，对供应链的认识形成了一个网链的概念。例如丰田、福特、耐克、麦当劳和苹果等公司的供应链管理都是从网链的角度来理解和实施的，同时强调供应链的战略伙伴关系问题。

在综合研究分析的基础上，国内学者马士华认为：供应链是围绕核心企业，通过对商流、信息流、物流、资金流的协调与控制，从采购原材料开始到制成中间产品及最终产品，最后由销售网络把产品送到消费者手中的，将供应商、制造商、分销商、零售商直到最终用户连成一个整体的功能性网链结构。

2011年，中华人民共和国国家质量监督检验检疫总局和中国国家标准化管理委员会修订发布了国家标准《供应链管理 第2部分：SCM术语》（GB/T 26337.2—2011），并于2012年2月1日正式实施。该标准将供应链的定义进一步简化为：生产及流通过程中，围绕核心企业，将所涉及的原材料供应商、制造商、分销商、零售商直到最终用户等成员通过上游和下游成员链接所形成的网链结构。

## 二、供应链的结构

按照供应链的定义，供应链的结构是一个非常复杂的网链模式，覆盖了从原材料供应商、零部件供应商、产品制造商、分销商、零售商直至最终用户的整个过程。

根据供应链的实际运营情况，在一个完整的供应链系统中，有一个企业处于核心地位。该企业对供应链上的物流、信息流、资金流起到调度与协调作用。从这个角度出发，供应链系统的分层结构可以具体地表示为图1-2。

从图1-2可以看出，供应链由所有节点企业组成，其中有一个核心企业（可以是制造型企业，也可以是零售型企业），其他节点企业在核心企业需求信息的驱动下，通过供应链的职能分工与合作（生产、分销、零售等），以物流、服务流或资金流为媒介实现整个供应链的不断增值。

通过以上介绍可以看出，供应链是人类生产活动的一种客观存在。但是，过去这种客观存在的供应链系统一直处于一种自发、松散的运动状态，供应链上的企业各自为政，缺乏共同的目标。不过，由于过去的市场竞争远没有今天这么激烈，因此，这种自发运行的供应链系统并没有表现出不适应性。然而，进入21世纪后，经济全球化、市场竞争全球化浪潮一浪高过一浪，消费者的个性化需求越来越突出，市场响应时间越来越短，这种自发运行的供应链系统所存在的种种弊端开始凸显出来，企业只有寻找更有效的方法，才能在这种形势下生存和发展。因此，人们发现必须对供应链这一复杂系统进行有效的协调和管理，以取得更好的绩效，以便从整体上降低产品（服务）成本。供应链管理思想就是在这种环境下产生和发展起来的。

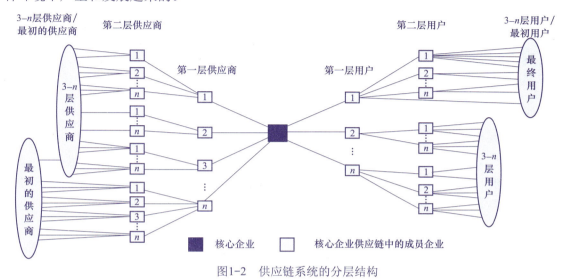

图1-2 供应链系统的分层结构

## 三、供应链的特征

根据供应链的产生和发展过程，分析供应链概念的内涵和外延，可看出供应链具有以下特征。

### （一）复杂性

在实际运作中，供应链不可能是单一链状结构，而是交错链状的网络结构。供应链往往是由多个不同国家或地区、多种不同类型、不同实力的节点企业构成的。由于各个企业的地理位置、所处的政治和法律环境、文化背景、经营理念等都可能存在着较大的差异，因此供应链结构模式比一般单个企业的结构模式更为复杂。

### （二）动态性

从短期来看，供应链结构一旦形成，就应尽可能地保持其稳定性，不要过于频繁地更换节点企业。但市场需求的变化使得供应链的不确定性大大增强，供应链管理需要及时做出战略调整。从长期来看，这就需要能够对供应链上的节点企业做出更新和调整，以适应市场的新需求。因此，供应链具有动态性的特征。

### （三）交互性

节点企业是相对而言的。某个供应链的核心企业可能是另一个供应链的节点企业，而

# 供应链管理基础

另一个供应链的核心企业也可能是该供应链的节点企业,这主要是研究的重点和角度不同所造成的,这就增加了供应链协调管理的难度。

### (四)面向市场需求

供应链的形成、存在、重构,都是基于一定的市场需求而发生的,并且在供应链的运作过程中,用户的需求拉动是供应链中产品流、服务流、信息流、资金流运作的驱动源。

## 四、供应链的类型

根据不同的划分标准,我们可以将供应链划分为以下不同的类型。

### (一)按照供应链的性质划分

根据供应链的性质不同,可以将供应链分为产品供应链和服务供应链。

#### 1. 产品供应链

所谓产品供应链是指围绕核心企业,通过对商流、信息流、物流、资金流的控制,从采购原材料开始到制成中间产品及最终产品,最后由销售网络把产品送到用户手中的将供应商、制造商、分销商、零售商直到最终用户连成一个整体的功能性网链结构。

#### 2. 服务供应链

所谓服务供应链是指围绕用户需求,通过对信息、流程、能力、绩效、资金的控制,从服务设计到生产消费过程,将功能型服务提供商、服务集成商直到最终用户连接成一个整体的功能性价值网络。

服务供应链与产品供应链有着本质性区别。一般而言,产品供应链是指制造业的供应链,它是以制造业实体产品为核心的一种供应链;而服务供应链是指服务业的供应链,它是以服务产品为核心的一种供应链。两者的区别主要来源于服务产品与制造产品的本质区别,服务产品具有不同于制造产品的四个特征,即无形性(Intangibility)、不可分离性(Inseparability)、不可存储性(Perishability)、异质性(Heterogeneity)。无形性是指相对于有形产品而言,服务不能让人触摸,是无形的;不可分离性是指服务的生产和消费过程是不可分离的,服务在为用户生产的过程中同时被消费;不可存储性是指相对于实体产品而言,服务不能被存储;异质性是指服务很难像有形的产品一样被标准化,服务在不同时间和地点,其水平会出现差异。

这些特征的存在使得服务供应链在结构上需要更多采取较短的供应链渠道,典型的结构为功能型服务提供商——服务集成商——用户;在运营模式上,更多采用市场拉动型,具有完全反应型供应链特征;在供应链协调的主要内容上,更多是服务能力协调、服务计划协调等;在稳定性方面,服务供应链的稳定度较低,首先是由于最终用户的不稳定性,其次是由于异质化的用户服务需求使服务企业所选择的服务供应商会随需求的变化而及时调整。

服务供应链与产品供应链相比有诸多不同点,二者的差异见表1-1。

视频1-1 服务供应链

项目一　供应链管理认知

表1-1　产品供应链与服务供应链的差异

| 视　　角 | 产品供应链 | 服务供应链 |
| --- | --- | --- |
| 交易的单元 | 物质和产品 | 服务 |
| 价值实现的方式 | 由一方单方面实现 | 由双方共同实现 |
| 用户在供应链中的角色 | 被动的产品接受者 | 协同生产者 |
| 供应链运作的宗旨 | 用户满意 | 用户成功 |
| 组织方式 | 序贯、链式 | 链式、辐射、星座式 |
| 资源整合的类型 | 被操作性资源 | 操作性资源 |

### （二）按照供应链的稳定性划分

根据供应链在市场环境中的运作特点，可以将供应链分为稳定的供应链和动态的供应链。

#### 1. 稳定的供应链

稳定的供应链是指基于相对稳定、单一的市场需求而组成的供应链。一方面，供应链的稳定性取决于市场需求的稳定性，即在市场需求相对稳定的环境下所形成的供应链稳定性较强；另一方面，在供应链中的核心企业对成员企业具有很强的辐射能力和吸引能力，且经过长期运作形成了较强的系统性、一致性的情况下，供应链的稳定性也较强。

#### 2. 动态的供应链

动态的供应链是指基于变化频繁、相对复杂的市场需求而组成的供应链。在客观上，需求频繁变化、复杂的市场环境下形成的供应链必然是动态的，因为需求的变化必然导致供需关系的变化，而基于供需关系所形成的供应链也就必然发生变化。

### （三）按照供应链的均衡性划分

根据供应链综合能力和用户需求的关系，可以将供应链分为平衡的供应链和失衡的供应链。

#### 1. 平衡的供应链

每一个供应链在一定时期、在相对稳定的生产技术和管理水平下，由所有节点企业，包括供应商、制造商、分销商、零售商、物流商等形成一定的设备容量和生产能力。当供应链的综合能力能满足用户需求时，供应链处于平衡状态。

#### 2. 失衡的供应链

当市场需求变化加剧时，供应链企业没有在最优状态下运作，这就会造成供应链成本增加、库存增加、浪费增加等现象，供应链则处于失衡状态。

平衡的供应链有利于实现企业各部门的主要职能，如采购追求低采购成本、生产追求规模效益、分销追求低运输成本、市场追求产品多样性以及财务追求资金周转速度之间的均衡；而失衡的供应链则使这些职能及其绩效水平恶化。

### （四）按照供应链的功能性划分

在实施供应链管理时，应该根据不同的产品特点，选择和设计不同类型的供应链系统。根据产品在市场上的表现特点，可以将其分为功能性产品和创新性产品，根据不同属性的产品对供应链功能的不同要求，将供应链分为效率型供应链（Efficient Supply Chain）和响应型供应链（Responsive Supply Chain）。

### 1. 效率型供应链

效率型供应链，也称为实用型供应链。这种供应链具有物料转换功能，即以最低的成本将原材料转化为零部件、半成品、成品，并以尽可能低的价格实现以供应为目标的供应链系统。

### 2. 响应型供应链

响应型供应链，也称为创新型供应链。这种供应链具有对市场需求的响应功能，即把产品分配到满足用户需求的市场，对未预知的需求做出快速反应等。

两种类型供应链特点的对比见表1-2。

表1-2 效率型供应链与响应型供应链

| 比较项目 | 效率型供应链 | 响应型供应链 |
| --- | --- | --- |
| 主要目标 | 以最低生产成本满足有效需求 | 快速响应不可预测的需求，减少过期库存产品的减价损失 |
| 制造过程的重点 | 维持高平均利用率 | 消除多余的缓冲能力 |
| 库存战略 | 追求高回报，使通过供应链上的库存最小 | 消除大量的零部件和产品缓冲库存 |
| 提前期 | 在不增加成本的前提下缩短提前期 | 采取主动措施缩短提前期 |
| 选择供应商的方法 | 选择的重点是成本和质量 | 选择的重点是速度、柔性和质量 |
| 产品设计战略 | 绩效最大、成本最小 | 使用模块化设计，尽量延迟产品差异化 |

## （五）按照供应链的主体性划分

根据供应链中核心企业的行业性质不同，可将供应链分为制造商、分销商、零售商和集成物流服务商为主导的供应链。

### 1. 以制造商为主导的供应链

制造商作为供应链的核心企业，在制造商实力比较强或者中间商实力比较弱的情况下，为了控制销售渠道或严格控制原有的渠道人员，逐渐形成其主导的供应链。以制造商为主导的供应链的结构如图1-3所示。奇瑞汽车股份有限公司就是这种供应链模式的典型代表。

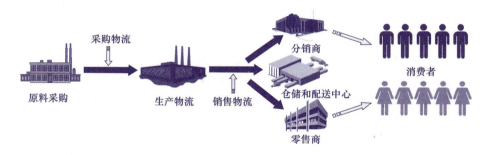

图1-3 以制造商为主导的供应链

## 2. 以分销商为主导的供应链

作为供应链中的核心企业，分销商是供应链的信息中心和资源整合中心，它所具有的品牌、产品开发与设计能力、物流服务能力及渠道资源等核心能力与资源代表了整个供应链的竞争优势，在供应链中具有不可替代的作用。以分销商为主导的供应链的结构一般取决于商品的特征、制造商所选择的渠道、消费者的购买渠道等，如图1-4所示。

图1-4　以分销商为主导的供应链

## 3. 以零售商为主导的供应链

由于制造商远离消费者，无法及时、准确地了解消费者的需求，因此随着消费者力量的日益强大，零售商特别是大型连锁零售商作为供应链的核心企业，凭借其贴近消费者和在品牌、资金、信息、渠道等方面的优势，对整个供应链的运营和管理拥有主导权，成为整个供应链网络的协调中心，逐渐形成其主导的供应链。以零售商为主导的供应链的结构如图1-5所示。沃尔玛、家乐福、丹尼斯都是这种供应链的典型代表。

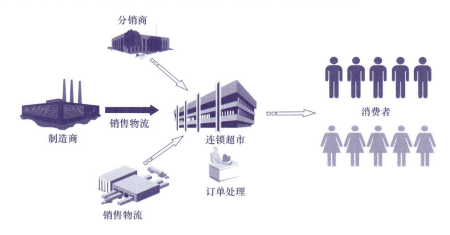

图1-5　以零售商为主导的供应链

## 4. 以集成物流服务商为主导的供应链

随着社会分工和物流专业化、社会化程度的不断提高，物流服务商尤其是综合性的第三方物流（Third-Party Logistics，3PL）企业通过对整个供应链物流服务业务的集成和资源整合，为客户提供"商流、物流、信息流、资金流"四位一体的综合物流解决方案，与供应链各角色企业之间结成优势互补、风险共担、合作共赢的战略联盟，逐渐形成以第三方物流企业为主导的供应链模式。以集成物流服务商为主导的供应链的结构如图1-6所示。

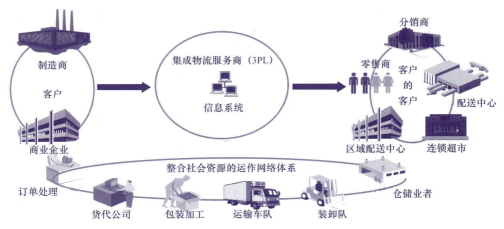

图1-6　以集成物流服务商为主导的供应链

### （六）按照供应链驱动力来源划分

根据供应链驱动力的来源，供应链可分为推动式供应链、拉动式供应链及推拉结合式供应链。

#### 1. 推动式供应链

推动式供应链以制造商为核心，产品生产出来后从分销商逐级推向客户，分销商和零售商处于被动接受的地位，各个企业之间的集成度较低，通常采取提高安全库存量的办法应对需求的变动。因此，整个供应链的库存量较高，对需求变动的响应能力较差。这种运作方式适用于供应链管理初级阶段，以及产品或市场变动较小的情况。

#### 2. 拉动式供应链

拉动式供应链的驱动力产生于最终客户，整个供应链的集成度较高，信息交换迅速，这样可有效降低库存，并可根据客户的需求实现定制化服务，为客户提供更大的价值。采取这种运作方式的供应链系统库存量低，响应市场的速度快，但这种模式对供应链运作的要求较高。拉动式供应链适用于客户需求不断变化、供大于求的市场环境。

#### 3. 推拉结合式供应链

在供应链构成的类型中，一般很难见到单纯的推动式供应链或者单纯的拉动式供应链，现实中的供应链结构类型更多的是"推动—拉动"结合的形式。供应链面向市场的一端主要以客户需求为驱动力，因此是拉动式的；而供应链的上游供应商一端更多的是预测驱动生产和供应，因此是推动式的。推动式与拉动式的接口处被称为"推—拉"的分界点，如图1-7所示。

戴尔就是推拉结合式供应链的典型代表，虽然其需求具有较高的不确定性，规模效益也不十分突出，理论上应当采用拉动式供应链，但实际上戴尔并没有完全采用拉动式供应链，否则它的生产成本将会非常高。戴尔的计算机组装完全是根据最终顾客的订单进行的，此时它的运作是典型的拉动式供应链；但戴尔的计算机零部件供应商是按中长期预测进行生产并制定供应决策的，此时采用的是推动式供应链。也就是说，戴尔对上游企业采用推动模式，对下游企业采用拉动模式，即推拉结合的供应链模式。

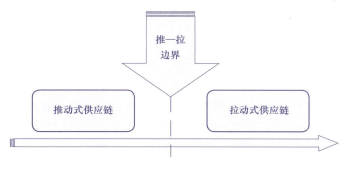

图1-7　推拉结合式供应链的分界点

## 能力训练

【讨论】根据任务描述中提供的G公司的业务背景，结合供应链的相关知识，分组讨论G公司的供应链结构组成，判断G公司的供应链属于何种类型，并说明理由。

# 任务二　供应链管理体系构建

## 知识链接

### 一、供应链管理的概念、特点及作用

#### （一）供应链管理的概念

供应链管理是指在满足一定的客户服务水平的条件下，为使整个供应链系统成本达到最小而把供应商、制造商、仓储和配送中心以及渠道商等有效地组织在一起来进行产品制造、转运、分销及销售的管理方法。

#### （二）供应链管理的特点

供应链管理具体就是优化和改进供应链活动，其对象是供应链组织和它们之间的"流"，应用的方法是集成和协同；目标是满足客户的需求，最终提高供应链的整体竞争能力。供应链管理的实质是深入供应链的各个增值环节，将客户所需的正确产品（Right

Product)能够在正确时间（Right Time），按照正确数量（Right Quantity）、正确质量（Right Quality）和正确状态（Right Status）送到正确地点（Right Place），即"6R"，并使总成本最小。

供应链管理是一种先进的管理理念，它的先进性体现在是以客户和最终消费者为经营导向的，是以满足客户和消费者的最终期望来生产和供应的。从总体上看，现代供应链管理呈现出如下特征。

### 1. 追求卓越服务

越来越多的供应链成员开始真正地重视客户服务与客户满意度。传统的量度是以"订单交货周期""完整订单的百分比"等来衡量的，而目前更注重客户对服务水平的感受，服务水平的量度也以此为标准。客户服务重点的转移所产生的结果就是重视与供应链所有相关企业的关系，并把上下游企业看成是提高服务水平的合作者。

### 2. 追求时间与速度

在供应链环境下，时间与速度已被看作提高企业竞争优势的主要手段，一个环节的拖沓往往会影响整个供应链的运转。供应链中各个企业通过各种手段实现它们之间物流、信息流的紧密连接，以达到快速响应最终客户要求、减少存货成本、提高供应链整体竞争水平的目的。

### 3. 注重质量与效率

供应链管理涉及许多环节，需要环环紧扣，并确保每一个环节的质量。任何一个环节比如运输服务质量的好坏，都将直接影响到供应商备货的数量、分销商仓储的数量，进而最终影响到客户对产品质量、时效性以及价格等方面的评价。改进资产生产效率不仅要注重减少企业内部的存货，而且要通过企业间的合作与数据共享减少供应链渠道中的存货。

### 4. 精简组织，突出优势

供应链成员类型及数量众多是引发供应链管理复杂的直接原因。在当前的供应链发展趋势下，越来越多的企业开始考虑减少物流服务供应商的数量。比如，跨国公司更愿意将它们的全球供应链物流服务外包给少数几家专业的物流服务供应商，理想情况下最好是一家物流服务供应商。因为这样不仅有利于管理，而且有利于在全球范围内提供统一的标准服务，更好地显示出全球供应链管理的整体优势。

## （三）供应链管理的作用

供应链管理的作用包括以下几点。

### 1. 降低成本

供应链管理可以有效地减少成员之间的重复工作，剔除流程的多余步骤，使供应链流程低成本化、高效化。此外，通过建立公共的电子数据交换系统，既可以减少信息交换不充分所带来的信息扭曲，又可使成员间实现全流程无缝作业，大大提高工作效率，使削价处理的损失减少40%~50%，使库存下降10%~15%，资源利用率提高10%~20%。

项目一　供应链管理认知

### 2. 改善客户服务水平

通过分析供应链中不确定性因素，确定合理的库存量，制定合适的订货策略，优化投资方案；通过评价和协调供应链运行中库存和服务政策的不同影响，提高整体效益，可改进交付可靠性达99%～99.9%，交付时间缩短10%～20%。

### 3. 加快资金周转

供应链管理强调企业通过与其上下游企业建立战略伙伴关系，发挥每个企业自身的优势，达到共赢的目的，加快资金周转，使该企业比一般企业的资金周转时间缩短40%～60%。

### 4. 提高市场占有率

供应链管理可以促进企业内外部的协调与合作，大大缩短了产品的生命周期，把适销对路的产品及时送到消费者手中。供应链管理还促使物流服务向系列化发展，在储存、运输、流通加工等服务的基础上，新增了市场调查与预测、配送、物流咨询、教育培训等新内容。快速优质的服务可塑造企业良好的形象，提高消费者的满意度，提高产品的市场占有率。

### 5. 实现供需的良好结合

供应链把供应商、生产商、销售商紧密结合在一起，并对它们进行协调、优化。企业与企业之间形成和谐的关系，产品、信息的流通渠道变短，进而可以使消费者的需求信息沿供应链逆向迅速地、准确地反馈到销售商、生产商、供应商。它们据此做出正确的决策，保证供需的良好结合。

综上所述，供应链管理使企业与其相关企业形成了一个融会贯通的网络整体，加速了产品从生产到消费的流通全过程，缩短了产销周期，使企业可以对市场需求变化做出快速反应，大大增强了供应链企业的市场竞争能力。

## 二、供应链管理的目标、要素和流程

### （一）供应链管理的目标

供应链管理的目标是通过调和总成本最低化、客户服务最优化、总库存成本最小化等目标之间的冲突，实现供应链绩效最大化。

#### 1. 总成本最低化

众所周知，采购成本、制造成本、运输成本、库存成本以及供应链物流的其他成本费用都是相互联系的。为了实现有效的供应链管理，必须将供应链各成员企业作为一个有机整体来考虑，并使实体供应物流、制造装配物流与实体分销物流之间达到高度均衡。从这一意义出发，总成本最低化的目标并不是运输费用、库存成本或其他任何供应链物流运作与管理活动的成本最低化，而是整个供应链运作与管理的所有成本的总和最低化。

#### 2. 客户服务最优化

在激烈的市场竞争时代，许多企业都能在价格和质量等方面提供相似的产品，因此，差异化的客户服务能给企业带来独特的竞争优势。企业提供的客户服务水平直接影响到它的市场份额和物流总成本,并且最终影响其整体利润。供应链管理的实施目标之一就是通过上下游企业协调一致的运作,保证达到客户满意的服务水平,吸引并保留客户,最终实现企业价值的最大化。

### 3. 总库存成本最小化

传统的管理思想认为,库存是维系生产与销售的必要措施,企业与其上下游企业在不同的市场环境下只是实现了库存的转移,整个社会库存总量并未减少。按照JIT(准时制生产方式,又称无库存生产方式)管理思想,库存是不确定性的产物,任何库存都是浪费,因此要将整个供应链的库存控制在最低的程度,"零库存"反映的即是该目标的理想状态。所以,总库存成本最小化目标的达成,有赖于对整个供应链的库存水平与库存变化的最优控制,而不仅是单个成员企业库存水平的最低。

## (二)供应链管理的要素

根据相关的理论研究结果,供应链管理覆盖了从供应商的供应商到客户的客户的全部过程,主要涉及需求管理、采购供应、生产作业、订单交付、物流管理及逆向物流六大要素。如图1-8所示,供应链管理是以同步化、集成化生产计划为指导,以各种技术为支持,尤其以信息技术和网络技术为依托,围绕需求管理、采购供应、生产作业、订单交付和物流管理来实施的管理方法,其目标在于提高用户服务水平和降低总的交易成本,并寻求二者之间的平衡。

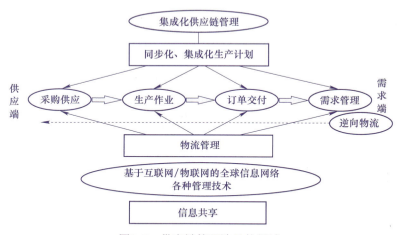

图1-8 供应链管理涉及的领域

## (三)供应链管理的流程

供应链管理有三个基本组成部分:供应链网络结构、供应链业务流程和供应链管理要素。供应链网络结构主要包括工厂选址与优化、物流中心选址与优化、供应链网络机构设计与优化;供应链业务流程主要包括客户关系管理、客户服务管理、需求管理、订单配送管理、制造流程管理、供应商关系管理、产品开发与商业化、逆向物流管理;供应链管理要素主要包括运作计划与控制、工作结构设计、组织结构、产品流的形成结构、信息流及其平台结构、权利和领导结构、风险分担与利益共享、文化与态度。

供应链管理流程如图1-9所示。

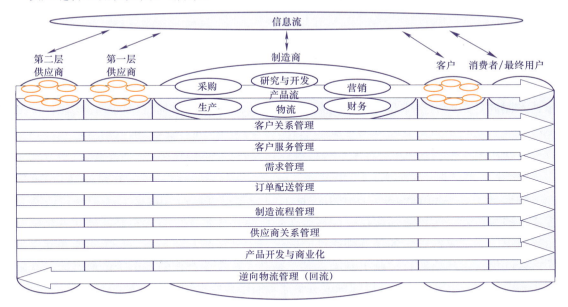

图1-9　供应链管理流程图

## 三、供应链管理的运营机制

### （一）合作机制

供应链合作机制体现了战略伙伴关系和企业内外资源的集成与优化利用。基于这种合作机制的产品制造过程，产品从研究开发到投放市场的周期大大缩短，而且定制化程度更高，模块化、简单化产品以及标准化组件，使企业在多变市场中的柔性和敏捷性显著增强，虚拟制造与动态联盟提高了业务外包策略的利用程度。企业集成的范围扩展了，从原来的中低层次的内部业务流程重组上升到企业间的协作，这是一种更高级别的企业集成模式。在这种企业关系中，市场竞争策略最明显的变化体现在基于时间的竞争和价值链的价值让渡系统管理，或基于价值的供应链管理。

### （二）决策机制

由于供应链企业决策信息不再仅源自一个企业内部，而是在开放的信息网络环境下，需要不断进行信息交换和共享，以达到供应链企业同步化、集成化计划与控制的目的。而且随着互联网发展成为新的企业决策支持的信息平台，企业的决策机制将会产生很大的变化，处于供应链中的任何企业决策机制都应该是基于互联网的、开放性信息环境下的群体决策。

### （三）激励机制

为了掌握供应链管理技术，必须建立健全绩效评价和激励机制，这样才能让企业知道供应链管理思想在哪些方面、多大程度上使企业得到改进和提高，以推动供应链管理能够沿着正确的轨道与方向发展，使供应链管理真正成为企业管理者接受并践行的新型管理模式。

### （四）自律机制

供应链企业应向行业龙头企业或最具竞争力的竞争对手看齐，不断对产品、服务和供应链绩效进行评价，并不断地改进，以使企业保持自己的竞争力并获得持续发展。因此，供应链企业必须强化自身的自律机制建设，主要包括企业内部的自律、对比竞争对手的自律、对比同行企业的自律和对比领先企业的自律。企业通过推行自律机制，可以：降低成本，增加利润和销售量；更好地了解竞争对手，提高客户满意度，增加信誉；企业内部部门之间的业绩差距也可以得到缩小，从而提高企业的整体竞争力。

### （五）风险机制

供应链企业之间的合作，会因为信息不对称、信息扭曲、市场不确定性，以及其他政治、经济、法律等因素的变化，而产生各种风险。为了使供应链企业都能从合作中获得满意结果，必须采取一定的措施规避供应链运行中的风险，如提高信息透明度和共享性、优化合同模式、建立监督控制机制等，尤其是必须在企业合作的各个阶段通过运行激励机制，采用各种手段实施激励，以使供应链企业之间的合作更加卓有成效。

### （六）信任机制

信任是供应链企业之间合作的关键和基础，在供应链管理实践中具有不可替代的作用。供应链管理的目的就在于加强节点企业的核心竞争力，快速响应市场需求，进而提高整个供应链的市场竞争力。为此，加强供应链节点企业之间的合作是供应链管理的关键，而在合作过程中，信任是基础，也是核心。没有企业间的相互信任，任何合作、伙伴关系、利益共享等都不能实现。因此，建立供应链企业之间的信任机制至关重要。

## 四、供应链管理模式的产生及发展

### （一）当前全球市场竞争的主要特点

随着世界经济与技术的发展，影响企业在市场上获取竞争优势的主要因素也在发生深刻的变化。对企业管理者来说，精准洞察全球市场竞争的主要特点，把握市场机遇，直面竞争挑战，对于获取更大竞争优势具有非常重要的现实意义。

#### 1. 企业经营环境进入不确定时代

当今世界中，企业经营环境正在发生四大结构性的变化：一是全球经济一体化，二是全球投资泛滥化，三是产能过剩长期化，四是买方市场常态化。这些变化共同促成了企业竞争激烈程度的大幅提升，从而使企业经营环境进入不确定时代。

#### 2. 企业经营面临新的竞争挑战

随着互联网、物联网、大数据及人工智能技术的发展与应用，供应链全球化趋势明显，企业在市场竞争中面临新的挑战：一是产品生命周期越来越短，二是客户对订单响应速度的要求越来越高,三是企业运营驱动方式从生产者驱动模式转换为消费者驱动模式,四是客户对产品和服务的期望越来越高。

总之,企业要想在这种严峻的竞争环境下生存,必须具有较强的应变能力,以适应环境变化所产生的不确定性和市场竞争所带来的新挑战。

### (二)供应链管理模式的产生

鉴于"纵向一体化"管理模式的种种弊端,从20世纪80年代后期开始,先是美国的一些企业,其后国际上的很多企业都放弃了"纵向一体化"经营模式。随之而来的是"横向一体化"思想的兴起,"横向一体化"形成了一条从供应商到制造商再到分销商、零售商的贯穿所有企业的"链"。由于相邻节点企业表现出一种需求与供应的关系,因此把所有相邻企业彼此连接起来,便形成了供应链。这条链上的节点企业必须同步协调运行,才有可能使链上的所有企业都能受益,于是便产生了供应链管理这一新的企业运作模式。

供应链管理的概念把企业资源的范畴从过去的单个企业扩大到了整个社会,企业之间为了共同的利益目标而结成战略联盟。

### (三)供应链管理模式的发展历程

供应链管理利用现代信息网络技术,通过重构企业业务流程,与供应商及用户建立良好的战略合作伙伴关系,大大提高了企业的竞争力,使企业在复杂的市场环境中立于不败之地。供应链管理模式的发展历程大致可分为以下四个阶段。

#### 1. 传统供应链管理

供应链管理是20世纪80年代末,在美国教授迈克尔·波特(Michael E.Porter)提出的"价值链"理论基础上形成和发展起来的。1980年—1989年是供应链管理的萌芽阶段,也是传统供应链管理阶段,如图1-10所示。此时供应链上各节点企业之间的竞争是产品数量和质量上的竞争,本着"为库存而生产"的理念,它们在企业内部也是实施各自独立的职能化管理。传统的供应链管理采取的是一种层级式、静态、信息不透明的管理模式,虽然有了供应链管理的雏形,但仍然存在不少缺陷。本阶段的供应链管理还局限于企业内部进行管理,缺乏对企业与上游企业和下游用户之间关系的管理。

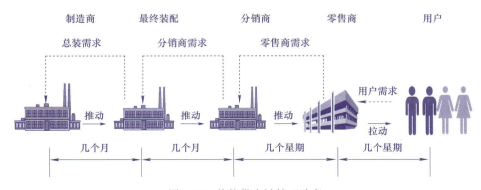

图1-10 传统供应链管理阶段

## 2. 精细供应链管理

进入20世纪90年代，随着市场竞争的加剧，企业的竞争动力从"产品制造推动"转向"用户需求拉动"，从原材料生产制造到销售，整条供应链上的企业活动都由最终用户需求拉动，包括采购订单、生产计划、库存运输、人力资源、财务和销售服务等。供应链管理进入精细供应链管理阶段，如图1-11所示。精细供应链管理模式的出现，大大减少了不确定性对供应链的负面影响，使得供应链的生产和经营过程更加透明，生产周期得以缩短。在这个阶段，由于计算机的广泛应用和信息技术的发展，企业有了更好的管理工具，如精益生产系统（Lean Production System，LPS）、敏捷制造系统（Agile Manufacturing System，AMS）、柔性制造系统（Flexible Manufacturing System，FMS）及计算机集成制造系统（Computer Integrated Manufacturing System，CIMS）等。在精细供应链管理模式下，企业集中资源进行优势生产，并利用社会分工将非核心业务外包给协作企业完成。这种对企业外部资源的充分利用降低了市场波动所带来的不确定性，使企业能快速响应市场需求。随着基于物资需求计划（Material Requirement Planning，MRP）发展起来的制造资源计划（Manufacturing Resource Planning，MRPⅡ）及20世纪90年代形成的企业资源计划（Enterprise Resource Planning，ERP）软件系统在制造企业的广泛应用，企业生产过程各环节的链接从物料供应、生产制造逐步扩展到企业各部门甚至企业外部资源的链接。

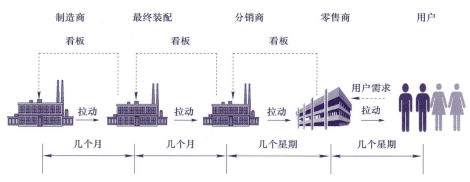

图1-11　精细供应链管理阶段

在精细供应链管理阶段，供应链中各个企业的经营仍然以自身利益最大化为目标，各相关企业（部门）之间时常会有利益冲突，从而导致供应链管理的整体效率不高，无法从系统高度出发来实现供应链整体的竞争优势。此外，信息流不能在供应链中有效传递，这也给提高整体供应链绩效造成了阻碍。

## 3. 集成化敏捷供应链管理

1996年—2000年是集成化敏捷供应链管理阶段，如图1-12所示。在经济一体化竞争环境下，供应链管理也在逐步地发展和完善。20世纪90年代以来，企业竞争的内涵已经从产量的竞争、成本的竞争、质量的竞争发展到时间的竞争。为了寻找新的利润源，进一步挖掘企业降低产品成本和满足用户需要的潜力，人们开始从企业内部生产过程的管理转向产品生命周期中整个供应链系统的管理。不少学者的研究指出，产品在其生命周期中的供应环节的费用（包括储存和运输费用）在总成本中所占的比例越来越大，因此企业通过有效的供应链管理能够大幅度地降低成本,增加收益。由此,集成化敏捷供应链管理应运而生,它将制造商、分销商、零售商及用户等整合到一个统一的、联系紧密的功能网链中,使其形成了一个极具竞争力的战略联盟,在优化整合企业内外部资源的基础上快速响应多样化的用户需求。

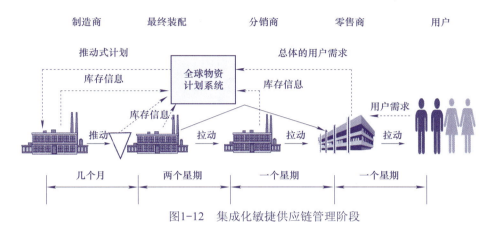

图1-12 集成化敏捷供应链管理阶段

### 4. 用户化敏捷供应链管理

进入21世纪,在以供应链竞争为主的经济环境中,为了寻找新的竞争优势,企业必须本着"为订单而生产"的理念,将用户化生产和供应链管理融为一体,通过用户化供应链管理来提升供应链的市场应变能力和整体竞争力。在这个阶段,企业开始关注如何做好与供应链成员企业之间的协同,特别是与下游成员业务之间的协同。企业通过与供应商和用户协同运作,能更准确地把握"要从供应商那里得到什么""要为用户提供什么"等。如图1-13所示,用户化敏捷供应链管理强调在敏捷供应链的基础上,最大限度地满足用户的个性化需求。供应链的上游是通用化过程,按照推动模式组织通用模块或部件的生产、包装和配送,供应链的下游是用户个性化需求体现过程,从事产品的差异化生产,以拉动模式对产品定制单元进行生产、装配和运送等。

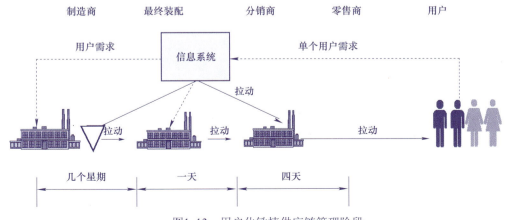

图1-13 用户化敏捷供应链管理阶段

### （四）供应链管理的发展趋势

#### 1. 智慧供应链

智慧供应链是结合物联网技术和现代供应链管理的理论、方法和技术，在企业中和企业间构建的，实现供应链的智能化、网络化和自动化的技术与管理综合集成系统。《国务院办公厅关于积极推进供应链创新与应用的指导意见》（国办发〔2017〕84号）文件指出：供应链是以客户需求为导向，以提高质量和效率为目标，以整合资源为手段，实现产品设计、采购、生产、销售、服务等全过程高效协同的组织形态；随着信息技术的发展，供应链已发展到与互联网、物联网深度融合的智慧供应链新阶段。

随着传统供应链的发展，技术的渗透性日益增强，很多供应链已经具备了信息化、数字化、网络化、集成化、智能化、柔性化、敏捷化、可视化、自动化等先进技术特征。在此基础上，智慧供应链将技术和管理进行综合集成，系统化论述技术和管理的综合集成理论、方法和技术，从而系统地指导现代供应链管理与运营的实践。

智慧供应链与传统供应链相比，具备以下特点：

（1）技术的渗透性更强。在智慧供应链的语境下，供应链管理和运营者会系统、主动地吸收包括物联网、互联网、人工智能等在内的各种现代技术，主动使管理过程适应引入新技术带来的变化。

视频1-2　智慧供应链

（2）可视化和移动化特征更加明显。智慧供应链更倾向于使用可视化的手段来展现数据，采用移动化的手段来访问数据。

（3）更加人性化。在主动吸收物联网、互联网、人工智能等技术的同时，智慧供应链也更加系统地考虑问题，考虑人机系统的协调性，实现人性化的技术和管理系统。

#### 2. 数字化供应链

数字化供应链通过互联网、云计算、人工智能、区块链、大数据等技术手段，实现商品、库存、物流、支付、服务等全业务数据的多渠道实时获取和最大化利用，构建以客户为中心，以需求为驱动的动态、协同、智能、可预测、可感知、可调节的数字网络供应链体系，实现可视化管理以提升供应链的运营绩效，并最大限度降低风险。数字化供应链参考架构如图1-14所示。

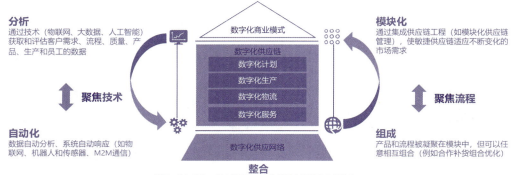

图1-14　数字化供应链参考架构

项目一　供应链管理认知

数字化供应链的发展经过以下四个阶段：

（1）可视化阶段。人们更多地关注端到端的供应链可视化，以帮助企业更好地进行管理和约束。在这个阶段，通常可以通过各种系统应用的集成实现可视化，例如将企业资源计划系统与最佳解决方案和客户系统连接起来，通过系统集成帮助企业直观地了解产品在供应链中实现端到端的过程。

（2）预测分析阶段。企业利用预测分析算法，经过大数据处理，可以预测未来可能出现的供应链问题。例如，通过对实时数据的预测和分析，结合对天气预报和港口拥堵情况的分析，可以预测复杂因素对货轮的影响。

（3）规范化阶段。在这一阶段，智能系统可以在预测潜在供应链问题的基础上提出解决问题的行动方案。例如，对于预计迟到的货物，智能系统可以提供多种备选解决方案（来自其他资源的交换需求或来自其他供应商的订单），然后推荐最佳行动方案。

（4）深度自我学习阶段。随着人工智能技术嵌入自我学习型供应链，机器将能够对供应链战略进行检查，以确定供应链失误发生的位置和原因，以及相关的外部组合因素，如忠诚度、库存水平、天气状况、竞争对手的事件、市场表现、交通和社会事件等。如机器可以通过主动调整库存水平来应对供应链失误，或者向供应链计划人员发送提醒。

### 3. 全球供应链

全球供应链是指企业在全球范围内构建供应链，以全球化的视野将供应链系统延伸至整个世界范围，根据企业的需要在世界各地选取最具竞争力的合作伙伴。供应链的成员遍布全球，生产资料的获取、产品的生产组织、货物的流动和销售、信息的获取和传递都是在全球范围内进行的。全球供应链是经济全球化不断深化的产物，也是跨国企业按照区位比较优势，对资源进行优化重组，以形成国际化采购、生产、销售和服务网络的必然选择。

## 能力训练

【讨论】根据任务描述中提供的G公司的业务背景，结合供应链的相关知识，分组讨论如何建立供应链管理运营机制，以及该机制对于构建供应链管理体系的重要意义。

## 复习思考题

### 1. 考虑国内的汽车供应链

（1）汽车供应链包括哪些组成环节？

（2）供应链涉及哪些不同的企业？

（3）这些企业的目标是什么？

（4）举例说明这个供应链中存在的冲突目标。

（5）偶发或意外事件导致供应链面临的风险有哪些？

## 2. 考虑银行提供的消费者抵押贷款服务

（1）抵押贷款供应链中包括哪些组成环节？
（2）供应链中是否包含多家企业？这个或这些企业的目标是什么？
（3）产品供应链和服务供应链的相似之处有哪些？不同之处有哪些？

# 实践能力训练

【实训内容】根据任务描述中提供的G公司的业务背景，绘制G公司的供应链结构图，并说明其供应链运作过程。

【实训目的】通过实训使学生加深对供应链概念与相关知识的理解，从整体上了解G公司的供应链运作过程，为后续的进一步学习打下基础。

【实训安排】将学生按3～4人划分为一组，进行适当的任务分工。以组为单位共同收集整理相关资料，最后制作PPT及电子文档进行汇报。教师也可组织学生进行讨论，并根据实际情况给予点评。

# 项目二

## 供应链战略规划

### 学习目标

◇【知识目标】
- ★ 了解竞争战略与供应链战略的关系。
- ★ 理解供应链战略的基本特征。
- ★ 掌握供应链战略的决策领域及内容。
- ★ 掌握实现供应链战略匹配的步骤和方法。

◇【技能目标】
- ★ 能够根据产品属性匹配相应的供应链类型。
- ★ 能够根据产品生命周期的不同阶段匹配不同的供应链战略。

◇【素质目标】
- ★ 树立严谨认真的工作态度。
- ★ 培养团结协作的工作精神。

## 供应链管理基础

### 知识结构图

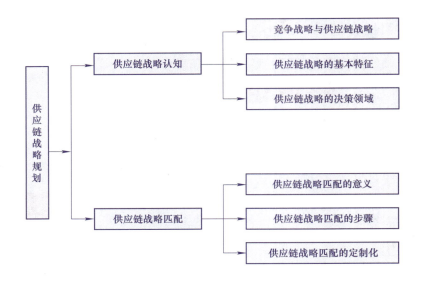

### 任务描述

为了应对日趋激烈的全球市场竞争所带来的挑战，G公司最高管理层决定重新制定公司的竞争战略，即针对全球不同区域的市场采取不同的竞争战略：在亚洲市场，公司决定采用低成本的竞争战略以提高产品的市场竞争力；在欧洲市场，公司决定采用快速响应的竞争战略以提高客户服务的便利性和可靠性。为此，公司必须重新规划和制定供应链战略以满足不同区域市场竞争战略的要求。

### 任务分析

通常公司的竞争战略都是基于客户的偏好制定的，即依据为客户是优先选择产品质量、交货时间还是价格。公司的竞争战略决定供应链战略，不同的竞争战略要求不同的供应链战略与之相匹配；供应链战略则决定了供应链在成本效率和响应性方面如何运作。因此，公司管理层必须充分了解供应链战略规划的相关知识，熟悉供应链战略规划的决策流程和方法。公司的管理者需要熟悉如下任务内容：

- 任务三　供应链战略认知
- 任务四　供应链战略匹配

项目二 供应链战略规划

# 任务三 供应链战略认知

## 知识链接

### 一、竞争战略与供应链战略

#### （一）竞争战略

竞争战略是企业战略的一部分，是在企业总体战略的制约下，根据顾客对产品质量、价格、交货时间、产品多样性的不同要求，针对一个或多个顾客群体所采取的旨在提供能使顾客满意的产品和服务的计划与行动。企业竞争战略要解决的核心问题是，如何通过确定顾客需求、竞争对手产品和本企业产品三者的关系，来奠定并维持本企业产品在市场上的特定地位。

基本的竞争战略主要有三种：

（1）成本领先战略。成本领先战略即通过有效途径，使企业的全部成本低于竞争对手的成本，以获得同行业平均水平以上的利润。

（2）差异化战略。差异化战略是指为使企业产品与竞争对手产品有明显的区别、形成与众不同的特点而采取的战略。重点是创造出全行业和顾客都认可的独特产品和服务以及企业形象。

（3）集中化战略。企业把经营的重点目标放在某一特定顾客群体，或某种特殊用途的产品，或某一特定地区，来建立企业的竞争优势及其市场地位。

三种基本竞争战略的比较见表2-1。

表2-1 三种基本竞争战略的比较

| 项 目 | 成本领先战略 | 差异化战略 | 集中化战略 |
| --- | --- | --- | --- |
| 主要特点 | 强调生产规模，提供标准化产品，从而成为行业内低成本生产者并获得优势 | 通过提供产品差异化，将自身与竞争对手区别开来 | 通过选择并占领行业中一个细分市场，建立企业的竞争优势及市场地位 |
| 适用条件 | 顾客对价格敏感<br>实现产品差异化的途径少<br>顾客不在意品牌间的差异<br>存在大量的讨价还价顾客 | 顾客对价格不敏感<br>实现产品差异化的途径多<br>顾客在意品牌间的差异<br>不存在大量的讨价还价顾客 | 细分市场有足够规模<br>细分市场有足够增长潜力<br>顾客有独特的偏好和需求 |
| 潜在风险 | 竞争对手效仿<br>压低行业的盈利水平<br>行业中的技术突破<br>顾客兴趣转移到价格之外 | 竞争对手效仿<br>顾客不认同 | 竞争对手效仿<br>顾客偏好转变 |

公司的竞争战略与其竞争对手息息相关，界定了需要通过本公司的产品和服务满足的顾客需求。例如，沃尔玛以低价格及高产品可得性提供从家电到服装的大部分日常用品，

沃尔玛的竞争战略就是以低价格提供质量适中且多种多样的产品；京东则通过网上商城销售几十万种不同的产品，该公司的竞争战略是给顾客提供便利性、可得性及响应性，并以响应性为核心。显而易见，沃尔玛与京东的竞争战略是不同的。

在上述例子中，两家公司的竞争战略均按照顾客是优先选择产品质量、交货时间、产品多样性还是价格来制定的。京东的顾客更看重产品品种和响应时间，而非价格。相反，沃尔玛的顾客更看重产品价格和可得性。

### （二）供应链战略

供应链战略是指从企业战略的高度对供应链中资金流、信息流及物流的流动过程进行全局性规划设计与优化，以确定原材料的获取和运输、产品的制造或服务的提供以及产品配送和售后服务的方式与特点。供应链战略突破了一般战略规划仅关注企业本身的局限，其关注的重点不再是企业向顾客提供的产品或服务本身给企业带来的竞争优势，而是产品或服务在企业内部和整个供应链中运动的流程所创造的市场价值给企业带来的竞争优势。

供应链战略关注原材料的获取、物料的运输、产品制造或所提供服务的运作、产品的分销、后续的服务，以及这些流程是由公司自行解决的还是外包的。供应链战略要求生产经营、分销和服务这些职能，无论是本公司履行还是外包，都要做得尤其出众。例如，联想公司选择通过零售商销售其个人计算机。华为公司的决策是使用合同制造商来为其生产手机产品。这些决策界定了其供应链的主要结构，而且也是其供应链战略的组成部分。供应链战略还包括关于库存、运输、运作设施和信息流的供应链设计决策。例如，京东选择修建仓库来储存自营产品，同时继续选择分销商来提供另一些产品，这也是供应链战略的一部分。类似的还有丰田公司决定在其某个主要市场区域内建立生产厂，这样的决策也是供应链战略的一部分。

### （三）竞争战略与供应链战略的关系

竞争战略属于公司经营层面的最高战略，而供应链战略则与新产品开发战略、市场营销和销售战略一样属于公司职能层面的战略。竞争战略决定职能战略，不同的竞争战略要求不同的职能战略与其相匹配，因此不同的竞争战略要求与之相匹配的供应链战略也是不一样的。大部分公司先制定竞争战略，再决定供应链战略应该是什么样的。供应链战略则决定了供应链在效率和响应性方面如何运作。

## 二、供应链战略的基本特征

### （一）供应链战略是一种互补性企业联盟战略

供应链战略是基于业务外包的一种互补性的、高度紧密的企业联盟战略。企业联盟以核心产品、核心资产或核心企业（通常是最终产品的生产者和服务的提供者）为龙头而组成，包括原材料和配件供应商、生产商、配送中心、分销商、零售商和顾客等，其目标是通过联盟内各成员企业的通力合作和密切协调，以价格合理和品质优良的产品及服务来提高市场供给的有效性和顾客满意度，进而使整个联盟获得持续的竞争优势。

### （二）供应链战略是一种企业核心能力强化战略

维持和发展竞争优势是企业核心能力的集中体现，它使企业在持续的竞争中具有引导和争夺市场的能力，使企业获得可持续性发展的竞争优势。泰吉（T.T.Tyejee）和奥兰德（G.E.Osland）等人提出的"战略缺口"假设，有助于我们理解企业运用供应链战略的动机。如果企业在考察市场的时候发现业务正朝向一个新的领域发展，而本企业所拥有的竞争优势随着时间的推移已发生变化，那么企业所要达到的战略绩效目标与其依靠自有资源和能力所能达到的目标之间就存在一个"缺口"，企业必须借助于业务外包，通过寻找优秀的供应商来帮助自身在供应链中改进技术、提高效率、降低成本，以改善自身价值链上的薄弱环节，填补企业发展战略的"缺口"，进而强化企业的核心能力。因此，企业供应链战略的核心问题是处理好公司业务的内包与外包以及与承包合同商之间的关系。具体而言，就是要考虑哪一个合作伙伴更有竞争优势，哪一个供应链的设计更优秀，供应链上的哪些环节更有效率。只有将这些问题的处理都有机地协调起来，才能强化企业的竞争力，这就是供应链管理的优势所在。

### （三）良好的供应链网络有利于提升企业的竞争力

众所周知，很多企业的成功并非完全是因为拥有最大的客户，也在于它们重视业务发展的规律，重视其商业经营中的客户关系。更为重要的是，这些企业选择了一条适合自己的供应链并且成为供应链网络上的一个重要组成部分，供应链网络的整体竞争优势强化了这些企业的生存和发展能力。举例来说，也正是因为有了像AT&T这样的合作伙伴，朗讯公司才可以摆脱困境，良好的供应链关系使企业获得了抵御风险、承受打击的能力，能够安然地度过危机，然后寻找新的发展机遇和下一个经济增长周期的起点。因此，企业更应当看到供应链的抗风险、抗打击作用，更加珍视供应链网络的合作伙伴关系，与合作伙伴一起应对不确定性时代的困难和挑战。

### （四）供应链战略是企业实施关系营销的关键环节

关系营销是企业与关键性客户（顾客、供应商、分销商）建立长期合作关系的实践，它是营销人员通过不断承诺和给予对方高质量的产品、优良的服务和公平的价格来实现的合作模式，关系营销的最终结果是建立起公司的独特资产——营销网络。正因为如此，我们说今天的市场竞争不是企业之间的竞争，而是营销网络之间竞争，也就是供应链网络之间的竞争。因此，一个建立了良好供应链合作伙伴关系网络的公司将获胜。在日益复杂的市场竞争中，企业通过供应链战略与关键性客户逐步形成相对稳定的供应链体系无疑是关系营销的一个重要方面，也是实施关系营销的关键环节。

## 三、供应链战略的决策领域

### （一）优先指标

根据竞争战略和客户需求分析确定供应链战略需要考虑的优先指标，主要包括价格、质量、交货期、服务水平等。

### (二)决策领域

供应链战略决策领域主要包括：①设施。涉及工厂和配送中心的布局、设施能力、生产方式、仓储方式等。②库存。涉及循环库存的部署策略、安全库存的部署策略、季节性库存的部署策略。③运输。涉及运输方式选择、运输路径和网络的选择、自营与外包。④信息。涉及推动式供应链或拉动式供应链、供应链协调与信息共享、需求预测与整合。⑤采购。涉及采购流程、采购策略、供应商管理。⑥定价。涉及成本分析、价格策略、价格管理。供应链战略决策领域模型示意图如图2-1所示。

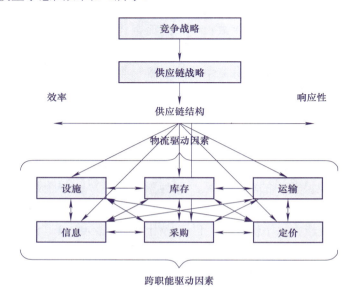

图2-1　供应链战略决策领域模型示意图

下面以沃尔玛为例来分析这一模型。沃尔玛的竞争战略是要成为一个可靠的、低成本的、经营多品种大规模消费品的零售商。这一战略决定了其理想的供应链战略不仅要强调效率，而且在产品可得性方面要维持足够水平的响应性。沃尔玛有效地利用三个物流驱动因素和三个跨职能因素实现了这种理想的供应链战略。在库存方面，沃尔玛通过保持低水平库存来保证供应链的高效。例如，沃尔玛首创越库（Cross Docking）体系，这是一种不将货物存放在仓库，而是由制造商直接运往门店的系统。这些货物仅在分销中心（DC）短暂停留，就被转移到货车上，再转运到指定门店。这样大大减少了产品库存，因为货物仅在门店储存，而不是既在门店储存又在仓库储存。对于库存因素，沃尔玛重视效率超过响应性。在运输方面，沃尔玛拥有自己的车队，保证了快速响应性。这固然增加了运输成本，但减少了库存，提高了产品可得性，这些好处又说明这一成本是合理的。至于设施因素，沃尔玛利用位于门店网络中心的分销中心来减少设施数量和提高效率。沃尔玛只在需求充足的地方建立零售门店并由一个分销中心提供支持，由此提高了运输资本的效率。沃尔玛在信息技术方面的投资大大超过竞争对手，因此在供应链中它可以向那些只按需求生产的供应商提供需求信息。沃尔玛在使用信息因素改善响应性、降低存货投资方面居于领先地位。对于采购因素，沃尔玛确定了它所销售的每项产品的有效供应源之后，便开始大量订货，使得这些供应源能够利用规模经济而更有效率。对于定价因素，沃尔玛的产品实行"每日低价"策略。这样可以确保顾客需求稳定，不会随价格变化而发生波动。整条供应链侧重于有效满足需求。沃尔玛利用所有供应链的驱动因素来达到响应性与效率之间的恰当的平衡，从而使竞争战略与供应链战略保持和谐。

视频2-1　供应链战略决策

### 能力训练

【讨论】根据任务描述中提供的G公司的相关背景资料，结合供应链战略的相关知识，以小组为单位讨论G公司的管理者该如何处理好竞争战略与供应链战略之间关系。

# 任务四　供应链战略匹配

### 知识链接

## 一、供应链战略匹配的意义

战略匹配意味着竞争战略和供应链战略要有共同目标。共同目标是指竞争战略所要满足的顾客至上理念和供应链战略旨在建立的供应链能力之间的一致性。因此，企业要想实现战略匹配，就必须做到以下三点：①竞争战略要和所有职能战略相互匹配，以形成协调统一的总体战略，任何一个职能战略都必须支持其他职能战略，帮助企业实现竞争战略目标；②企业的不同职能部门必须恰当地构建本部门的流程以及配置资源，以成功执行这些战略；③整体供应链战略的设计和各环节的作用必须协调一致，以支持供应链战略。

企业极有可能因为战略匹配缺失而失败，也可能因其整体供应链的设计、流程和资源无法支持所需的战略匹配而失败。考虑下面这种情况：营销部门正在宣传企业能够快速供应很多不同产品，与此同时，分销部门却正在把采用最低成本的运输方式作为目标。这种情况下，极有可能分销部门会延误订单，把多个订单组合起来运输或者采用相对便宜但比较慢的运输方式，以节约运输成本。这个行为就与营销部门宣称的快速提供不同产品的目标相冲突。

## 二、供应链战略匹配的步骤

要实现供应链战略与企业竞争战略之间最重要的战略匹配，企业应该做些什么呢？一项竞争战略会明示或暗示企业希望满足的一个或多个顾客群，要实现战略匹配，企业就必须保证其供应链能力可以支持企业满足目标顾客群的需求。

实现战略匹配有如下三个基本步骤。

第一步：理解顾客。必须理解每一个目标顾客群的需求，以及在满足这些需求的过程中所面临的不确定性。这些需求帮助企业确定预期成本和服务要求。

第二步：理解供应链。供应链有很多种类型，每一种供应链都根据不同的工作要求进行设计，用来完成不同的任务。企业必须明确其供应链是用来做什么的。

第三步：实现战略匹配。如果在供应链运行方面与顾客需求仍然存在不匹配的地方，企业要么重新配置供应链以支持其竞争战略，要么改变其竞争战略以适应供应链。

## （一）理解顾客

要理解顾客，企业就必须甄别所服务顾客群的需求。我们比较一下7-11便利店和山姆会员店（沃尔玛的一部分）。很多顾客走进7-11便利店购买洗涤用品，是因为便利店就在附近，很方便，而不一定是要找最低价的产品。相反，价格低廉对山姆会员店的顾客十分重要，因为只要价格低，很多顾客就能忍受品种少，而购买大包装产品。同一位顾客去这两个地方购买洗涤用品，其需求在特定的属性上也会不同：在7-11便利店中，顾客很匆忙，需要的是便利；在山姆会员店中，顾客需要低价格，并且愿意花费时间以获得低价格。

总之，不同顾客群的需求表现出以下几种不同的属性：每次需要购买的产品数量，顾客愿意忍受的响应时间，顾客所需的产品种类，顾客所需的服务水平，产品的价格，产品预期的更新速度。同一群体里的顾客倾向于有相似的需求，而不同群体的顾客其需求差别很大。

潜在需求不确定性是一种需求不确定性。我们需要区分需求不确定性和潜在需求不确定性。需求不确定性反映的是顾客对一种产品需求的不确定性。而潜在需求不确定性仅是供应链计划满足的那部分需求以及顾客期望的那部分特性所产生的不确定性。比如，仅提供紧急订单商品的企业要比提供同种商品但交货期更长的企业所面对的潜在需求不确定性更高，因为后者有机会在更长的交货期内履行订单。

服务水平的冲击从另一侧面说明了做这个区分的重要性。随着供应链服务水平的提高，必须满足的实际需求的比例越来越高，这迫使供应链要为不常见的需求骤增做准备。可见，服务水平的提高增强了潜在需求的不确定性，但是附着于产品上的需求不确定性并没有变化。

潜在需求不确定性既受到产品需求不确定的影响，也受到供应链试图满足的不同顾客需求的影响。顾客需求对潜在需求不确定性的影响见表2-2。

表2-2 顾客需求对潜在需求不确定性的影响

| 顾 客 需 求 | 潜在需求不确定性的变化 | 原　　因 |
| --- | --- | --- |
| 需求数量范围扩大 | 增强 | 因为更大的需求数量范围意味着更大的需求变化 |
| 提前期缩短 | 增强 | 因为只有较少的时间响应订单 |
| 需求的产品种类增多 | 增强 | 因为对每种产品的需求更加分散 |

（续）

| 顾 客 需 求 | 潜在需求不确定性的变化 | 原　　因 |
|---|---|---|
| 获取产品的渠道增多 | 增强 | 因为顾客总需求分散于更多的供货渠道 |
| 创新速度加快 | 增强 | 因为新产品会有更强的不确定性 |
| 需求的服务水平提高 | 增强 | 因为企业不得不处理偶然出现的需求高峰 |

由于每个顾客需求都对潜在需求不确定性产生重大影响，因此我们可以将潜在需求不确定性作为一种测量工具，用来区别不同类型的需求。根据潜在需求不确定性的程度绘制潜在需求不确定性图谱，如图2-2所示。实现供应链战略和竞争战略匹配的第一步是理解顾客，通过找出所服务的顾客群的需求类型在潜在需求不确定性图谱上的位置，来理解顾客的需求。

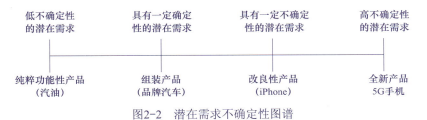

图2-2　潜在需求不确定性图谱

### （二）理解供应链

理解企业面临的不确定性之后，接下来的问题就是企业在这个不确定的环境中如何最大限度地满足顾客的需求。实现战略匹配需要建立一个供应链战略，以便企业在面临不确定性时，能更好地满足需求。

#### 1. 供应链的功能

供应链主要有两类功能：实物功能和市场协调功能。

（1）实物功能。实物功能是指以最低的成本将原材料加工成零部件、半成品及产成品，并将它们从供应链的一个节点运送到另一个节点。

（2）市场协调功能。市场协调功能是指对市场需求做出迅速反应，确保以合适的产品在合适的地点和时间来满足顾客的需求。

一般意义上的供应链在这两个功能间进行权衡，即在响应能力与盈利水平之间进行权衡。

#### 2. 供应链的响应能力和盈利水平

（1）供应链响应能力。供应链响应能力是指供应链完成下列各项任务的能力：应对范围变化很大的需求，实现短期交货，经营品种繁多的产品，生产具有高度创新性的产品，提供高水平服务，应对供给不确定性。供应链对各项任务完成得越好，其响应能力越强、柔性越强、周期越短、创新性越强、服务水平越高。

（2）供应链盈利水平。供应链盈利水平用产品销售收入减去产品生产及送达顾客的成本后的利润高低来度量。供应链的盈利水平与供应链的效率成正比，与制造和向顾客交付产品的成本成反比。因此，随着成本的增加，盈利水平会降低。盈利水平越高，越要求成本精细化，越强调运营的有效性。

从盈利水平到响应能力，存在能力过渡带。供应链响应能力图谱，如图2-3所示。实现供应链战略和竞争战略匹配的第二步就是理解供应链并将其描绘在供应链响应能力图谱上。

图2-3　供应链响应能力图谱

### （三）实现战略匹配

实现供应链战略匹配，就是要确保供应链响应性与潜在需求不确定性协调一致。目标就是给面临高不确定性潜在需求的供应链设定高响应性，而给那些面临低不确定性潜在需求的供应链设定高效率。

我们以供应链的响应能力为纵坐标，往上表示供应链的响应能力强，往下表示供应链的运作效率高；以潜在需求的不确定性为横坐标，往右表示潜在需求不确定性强，往左表示潜在需求确定性强。随着供应链响应性的增强，顾客和供应源的潜在需求的不确定性也随之提高。这种关系可以用战略匹配模型来描述，如图2-4所示。要获得高水平业绩，企业应该沿着战略匹配区域调整其竞争战略（会提高潜在需求的不确定性）和供应链战略（会提高响应性）。

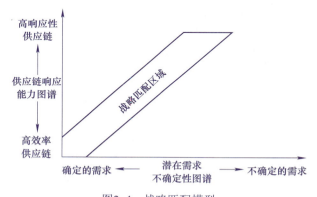

图2-4　战略匹配模型

视频2-2　供应链战略匹配

实现战略匹配的下一步是根据供应链的不同环节分配不同角色，以保证适度的响应水平。更重要的是，通过给供应链各个环节分配不同的响应性和效率水平，来获得整条供应链所需要的期望响应水平。下面举例说明。

宜家（IKEA）是一家瑞典的家具零售企业，在40多个国家和地区拥有大型商场。宜家的目标顾客群需要价位合理的时尚家具，因此宜家通过模块化设计对其销售的家具款式和数量加以限制。每个商场的规模很大，但家具品种（通过模块化设计）有限，从而降低了供应链面临的潜在需求的不确定性。宜家拥有所有款式的库存，并通过库存服务顾客。因此，它是通过库存方式来吸收供应链所面临的所有不确定性的。由于宜家各大商场掌握库存信息，因此向制造商发出的补货订单就更加稳定和可预知。这样的结果是宜家向其制造商传递的不确定性微乎其微，而这些制造商通常位于低成本国家，专注于效率。宜家在供应链中提供了响应性，吸收了大部分的不确定性并且响应迅速，而供应商吸收了很少的不确定性并且提高了效率。

相反，另一种处理响应性的方法就是零售商持有较少的库存。在这种情况下，零售商对供应链响应性的贡献不大，大部分潜在需求的不确定性都转移给制造商。此类供应链要增强响应性，就需要制造商灵活应对并且缩短响应时间。

要实现战略匹配，企业要保证所有职能部门战略决策的一致性以便支持竞争战略，所有职能战略都要支持竞争战略。所有供应链内的下一级战略，如制造、采购与库存，都要与供应链响应水平保持一致。

## 三、供应链战略匹配的定制化

### （一）不同产品类型的战略匹配

在供应链中不同类型产品的流通特性不一样，对供应链战略匹配有不同的要求，按供应链所提供的产品的需求性质不同，可将其分为功能性产品（Functional Products）和创新性产品（Innovative Products）。

（1）功能性产品。功能性产品是指需求相对稳定且可预测、产品生命周期长、消费者购买频率高、价格稳定而边际利润低的日常生活所需的大众化商品。消费者对此类产品价格敏感性较高，如日常生活用品。

（2）创新性产品。创新性产品是指需求不稳定且不可预测，产品生命周期较短，边际利润较高的产品。消费者对此类产品的可得性要求较高，如流行服装。

表2-3是这两类产品的比较。

表2-3 功能性产品与创新性产品的比较

| 需 求 特 征 | 功能性产品 | 创新性产品 |
| --- | --- | --- |
| 需求预测 | 可预测 | 不可预测 |
| 产品生命周期（年） | >2 | 1~3 |
| 边际贡献（%） | 5~20 | 20~60 |
| 产品多样性（类/产品目录） | 低（10~20） | 高（数以千计） |
| 预测的平均边际错误率（%） | 10 | 40~100 |
| 平均缺货水平（%） | 1~2 | 10~40 |
| 季末降价率（%） | 0 | 10~25 |
| 按订单生产的前置期 | 6个月~1年 | 1天~2周 |

对于功能性产品，由于市场需求比较稳定，供求平衡比较容易实现，供应链成员要重视利用供应链上的信息协调企业之间的活动，以实现供应链的低成本和高效率。所以，供应链的重点在于降低生产、运输、库存等环节的费用，实现原材料到产成品的有效转换。因此，效率已成为供应链最重要的特征，企业需要匹配高效率性的供应链，以低成本满足顾客需求。

对于创新性产品，市场需求的不确定性是关键问题。它要求供应链上的生产和流通企业有很强的产品研发能力和市场应变能力，并保证较短的生产交货周期。供应链应该重点考虑的是对市场需求的响应速度和柔性程度。因此，快速响应性成为供应链最重要的特征，企业需要匹配高响应性的供应链，以便对不稳定的需求做出快速反应。

表2-4列出了效率性供应链与响应性供应链在职能战略上的一些主要区别。

表2-4 效率性供应链与响应性供应链的比较

| 比较项目 | 效率性供应链 | 响应性供应链 |
| --- | --- | --- |
| 主要目标 | 以最低成本满足需求 | 对需求做出快速响应 |
| 产品设计战略 | 以最低成本产生最大绩效 | 利用模块化方法，通过延迟实现产品差异化 |
| 定价战略 | 价格为最主要驱动力，边际收益较低 | 价格不是主要驱动力，边际收益较高 |
| 制造战略 | 通过高利用率降低成本 | 通过维持产能的柔性来缓冲需求和供应的不确定性 |
| 库存战略 | 最小化库存以降低成本 | 维持缓冲库存以应对需求和供应的不确定性 |
| 提前期战略 | 在不增加成本的前提下缩短提前期 | 即使增加成本也要最大限度地缩短提前期 |
| 供应商战略 | 根据成本和质量来选择 | 根据速度、柔性、可靠性和质量选择 |
| 运输战略 | 极其依赖低成本运输方式 | 极其依赖快速运输方式 |

### （二）产品生命周期不同阶段的战略匹配

不同的产品由于属性不同而需要匹配不同的供应链战略；相同的产品在生命周期的不同阶段，其需求特征和供给特征是不断变化的。因此势必要求其供应链战略匹配随之变化。所以，探讨产品生命周期不同阶段的供应链战略匹配是非常必要的。

#### 1. 产品导入阶段的战略匹配

在产品生命周期的导入阶段，产品的特征是：需求非常不确定，供给也可能不可预测；边际收益通常会很高，时间对获得销量而言至关重要；产品可得性是获取市场占有率的关键；成本通常是次要的考虑因素。

处在产品生命周期导入期的产品，相应的潜在需求不确定性较高，导致需求具有较高的不确定性，从而对产品可得性水平要求也高。在这种情形下，快速响应性成为供应链最重要的特征，因此，企业需要匹配高响应性的供应链，以便对不稳定的需求做出快速反应。

### 2. 产品成长阶段的战略匹配

在产品生命周期的成长期：企业需要最大限度地占领市场，降低单位产品的平均成本，保证企业获得一定利润；企业需要提供合理的服务，吸引更多的顾客购买产品；建立密集的分销渠道，保证顾客能够方便地购买到企业的产品，进而扩大产品的市场份额；进行适当促销，降低单位顾客的促销成本。从响应性逐步向效率性转变成为供应链最重要的特征，供应链战略的重点转向巩固产品的市场地位。

### 3. 产品成熟阶段的战略匹配

在产品生命周期的成熟期，随着产品日趋成熟，产品的需求特征和供给特征都发生了变化：需求变得更加确定，供给可预测；竞争压力加大，边际收益降低；价格成为影响顾客选择的重要因素。在这种情形下，效率成为供应链最重要的特征，因此，企业需要匹配高效率性的供应链，以低成本满足顾客需求。

许多企业要获得战略匹配，就需要通过多种渠道提供多种产品以便服务更多顾客。在此情形下，"以一概全"的供应链模式是无法实现战略匹配的，因此需要根据实际情况制定供应链战略。例如，总部位于西班牙的ZARA公司同时售卖时尚单品和基本款产品（白衬衫），时尚单品的顾客需求不确定性较高，而基本款产品的顾客需求稳定。ZARA公司在欧洲采用响应型供应链生产时尚单品，而在亚洲则通过效率型供应链生产基本款产品。由此，根据实际情况定制的供应链为ZARA公司提供了更好的战略匹配。

在企业所销售的产品和所服务的顾客群都存在不同的潜在需求不确定性的情形下，企业进行战略匹配的关键是要采取定制化供应链战略，即企业通过设计一条有效的供应链，使得该供应链在潜在需求不确定性低时具有较高的效率性，在潜在需求不确定性高时具有较高的响应性。这种定制化的供应链战略，使企业能够对快速增长的产品、顾客群和渠道提供响应性，而对成熟稳定的产品和顾客群维持低成本。

定制化的供应链需要某些产品共享供应链上的某些环节，而与其他环节分离运行。共享这些环节的目的是在获取最大效率的同时，也为每个顾客群提供适当水平的响应性。比如，企业的所有产品可以在一条生产线上生产，但是需要高响应性的产品可以采用较快但成本较高的快递运输方式，如飞机，而那些不需要高响应性的产品可以采用较慢但成本较低的运输方式，如货车、火车，甚至轮船。再如，需要高响应性的产品可以采用灵活的生产过程，而那些不需要高响应性的产品可以采用响应性低但效率高的生产过程，而这两种情况所采用的运输方式可以相同。其他可能的情形还有某些产品储存于离顾客较近的区域仓库，而其他产品集中储存于远离顾客的仓库。

## 能力训练

【讨论】一个成功的公司需要在响应性和效率性之间建立一种平衡。请以小组为单位讨论G公司的管理者该如何在效率性和响应性之间建立平衡。

## 复习思考题

1. 以华为Mate 40 Pro 5G手机为例，解释需求不确定性和潜在需求不确定性的区别。
2. 以7-11便利店为例，解释随着产品种类的增加，哪些方面会影响潜在需求不确定性。
3. 在超市里售卖的香米，潜在需求不确定性有多高？请根据供应链战略匹配模型阐述你的观点。
4. 假设一种新型药物研制成功，请简单描述一下其在产品生命周期初期的供需特点及其对供应链的匹配要求。

## 实践能力训练

【实训内容】根据任务描述中提供的G公司的相关背景资料，以小组为单位完成如下实训任务：

（1）针对亚洲市场。如果公司决定采用低成本的竞争战略以提高产品的市场竞争力，请为G公司制订新的供应链战略规划方案。

（2）针对欧洲市场。如果公司决定采用快速响应的竞争战略以提高客户服务的便利性和可靠性，请为G公司制订新的供应链战略规划方案。

【实训目的】通过实训使学生加深对供应链战略及其规划相关知识的理解，并能运用所学知识解决实际问题，为后续学习奠定基础。

【实训安排】将学生按3~4人划分为一组，进行适当的任务分工。以组为单位，共同收集整理相关资料，最后制作PPT及电子文档进行汇报。教师也可组织学生进行讨论，并根据实际情况给予点评。

# 项目三

## 供应链体系构建

### 学习目标

❧【知识目标】
- ★ 了解供应链设计的内容。
- ★ 掌握供应链设计的原则。
- ★ 掌握供应链设计的策略及步骤。
- ★ 了解供应链合作伙伴关系的内涵及意义。
- ★ 掌握选择供应链合作伙伴的影响因素及指标体系。
- ★ 掌握选择供应链合作伙伴的流程及方法。

❧【技能目标】
- ★ 能够设计基于产品的供应链。
- ★ 能够评价对供应链合作伙伴的选择。
- ★ 能够建立供应链合作伙伴关系。

❧【素质目标】
- ★ 树立严谨认真的工作态度。
- ★ 培养团结协作的工作精神。

# 供应链管理基础

## 知识结构图

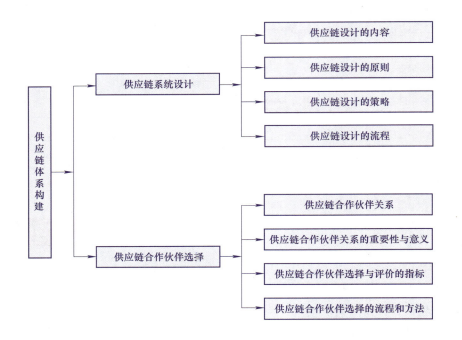

## 任务描述

为了应对日趋激烈的全球市场竞争所带来的挑战,降低生产成本和提高市场响应性,G公司最高管理层决定在上海和苏州两地分别建设一个规模较大的生产基地,以满足日益增长的亚洲市场的客户需求。为此,G公司需要为新的制造工厂设计供应链系统,并为其选择合适的合作伙伴,以使新建的生产基地能够早日开工投产。

## 任务分析

供应链系统设计主要涉及三方面:一是供应链合作伙伴选择,二是供应链网络结构设计,三是供应链运行规则确立。因此,公司管理层必须充分了解供应链系统设计的相关知识,熟悉供应链系统设计的决策流程和方法。为此,公司的管理者需要熟悉如下任务内容:

- 任务五　供应链系统设计
- 任务六　供应链合作伙伴选择

项目三 供应链体系构建

# 任务五 供应链系统设计

## 知识链接

### 一、供应链设计的内容

#### （一）供应链合作伙伴选择

作为一种高效协同的组织形态，供应链是由多个上下游成员企业组成的。它的成员包括为满足客户需求，从原产地到消费地、从供应商到客户的直接或间接地相互作用的所有企业。在供应链系统中，核心企业起着对供应链上的物流、信息流、资金流和工作流进行调度和协调的作用。核心企业只有与上下游企业建立并维持良好的合作伙伴关系，才能使得整个供应链系统最优化，确保整条供应链协同运作，实现全体成员的利益共享和风险共担。

#### （二）供应链网络结构设计

供应链网络结构设计主要包括物流网络设计、信息网络设计、组织结构与流程设计三个主要方面。

**1. 物流网络设计**

物流网络设计是供应链网络设计的重要基础和组成部分，是实现货物快速、高效时空转移的前提。物流网络设计主要包括物流节点布局与规划（包括节点数量的确定、位置的选择、容量的规划、服务市场的分配等）和物流路线的设计（包括运输网络类型的确定、运输方式的选择、运输路线的优化等）。

**2. 信息网络设计**

现代企业与传统企业的一个重要区别就是信息技术的广泛应用，这已经成为供应链成员之间沟通和协调的基本手段，是供应链网络有效运行的重要保障。供应链信息网络设计主要包括网络技术的选择、设施设备的配置、不同成员企业之间沟通协议的确定等内容。

**3. 组织结构与流程设计**

随着信息技术的发展，供应链已发展到与互联网、物联网深度融合的智慧供应链新阶段。在这个阶段下，供应链企业的经营模式和管理模式都已发生根本性变化，传统的企业组织结构和运行流程已远远不能适应现代供应链管理的要求。因此，有必要对现行供应链中的成员企业，尤其是核心企业的组织结构和业务流程进行改进和重构，从过去注重功能集合转向注重流程效率。

### （三）供应链运行规则确立

供应链是以客户需求为导向，以提高质量和效率为目标，以整合资源为手段，实现产品设计、采购、生产、销售、服务等全过程高效协同的组织形态。供应链上节点企业之间的合作是以信任为基础的，信任关系的建立和维系除了各个节点企业的信任和行为之外，还必须确立供应链运行的基本规则。供应链运行规则的主要内容包括供应链协调机制、信息开放与交互方式、物流计划与控制体系、库存的总体布局、资金结算方式、争议解决机制等。

## 二、供应链设计的原则

为了保证供应链管理思想能够在供应链设计中得以贯彻和实施，供应链设计应遵循如下原则。

视频3-1　供应链设计原则

### （一）战略性原则

在供应链竞争时代，企业的竞争战略是依托供应链战略来实现的。因此供应链的设计：一方面应有战略性视野，要从战略的视角考虑减少不确定性的影响；另一方面应与企业的战略规划（如产品规划和市场规划）保持一致，并在企业战略的指导下进行。

### （二）系统性原则

供应链构建是一项复杂的系统工程，必然会牵涉方方面面的关系，尤其是要考虑战略合作伙伴关系的选择，以及供应链上成员如何在以后的实践中实现协同、如何实现共赢的目标、如何进行成本分摊和利益分配等具体的问题。此外，在供应链构建中，要系统地研究市场竞争环境、企业现状及发展规划、供应链构建目标等战略性问题。

### （三）简洁性原则

为了使供应链具有灵活快速响应市场的能力，供应链的每个节点都应是精简且具有活力的，能够实现业务流程的快速组合。比如供应商的选择就应以少而精为原则，有时甚至可以选择单一供应商（即一种零配件只有一个供应商）。和少数供应商建立战略合作伙伴关系，有利于减少采购成本，有利于实施准时化采购和准时化生产。生产系统的设计更是应以精益思想（Lean Thinking）为指导，应以从精益的制造模式到精益的供应链为追求目标。

### （四）互补性原则

供应链各个节点的选择应遵循强强联合的原则，以达到资源外用为目的。每个企业只集中精力于各自的核心业务，就像一个独立的制造单元。这些单元化企业具有自我组织、自我优化、面向目标、动态运行和充满活力的特点，能够实现供应链业务的快速重组。

### （五）协调性原则

供应链绩效的好坏取决于供应链合作伙伴的关系是否和谐，因此建立战略合作伙伴关系是实现供应链最佳效能的根本保证。和谐是指系统充分发挥了其成员及其子系统的能动性、创造性以及系统与环境的总体协调性。只有所有合作伙伴协调一致，供应链才能发挥出整体最佳效能。

### （六）动态性原则

供应链身处动态的环境中，各种不确定性因素在供应链中随处可见。由于不确定性因素的出现容易干扰供应链的稳健运营，稍有不慎就可能导致供应链运营中断，因此要及时预见各种不确定性因素对供应链运营的影响，主动采取措施减少信息传递过程中的延迟和失真，增强透明性，减少不必要的中间缓冲环节，提高预测的精度和时效性，从而降低不确定性因素对供应链整体绩效水平的影响。

### （七）创新性原则

没有创新性思维，就不可能有创新的管理模式。因此，在供应链设计过程中，创新性是很重要的一个原则。要产生一个创新的系统，就要敢于打破各种陈旧的思维限制，用新的视角审视原有的管理模式和体系，进行大胆的创新设计。为此，要注意以下几点：①创新必须在企业总体目标和战略的指导下进行，并与总体目标保持一致；②要从市场需求的角度出发，综合运用企业的能力和优势；③发挥企业各类人员的创造性，集思广益，并与其他企业共同协作，发挥供应链整体优势；④建立科学的供应链和项目评价体系及组织管理系统，进行技术经济分析和可行性论证。

## 三、供应链设计的策略

### （一）基于产品的供应链设计策略

供应链构建和管理的目标是降低成本、提高利润，其前提是供应链能保证产品在流通中畅通无阻、供应链对客户的需求变化能做出迅速反应，这体现了以产品为中心的供应链构建策略。不同的产品在供应链中的流通特性不一样，对供应链构建有不同的要求。按供应链所提供产品的需求性质不同，可将产品分为功能性产品和创新性产品。因此产品属性不同，就要求不同类型的供应链与其相匹配。供应链设计与产品类型策略矩阵如图3-1所示。策略矩阵的四个元素代表四种可能的产品和供应链的组合。显然，功能性产品应匹配以效率性供应链，见图3-2的左上角；创新性产品应匹配以响应性供应链，见图3-2的右下角。

|  | 功能性产品 | 创新性产品 |
|---|---|---|
| 效率性供应链 | 匹配 | 不匹配 |
| 响应性供应链 | 不匹配 | 匹配 |

图3-1 供应链设计与产品类型策略矩阵

### （二）基于信息的供应链设计策略

全球经济一体化打破了国家间的经济壁垒，互联网的发展使全球购物和电子商务得以盛行，在构建供应链时需要重新考虑新形势带来的机遇和挑战。一方面，在供应链中，物流伴随着信息流，信息流涉及客户需求、生产能力、促销计划、交货计划、质量体系等；信息技术的发展极大地提高了信息流管理的效率和重要性，使得基于信息的供应链构建策略变为可能。另一方面，信息在供应链管理中起着至关重要的作用。例如：掌握客户需求变化信息是开发创新性产品的前提；在响应性供应链中，供应链的上下游节点间除了应能够进行正常的信息沟通以外，还应在某种程度上做到信息共享，只有这样才能对客户的需求变化做出敏捷的反应；信息化水平能有效地提高供应链管理的现代化水平。这些都使基于信息的供应链构建成为必然。

在基于信息构建供应链时，应注意以下几个方面的问题。

#### 1. 注重信息技术基础设施建设和信息系统开发

针对功能性或创新性产品，应分别开发不同的信息系统。对既生产功能性产品又生产创新性产品的企业（创新性产品和功能性产品在一定条件下会发生互变），有必要开发出集成的信息系统。

#### 2. 运用信息分析和数据仓库解决信息供应问题

供应链运转过程中包含着丰富的业务内容，如信息模型、报告、数据等。因此，在构建供应链时，为有效地提取数据，以支持信息分析活动的顺利进行，应当考虑为系统提供最佳数据仓库方案。此外，还应当考虑为系统提供强大的信息分析能力，包括联机分析处理、数据挖掘等。

#### 3. 提高有效信息产出和共享水平

应注意通过高效的信息系统的开发，以及信息分析能力的设计和最佳数据仓库解决方案的选择，生产出能为整个供应链带来绩效和竞争优势的信息，提高信息共享水平，减少供应链中不增值的环节，使供应链充分获得信息优势带来的利益。如通过有效的信息管理，促进产品流通和满足客户需求变化。

#### 4. 培养敏锐的战略洞察力和高度的责任感

基于信息的供应链构建需要相当大的投资，特别是信息系统和一些应用软件，它们的开发周期长，而淘汰速度又非常快，因此需要供应链构建者具备敏锐的战略洞察力和高度的责任感。

## 四、供应链设计的流程

在上述原则和策略的指导下，供应链的设计包含以下关键性步骤（见图3-2），需要注意的是，在自提出供应链目标开始到完成供应链设计的过程中，都要进行新旧供应链的比较，并根据实际情况及时调整设计目标。

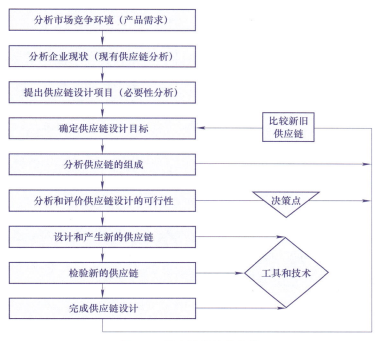

图3-2 供应链设计的步骤

### （一）分析市场竞争环境（产品需求）

分析市场竞争环境就是要分析目前市场（要具有全球市场的战略眼光）急需什么产品、需求量有多大，决定是开发功能性产品还是开发创新性产品。如果开发功能性产品，那么要进行竞争对手分析，包括了解谁是对手，对手的实力如何，对手能做什么、正在做什么和将要做什么，以及本产品未来可能的市场占有率等；如果开发创新性产品，要注重分析客户需求偏好。这是供应链设计的第一步，它需要花费相当多的人力、财力和时间。在市场分析中，要善于利用先进的数据处理软件如经营环境扫描、技术跟踪软件包等，在复杂的市场环境中发现具有前瞻性的规律。分析的输出是按需求量排列的产品类型和每一产品按重要性排列的市场特征，同时应对市场不确定性和需求变化趋势做出分析和评价。

### （二）分析企业现状（现有供应链分析）

分析企业现状主要是分析企业的供需管理现状（如果企业已经有供应链，则重点分析现有供应链的现状），包括供应链管理效率和所带来的利润，以及供应链的发展前景，如现有的供应链能否实现最优化的客户响应、最小化的成本、最大化的效率和最优化的资产使用结构。此外，还要分析企业在供应链中的地位、企业自身的适应能力和发展能力。目的是通过分析找到并总结企业存在的问题及影响供应链设计的阻力等因素。

### （三）提出供应链设计项目（必要性分析）

供应链设计者要了解产品，围绕着供应链的可靠性和经济性两大核心要求，在综合考量服务水平和库存投资平衡性的前提下，对供应链设计项目进行必要性分析。

### （四）确定供应链设计目标

供应链设计的主要目标在于获得高用户服务水平和低库存投资、低单位成本两者之间的平衡（这两个目标往往有冲突），同时还应包括以下目标：①进入新市场；②开发新产品；③开发新分销渠道；④改善售后服务水平；⑤提高用户满意程度；⑥降低成本；⑦通过降低库存提高工作效率。

### （五）分析供应链的组成

对供应链中成员的组成分析主要包括制造工厂、设备、工艺，供应商、制造商、分销商、零售商及用户的选择与定位，以及确定选择与评价的标准。

### （六）分析和评价供应链设计的可行性

分析和评价供应链设计的可行性，对开发和实现供应链管理非常重要。可行性分析，要结合本企业的实际情况为供应链设计提出技术选择的建议和支持。如果设计方案可行，就可以进行下一步；如果不可行，就要重新设计。

### （七）设计和产生新的供应链

设计和产生新的供应链的环节主要解决以下问题：①供应链的组成（包括供应商、制造商、分销商、客户、工厂、分销中心等的选择和定位）；②原材料的采购（包括供应商、数量、质量、价格、运输等）；③生产过程设计（需求预测、产品选择、生产能力、生产计划、生产作业计划和跟踪控制、库存管理、供应给哪些分销中心、价格等）；④分销任务与能力设计（分销的城市、运输、价格等）；⑤信息管理系统设计；⑥物流管理系统设计等。在供应链设计中，要广泛使用许多工具和技术，如归纳法、动态规划、流程图、模拟和设计软件等。

### （八）检验新的供应链

供应链设计完成后，应通过一定的方法、技术进行测试检验或试运行。如果发现结果与设计方案不一致，则返回到第四步重新进行设计。

### （九）完成供应链设计

将新的供应链投入日常运营。供应链在运营过程中需要核心企业的协调和控制以及信息系统的支持，以便使整个供应链成为一个有机的整体，进而实现从产品的工业设计到批量生产、分销及物流配送等全方位供应链协调和控制。

## 能力训练

【讨论】根据任务描述中提供的G公司的相关背景资料，结合供应链系统设计的相关知识，以小组为单位讨论G公司的管理者该如何运用供应链设计原则设计供应链系统。

# 任务六 供应链合作伙伴选择

## 知识链接

### 一、供应链合作伙伴关系

#### （一）供应链合作伙伴关系的定义

供应链合作伙伴关系（Supply Chain Partnership，SCP）也就是供应商、制造商与销售商之间的关系，或者称为卖主—买主关系。供应链合作伙伴关系可以定义为供应商与制造商之间、制造商与销售商之间在一定时期内的共享信息、共担风险、共同获利的协作关系。

供应链合作伙伴关系是在集成化供应链管理环境下形成的。建立供应链合作伙伴关系的目的在于通过提高信息共享水平，减少整个供应链的产品库存总量，降低成本和提高整个供应链的运作绩效。随着市场需求不确定性的增强，合作各方要尽可能地减少需求不确定性的影响和风险。因此，供应链合作伙伴关系的建立应以企业间的信任和合作为基础。

实施供应链合作关系意味着新产品和新技术的共同开发、数据和信息的交换、研究与开发的共同投资、市场机会共享和风险共担，甚至包括供应链的共同设计。基于供应链合作伙伴关系，制造商选择供应商不仅考虑价格，还注重供应商在优质服务、技术革新、产品设计等方面的能力。比如，制造商总是期望其供应商完善服务、创新技术、实现产品的优化设计等。

#### （二）供应链合作伙伴关系的产生

建立基于合作的供应链合作伙伴关系是供应链管理模式与传统管理模式的根本区别。从传统的企业关系过渡到创新的合作伙伴关系模式，经历了从以生产物流相结合为特征的物流关系到以战略协作为特征的合作伙伴关系演变的过程，如图3-3所示。

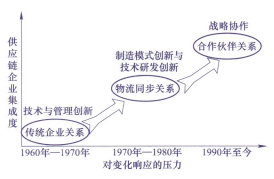

图3-3 合作伙伴关系演变过程

### 1. 传统企业关系

在20世纪60年代到70年代，企业与企业之间只是一种买卖关系。在这种传统的企业关系下，企业力求以最便宜的价格买到最好的东西，相互讨价还价，企业把供应商看成是自己的竞争对手，二者之间存在的是竞争关系。面对当时供不应求的市场环境，企业与企业之间是成本的竞争，企业不断进行技术与管理的创新，以生产为中心，改进工艺技术以提高生产率，扩大规模来降低成本，企业与企业之间很少合作，企业之间的集成度比较低。

### 2. 物流同步关系

在20世纪70年代到80年代，企业之间的竞争由基于成本的竞争转变成了基于质量的竞争，供应链的合作关系也由传统的以生产为中心的企业关系向物流同步关系模式转化，准时制生产方式等管理思想在这个过程中起到了催化剂的作用。供应链企业通过制造模式与技术研发创新，运用先进的生产模式，如准时制生产方式、全面质量管理，进行作业层面和技术层面的合作与沟通，以实现生产的均衡化和物流运作的同步化。但企业间在信息共享（透明性）、服务支持（协作性）、并行工程（同步性）、群体决策（集智性）、柔性化与敏捷性等方面，还不能很好地适应越来越激烈的市场竞争的需要，企业之间的合作程度虽有提高，但层次较低，基本属于合作性的竞争关系。

### 3. 合作伙伴关系

自20世纪90年代以来，以战略协作为特征的合作伙伴关系体现了企业内外资源集成与优化利用的思想。基于这种企业运作环境的产品制造过程，从产品的研发到投放市场的周期大大被缩短，而且顾客定制化程度更高，模块化、通用化、标准化组件的生产模式使企业的柔性和敏捷性显著增强，虚拟制造与动态联盟加强了业务外包这种策略的应用。企业集成从原来的中低层次的内部业务流程重构（BPR）上升到企业间的战略协作，这是一种最高级别的企业集成模式。在这种企业关系中，市场竞争策略最明显的变化就是基于时间的竞争和供应链之间的竞争。企业在多变的市场中，从竞争走向竞合。

### （三）供应链合作伙伴关系与传统供应商关系的区别

供应链合作伙伴关系的主要特征就是从以产品、物品为核心转向以集成、合作为核心。在集成、合作的思想的指导下，供需双方共同参与产品和工艺开发，以实现相互之间的流程集成、信息集成、资源集成和物流集成。这样就减少了信息不对称带来的不确定性影响及其造成的风险，减少了运作成本，提高了资产利用率，实现了共同的期望和目标。因此，供应链供需双方之间的交换不仅是物质上的交换，而且包括一系列服务的交换。

供应链合作伙伴关系强调直接、长期的合作，强调共同努力以实现共有的计划和解决共同的问题，强调相互之间的信任和合作。这与传统的企业关系模式有着很大的区别。供应链合作伙伴关系与传统的企业关系（以供应商关系为例），其主要区别具体见表3-1。

表3-1　传统供应商关系与供应链合作伙伴关系的比较

| 比 较 项 目 | 传统供应商关系 | 供应链合作伙伴关系 |
| --- | --- | --- |
| 相互交换的主体 | 物料 | 物料、服务 |
| 供应商选择标准 | 强调价格 | 多标准并行考虑（交货期、质量和可靠性等） |
| 稳定性 | 变化频繁 | 长期、稳定、紧密合作 |
| 合同性质 | 单一、短期 | 侧重长期战略合同 |
| 供应批量 | 小 | 大 |
| 供应商数量 | 很多 | 少（少而精，可以长期紧密合作） |
| 供应商规模 | 可能很小 | 大 |
| 供应商的定位 | 当地 | 国内和国外 |
| 信息交流 | 信息专有 | 信息共享（电子化连接、共享各种信息） |
| 技术支持 | 被动提供 | 主动提供甚至介入产品开发 |
| 质量控制 | 入库验收、检查控制 | 质量保证（供应商对产品质量负全部责任） |
| 选择范围 | 每年一次投标评估 | 广泛评估可增值的供应商 |

## 二、供应链合作伙伴关系的重要性与意义

### （一）供应链合作伙伴关系的重要性

供应链合作伙伴关系的建立，有益于合作各方，具体表现为良好的合作伙伴关系可以降低供应链成本，降低库存水平，增强信息共享，保持战略伙伴之间操作的一致性，改善相互之间的交流状况，最终创造更大的竞争优势。供应链合作伙伴关系的重要性表现在以下几个方面。

#### 1. 提高顾客满意度

在供应链管理模式下，企业与供应商建立战略合作伙伴关系，可以：通过与供应商重新分工，外包其非核心业务，以提高产品对需求的响应速度；通过共同的零缺陷努力，提高产品的质量；通过与供应商的协调，消除存在的目标冲突；与少量的供应商建立战略伙伴关系，可减少交易费用、管理费用、库存，以降低成本，从而降低产品的价格。这些都有助于争取顾客，及时、高效、准确地满足顾客的需求，提高顾客满意度，进而培养、增强顾客忠诚度。

#### 2. 提高需求响应速度

随着信息技术的快速发展，传统的竞争模式将转变为基于时间的竞争模式。产品比竞争对手早上市时，企业将获得竞争对手难以比拟的优势；反过来，产品比竞争对手晚上市时，企业就可能失去绝大部分市场。因此，速度将是企业赢得竞争的关键所在。制造商与供应商建立良好的战略合作伙伴关系，制造商就不必通过昂贵而风险巨大的垂

直一体化降低成本、提高响应速度，而是充分利用供应商的专长，将大量自己不擅长的零配件等的设计和生产外包，而集中力量于自己的核心竞争优势。这让双方都能充分发挥优势，并行开展新产品的设计和制造，从而使新产品的上市时间明显缩短。供应链成员企业间建立战略联盟：一方面能大大缩短产品开发时间，可以快速及时地响应市场需求，实现"速度经济"，供应时间的缩短使得生产的提前期也大大缩短；另一方面，可以针对顾客个性化需求选择合适的合作伙伴，为顾客提供"个性化解决方案"，对需求变化做出有效反应。

### 3. 提高质量和技术含量

在供应链管理模式下，制造商与供应商建立战略合作伙伴关系后，制造商与供应商作为一个"共同体"为实现产品零缺陷而共同努力，这降低了制造商生产过程中的不确定性，保证了生产的连续性。供应质量的提高使得制造商可以在正确的时间、恰当的地点获得符合质量要求的、正确数量的零配件，从根本上提高了产品质量。在战略合作伙伴关系环境下，制造商通常把自己不擅长的业务交给供应商去做，自己集中精力去巩固和发展自身的核心能力和核心业务，而供应商在其所擅长的领域通常具有竞争对手无法比拟的优势，所以制造商和供应商的合作伙伴关系将保证供应链产品在从原料供应、零配件加工到成品加工的各个环节上都具有一流的质量和技术，提高了质量和技术含量。

### 4. 降低企业成本

供应链战略合作伙伴关系的建立，使供应商能够更多地参与产品的设计、工艺及生产过程。为此，制造商也不再被动地接受供应商的产品，而是通过与供应商开展紧密的合作，使供应商对产品设计和制造过程有更多及更深入的了解。供需双方本着"双赢"的原则，对彼此在设计和生产中存在的缺陷和问题及时提出改进意见，从而使生产成本大大降低。供应链企业在建立战略伙伴关系后，由于互相之间达成了信任的关系，所以没有必要为每次交易进行类似的谈判和讨价等重复性过程，其结果必然会节省交易费用。并且供应商的数目较少也会大大降低管理费用。供应链中合作伙伴关系的建立要求成员企业之间能够共享有关信息，特别是信息技术的发展使得信息在供应链中成员企业之间的传递变得更加及时、可靠、便利、畅通，大大降低了沟通成本。供应链战略合作伙伴之间通过合作开展供应商库存管理和联合库存管理等新型库存管理模式，库存成本显著降低。

## （二）供应链合作伙伴关系的意义

能否快速地响应市场的需求变化已经成为企业能否获得生存和发展空间的关键。通过建立供应链合作伙伴关系，制造商可以要求供应商加快生产运作速度，通过缩短供应链总周期，达到降低成本和提高质量的目的。

从图3-4中可以看出，缩短供应链总周期，主要依靠缩短采购周期、流入物流周期、流出物流周期和设计与制造周期（客户、制造商与供应商共同参与）来实现。很显然，加强供应链合作伙伴关系运作的意义重大。

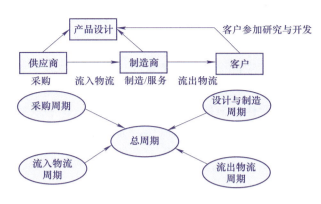

图3-4 供应链总周期

总之,供应链上下游企业间建立以合作和信任为基础的合作伙伴关系,通过信息共享、协同运作等实现供应链整体效益最大化,增强供应链的整体竞争力,并可使各参与方均获得很好的收益,具体见表3-2。

表3-2 战略合作伙伴关系给参与者带来的益处

| 参 与 者 | 战略合作伙伴关系给参与者带来的益处 |
| --- | --- |
| 供应商(卖方) | 保证有稳定的市场需求<br>更好地了解或理解客户需求<br>提高运作质量<br>提高零部件生产质量<br>降低生产成本<br>提高对客户改变交货期的反应速度和柔性<br>获得更高的利润(相比非战略合作伙伴关系的供应商) |
| 制造商(买方) | 降低成本(降低合同成本)<br>实现数量折扣、稳定而有竞争力的价格<br>提高产品质量和降低库存水平<br>改善时间管理<br>缩短交货提前期和提高可靠性<br>提高面向工艺的企业规划水平<br>实现更好的产品设计和更快的对产品变化的反应速度<br>强化数据信息的获取和管理控制 |
| 供应商(卖方)<br>与制造商(买方) | 改善相互之间的交流<br>实现共同的期望和目标<br>共担风险和共享利益<br>共同参与产品和工艺开发,实现相互之间的工艺集成、技术和物理集成<br>减少外在因素的影响及其造成的风险<br>降低投机思想和投机行为的可能性<br>增强矛盾和冲突的解决能力<br>在订单、生产、运输上实现规模效益以降低成本<br>减少管理成本<br>提高资产利用率 |

## 三、供应链合作伙伴选择与评价的指标

### （一）供应链合作伙伴的类型

在供应链管理环境下，供应链合作伙伴关系的运作需要减少供应商的数量，但是供应链合作伙伴关系并不意味着单一的供应源，而且制造商会在全球市场范围内寻找最杰出的合作伙伴。因此可以把合作伙伴分为两个层次：重要合作伙伴和次要合作伙伴。重要合作伙伴是少而精的、与制造商关系密切的合作伙伴，而次要合作伙伴是相对多的、与制造商关系不是很密切的合作伙伴。供应链合作伙伴关系的变化主要影响重要合作伙伴，对次要合作伙伴的影响较小。

根据合作伙伴在供应链中的增值作用及其竞争力，可将合作伙伴分为不同的类别，分类矩阵如图3-5所示。图中纵轴代表合作伙伴在供应链中的增值作用（增值率），一个合作伙伴如果不能对增值做出贡献，它对供应链的其他企业就没有吸引力；横轴代表某个合作伙伴与其他合作伙伴之间的区别，主要是设计能力、特殊工艺能力、柔性、项目管理能力等方面的竞争力的区别。

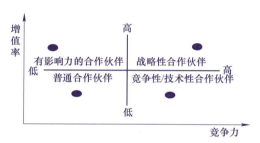

图3-5　供应链合作伙伴的类型

供应链企业在实际运作中，应根据不同的目标选择不同类型的合作伙伴。对长期合作而言，要求合作伙伴能保持较高的竞争力和增值率，因此最好选择战略性合作伙伴；对短期合作或某一短暂市场需求而言，只需选择普通合作伙伴满足需求即可，以保证成本最小化；对中期合作而言，可根据竞争力和增值率对供应链的重要程度的不同，选择不同类型的合作伙伴（有影响力的、竞争性/技术性的合作伙伴）。

### （二）供应链合作伙伴选择的影响因素

由于供应链是一个复杂开放的系统，因此影响供应链合作伙伴选择的因素有很多，主要有以下几方面。

#### 1. 价格因素

价格因素主要是指供应商所供给的原材料、初级产品（如零部件）或消费品组成部分的价格。供应商的产品价格决定了消费品的价格和整条供应链的投入产出比，对制造商和销售商的利润率产生一定程度的影响。

视频3-2　供应链合作伙伴选择的影响因素

#### 2. 质量因素

质量因素主要是指供应商所供给的原材料、初级产品（如零部件）或消费品组成部分

的质量。原材料、零部件、半成品的质量决定了最终产品的质量,这是供应链生存之本。产品的使用价值是以产品质量为基础的。如果产品的质量低劣,该产品缺乏市场竞争力,就会很快退出市场。而供应商所供原材料的质量是消费品质量的关键所在,因此,质量是一个重要因素。

### 3. 交货提前期因素

对供应链企业而言,市场是外在系统,它的变化或波动会引起供应链企业需求或供给的变化与波动,市场的不稳定性也会导致供应链各级库存的波动。交货提前期的存在,必然造成供应链各级库存变化的滞后性和库存的逐级放大效应。交货提前期越短,库存量的波动越小,企业对市场的反应速度越快,对市场反应的灵敏度越高。由此可见,交货周期也是重要因素之一。

### 4. 交货可靠性因素

交货可靠性是指供应商按照订货方所要求的时间和地点,将指定产品准时送到指定地点的能力。如果供应商的交货可靠性较低,必定会影响制造商的生产计划和销售商的销售计划及时机。这样,就会引起整个供应链的连锁反应,造成大量的资源浪费并导致成本上升,甚至会致使供应链解体。因此,交货可靠性也是较为重要的因素。

### 5. 品种柔性因素

在全球竞争加剧、产品需求日新月异的环境中,企业生产的产品必须多样化,以适应消费者的需求,达到占有市场和获取利润的目的。因此,多数企业采用了准时制生产方式。为了提高企业产品的市场竞争力,就必须发展柔性生产能力。而企业的柔性生产能力是以供应商的品种柔性为基础的,供应商的品种柔性决定了消费品的种类。

### 6. 研发和设计能力因素

供应链的集成是未来企业管理的发展方向。产品的更新是企业的市场动力。产品的研发和设计能力不仅是制造商分内之事,集成化供应链也要求供应商承担部分研发和设计工作。因此,供应商的研发和设计能力属于供应商选择机制的考虑范畴。

### 7. 特殊工艺能力因素

每种产品都具有其独特性,没有独特性的产品的市场生存能力较差。产品的独特性要求特殊的生产工艺,所以,供应商的特殊工艺能力也是影响因素之一。

### 8. 其他影响因素

其他影响因素还包括项目管理能力、供应商的地理位置、供应商的库存水平等。

## (三)供应链合作伙伴选择与评价的指标

### 1. 评价指标体系的设立

以上所列的影响因素在实际的供应链选择过程中表现出来的重要性是不同的。为了准确地评价和选择合作伙伴,必须建立一个评价指标体系。在这方面人们做了很多探讨。例如，美国学者迪克森（Dickson）在对数百家企业的经理进行调查后，认为产品的质量、成本和交货行为的历史是选择合作伙伴的三大重要标准，他建立了一个包含21个评价准则的供应商评价指标体系，见表3-3。迪克森的供应商评价准则虽然很全面，但是没有设置权重，不易区分不同指标的重要性。这一问题被后来的很多学者加以改进和完善，出现了分层次、有权重的供应商评价指标体系，见表3-4。不同的企业在选择合作伙伴（如供应商）时，可以根据自己的需要设计不同的评价指标。我国企业较多采用的评价指标首先是质量，其次是价格。

表3-3　迪克森的供应商评价指标体系

| 排　序 | 准　则 | 排　序 | 准　则 | 排　序 | 准　则 |
| --- | --- | --- | --- | --- | --- |
| 1 | 质量 | 8 | 财务状况 | 15 | 维修服务 |
| 2 | 交货 | 9 | 遵循报价程序 | 16 | 态度 |
| 3 | 历史效益 | 10 | 沟通系统 | 17 | 形象 |
| 4 | 保证 | 11 | 美誉度 | 18 | 包装能力 |
| 5 | 生产设施/能力 | 12 | 业务预期 | 19 | 劳工关系记录 |
| 6 | 价格 | 13 | 管理与组织 | 20 | 地理位置 |
| 7 | 技术能力 | 14 | 操作控制 | 21 | 以往业务量 |

表3-4　分层次、有权重的供应商评价指标体系

| 序　号 | 评价指标 | 子　指　标 |
| --- | --- | --- |
| 1 | 质量水平（0.25） | 顾客拒收度（0.60） |
| | | 工厂检验（0.40） |
| 2 | 响应性（0.03） | 紧急交货（0.70） |
| | | 质量水平（0.30） |
| 3 | 纪律性（0.04） | 诚实（0.75） |
| | | 程序遵循度（0.25） |
| 4 | 交货（0.35） | — |
| 5 | 财务状况（0.06） | |
| 6 | 管理水平（0.05） | 企业制度执行情况（0.75） |
| | | 业务水平（0.25） |
| 7 | 技术能力（0.08） | 解决技术问题的能力（0.80） |
| | | 产品线宽度（0.20） |
| 8 | 设备设施（0.14） | 机器设备完好率（0.60） |
| | | 基础设施水平（0.20） |
| | | 布局合理性（0.20） |

## 2. 评价指标体系的设置原则

评价指标体系的设置原则主要包括：

（1）系统全面性原则。评价指标体系必须全面反映合作伙伴目前的综合水平，并包括其发展前景的各项指标。

（2）简明科学性原则。评价指标体系的规模也必须适宜，即指标体系的设置应有一定的科学性。如果指标体系过大、指标层次过多、指标过细，势必将评价者的注意力吸引到细小的问题上；而指标体系过小、指标层次过少、指标过粗，又不能充分反映合作伙伴的

水平。

（3）稳定可比性原则。评价指标体系的设置还应考虑到易于与国内其他指标体系相比较。

（4）灵活可操作性原则。评价指标体系应具有足够的灵活性，以使企业能根据自己的特点以及实际情况，灵活运用各项指标。

### 3. 评价指标体系的一般结构

根据对企业的调查研究，影响合作伙伴选择的主要因素可以归纳为四类：企业环境、质量系统、生产能力和企业业绩。为了有效地评价、选择合作伙伴，可以框架性地构建三个层次的综合评价指标体系（如图3-6所示，其中第三层略去了具体的指标）：第一层次是目标层，包含以上四个主要因素；第二层次是影响合作伙伴选择的具体因素；第三层次是与其相关的细分因素。

需要强调的是，第三层的指标应该是可观测指标，也就是说，合作伙伴评价者可以通过这一层的细分指标，观测到（或计算出）各个指标的分值，包括客观评价值和主观评价值，然后再做进一步分析。

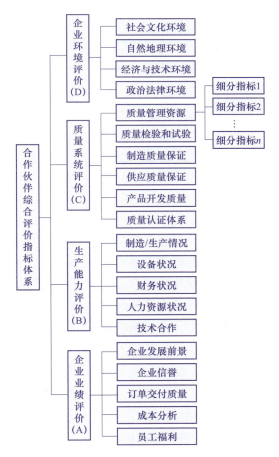

图3-6　合作伙伴综合评价指标体系结构

## 四、供应链合作伙伴选择的流程和方法

### （一）供应链合作伙伴选择的流程

合作伙伴的评价与选择是供应链合作关系运行的基础。合作伙伴的业绩对制造企业的影响越来越大，在交货期、产品质量、提前期、库存水平、产品设计等方面都影响着制造企业。合作伙伴的评价与选择对企业来说是多目标的，包含多层次的因素。

合作伙伴的综合评价与选择可以归纳为如图3-7所示的步骤，企业必须确定各个步骤的开始时间，每一个步骤对企业来说都是动态的，也都是一次改善业务的过程。

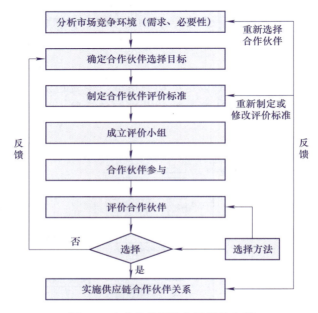

图3-7　合作伙伴评价与选择的步骤

**1. 分析市场竞争环境（需要、必要性）**

市场需求是企业一切活动的驱动源。要建立基于信任、合作、开放交流的供应链长期合作伙伴关系，就必须首先分析市场竞争环境，其目的在于找到针对哪些产品市场开发供应链合作伙伴关系才有效，必须知道现在的产品需求是什么、产品的类型和特征是什么，以确认用户的需求，确认是否有建立供应链合作伙伴关系的必要。若已建立供应链合作伙伴关系，则需要根据需求变化确认供应链合作伙伴关系变化的必要性，以及确认是否有必要重新选择合作伙伴；同时分析现有合作伙伴的现状，分析、总结企业存在的问题。

**2. 确定合作伙伴选择目标**

企业必须确定合作伙伴评价程序如何实施，信息流程如何以及由谁负责等问题，而且必须建立切合实际的目标。对合作伙伴的评价、最终确定不是一个简单的评价、选择过程，而是企业自身和其他企业之间的一次业务流程重构过程，实施得好，还可带来一系列附加利益。

### 3. 制定合作伙伴评价标准

合作伙伴评价指标体系是企业对合作伙伴进行综合评价的依据和标准，是反映企业本身和环境所构成的复杂系统不同属性的指标体系，是按隶属关系、层次结构有序组成的集合。要根据系统全面性、简明科学性、稳定可比性、灵活可操作性的原则，建立集成化供应链管理环境下合作伙伴的综合评价指标体系。不同行业或企业、不同产品需求、不同环境下的合作伙伴评价应是不一样的，但都涉及合作伙伴的业绩、设备管理、人力资源开发、质量控制、成本控制、技术开发、用户满意度、交货协议等可能影响供应链合作伙伴关系的方面。

### 4. 成立评价小组

企业必须建立一个小组以组织和实施合作伙伴评价工作。组员以来自采购、质量、生产、工程等与供应链合作伙伴关系密切的部门为主，兼有外聘的评审专家。小组成员必须具有团队合作精神和一定的专业技能。评价小组必须同时得到制造企业和合作伙伴企业最高领导层的支持。

### 5. 合作伙伴参与

一旦企业决定实施合作伙伴评价，评价小组就必须与初步选定的合作伙伴取得联系，以确认它们是否愿意与企业建立供应链合作伙伴关系，是否有获得更高业绩水平的愿望。企业应尽早让合作伙伴参与到评价的设计过程中来。由于企业的资源是有限的，企业只能与少数、关键的合作伙伴保持紧密合作，因此参与的合作伙伴不能太多。

### 6. 评价合作伙伴

评价合作伙伴的一项主要工作是调查、收集有关合作伙伴的生产运作等全方位的信息。在收集合作伙伴信息的基础上，利用一定的工具和技术方法进行合作伙伴的评价。评价过程最后有一个决策点，即根据一定的技术方法选择合作伙伴。如果选择成功，就可开始实施供应链合作伙伴关系；如果没有合适的合作伙伴可选，就返回"确定合作伙伴选择目标"的步骤。

### 7. 实施供应链合作伙伴关系

在实施供应链合作伙伴关系的过程中，市场需求将不断变化，可以根据实际情况的需要及时修改合作伙伴评价标准，或重新分析市场竞争环境。在重新选择合作伙伴的时候，应给予原有合作伙伴足够的时间以适应变化。

## （二）供应链合作伙伴选择的方法

随着多年的理论与实践的发展，目前选择合作伙伴的方法有较多，一般要根据供应商的多少、对供应商的了解程度以及对交货时间是否紧迫等要求来确定。目前，国内外常用的方法如下。

### 1. 直观判断法

直观判断法是根据征询和调查所得的资料并结合人的分析判断，对合作伙伴进行分析、评价的一种方法。这种方法主要是倾听和采纳有经验的采购人员的意见，或者直接由采购人员凭经验做出判断。它的缺点是带有明显的主观性，因此常用于选择企业非主要原材料的合作伙伴，或用于选择合作伙伴时的初期淘汰过程。

### 2. 招标法

当采购数量大、合作伙伴竞争激烈时，可采用招标法来选择适当的合作伙伴。它是由企业提出招标条件，各招标合作伙伴进行竞标，然后由企业决标，与提出最有利条件的合作伙伴签订合同或协议。招标法可以是公开招标，也可以是指定竞标。公开招标对投标者的资格不予限制；指定竞标则由企业预先选择若干个可能的合作伙伴，再进行竞标和决标。招标法竞争性强，企业能在更广泛的范围内选择适当的合作伙伴，以获得供应条件有利的、便宜而适用的物资。但招标法手续较繁杂、时间长，不能适应紧急采购的需要；同时，因供应商对投标者不够了解，双方没有时间充分协商，容易造成货不对路或不能按时到货的后果。

### 3. 协商选择法

在供货方较多、企业难以抉择时，也可以采用协商选择的方法，即由企业先选出供应条件较为有利的几个合作伙伴，与它们分别协商，再确定适当的合作伙伴。与招标法相比，协商选择法由于供需双方能充分协调，在物资质量、交货日期和售后服务等方面较有保证。但由于选择范围有限，因此不一定能得到价格最合理、供应条件最有利的供应来源。当采购时间紧迫、招标单位少、竞争程度弱、订购物资规格和技术条件复杂时，协商选择方法更为合适。

### 4. 采购成本比较法

对质量和交货期都能满足要求的合作伙伴，则需要通过计算采购成本来进行比较和分析。采购成本一般是售价、采购费用、运输费用等各项支出的总和。采购成本比较法是通过计算分析各个合作伙伴的采购成本，以选择采购成本较低的合作伙伴的一种方法。但这种方法容易造成唯"低价中标论"，从而牺牲必要的质量水平，形成质量事故隐患。

### 5. 作业成本法

作业成本法（Activity Based Costing Approach，也被称为ABC法）是通过计算合作伙伴的总成本来进行选择的方法，其总成本模型为

$$S_i^B = (P_i - P^{\min})Q + \sum_j C_j^B D_{ij}^B \tag{3-1}$$

式中　$S_i^B$——第$i$个合作伙伴的成本值；

　　　$P_i$——第$i$个合作伙伴的单位销售价格；

　　　$P^{\min}$——合作伙伴中单位销售价格的最小值；

　　　$Q$——采购量；

$C_j^B$——因企业采购相关活动导致的成本因子$j$的单位成本；

$D_{ij}^B$——因合作伙伴$i$导致的在采购企业内部的成本因子$j$的单位成本。

这个成本模型用于分析企业因采购活动而产生的直接和间接成本的大小。一般而言，企业将选择$S_i^B$值最小的合作伙伴。

### 6. 层次分析法

层次分析法的基本原理是根据具有阶梯结构的目标、子目标（准则）、约束条件、部门等来评价方案，采用两两比较的方法确定判断矩阵，然后把判断矩阵的最大特征根所对应的特征向量的分量作为相应的系数，最后综合给出各方案的权重（优先程度）。由于该方法让评价者对照相对重要性函数表，给出因素两两比较的重要性等级，因而可靠性高、误差小。不足之处是遇到因素众多、规模较大的问题时，该方法容易出现问题，如判断矩阵难以满足一致性要求，往往难以进一步对其分组。它作为一种定性和定量相结合的工具，目前已在许多领域得到了广泛的应用。

## 能力训练

【讨论】根据任务描述中提供的G公司的相关背景资料，结合供应链合作伙伴选择与评价的相关知识，以小组为单位讨论G公司的管理者在选择供应链合作伙伴过程中应该考虑哪些主要因素。

## 复习思考题

1. 供应链设计的主要内容有哪些？应遵循哪些原则？
2. 基于产品的供应链设计有哪些步骤？
3. 如何理解供应链合作伙伴关系？供应链中有哪些可以合作的伙伴？
4. 评价与选择供应链合作伙伴的步骤有哪些？
5. 评价与选择供应链合作伙伴的方法有哪些？

## 实践能力训练

【实训内容】根据任务描述中提供的G公司的背景及其相关资料，以小组为单位完成如下实训任务：请你作为G公司管理者，为公司设计合理的供应链合作伙伴评价指标体系。

【实训目的】通过实训使学生加深对供应链设计和供应链合作伙伴选择相关知识的理解，并能运用所学知识解决实际问题，为后续学习奠定基础。

【实训安排】将学生按3～4人划分为一组，进行适当的任务分工，以小组为单位共同收集整理相关资料，最后制作PPT及电子文档进行汇报。教师也可组织学生进行讨论，并根据实际情况给予点评。

# 项目四

## 供应链网络设计

### 学习目标

**【知识目标】**
- ★ 了解供应链中网络设施和运输的作用。
- ★ 掌握供应链网络设施规划的影响因素。
- ★ 掌握供应链网络设施规划的决策框架和选址方法。
- ★ 掌握供应链运输网络设计的影响因素和选择策略。

**【技能目标】**
- ★ 能够设计合理的供应链网络设施选址方案。
- ★ 能够设计合理的供应链运输网络。

**【素质目标】**
- ★ 树立严谨认真的工作态度。
- ★ 培养团结协作的工作精神。

# 项目四　供应链网络设计

## 知 识结构图

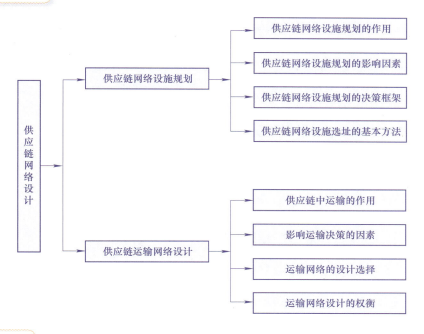

## 任 务描述

G公司为了从根本上解决其在欧洲市场遭遇的延迟交付和野蛮装卸等问题，考虑重新规划其在欧洲的供应链网络设施——为其物流分拨中心选择新的位置。G公司除了为大量欧洲小型的货车和汽车维修服务中心提供零部件外，同时也为其在维也纳、莱比锡、布达佩斯、布拉格、克拉科夫、慕尼黑和法兰克福的大客户——汽车和货车制造商提供零部件。它在维也纳和布达佩斯的两位客户已采用需要连续供应零部件和原材料的制造流程。

G公司在欧洲的办事处设在汉堡。位于俄亥俄州代顿市的母公司负责建设和发展的副总裁已经要求汉堡办事处根据位置、地理情况、运输、与客户关系的良好程度以及成本进行初步的选址。汉堡办事处已将德累斯顿、罗兹、汉堡、格但斯克和法兰克福确定为五个潜在的地点，并且已将汇总起来的各个地点的信息送至总部，其中包括以下每年运往各客户的集装箱运量的预测：维也纳——160TEU；莱比锡——100TEU；布达佩斯——180TEU；布拉格——210TEU；克拉科夫——90TEU；慕尼黑——120TEU；法兰克福——50TEU。

当负责建设和发展的副总裁收到这些信息的时候，他展开欧洲地图，开始研究这些地点……（五个候选城市的详细资料及相应地图可通过扫描下方的二维码获得。）

文字资源4-1　任务描述补充资料

**供应链管理基础**

## 任务分析

为了更好地服务维也纳、莱比锡、布达佩斯、布拉格、克拉科夫、慕尼黑和法兰克福的大客户，尤其是更好地满足在维也纳和布达佩斯的两位大客户的准时化生产对零部件和原材料准时化配送的要求，G公司决定为其在欧洲的供应链网络设施，即物流分拨中心从五个潜在的地点中选择一个合适的位置。因此，G公司负责建设与发展的副总裁必须充分了解供应链网络设施规划与供应链运输网络设计的相关知识，熟悉供应链网络规划的决策框架和供应链网络设施选址的基础方法。为此，管理者需要熟悉如下任务内容：

- 任务七　供应链网络设施规划
- 任务八　供应链运输网络设计

# 任务七　供应链网络设施规划

## 知识链接

### 一、供应链网络设施规划的作用

供应链网络设施规划决策包括以下内容：①设施功能的定位，即确定每个设施的作用，以及在每个设施中将有哪些作业流程或操作；②设施布局，即确定每个设施的位置和布局；③产能配置，即确定每个设施应该配置的产能；④市场和供给配置，即确定每个设施应服务的目标市场以及每个设施由哪些供应源供货。

#### （一）供应链网络设施决策对供应链绩效有相当重要的影响

供应链网络设施决策决定了供应链的配置并设置了约束条件，其他供应链驱动因素只能在约束条件内被用来降低供应链成本或提高响应性。供应链网络设施规划必须基于这一事实来做决策。每个设施功能的决策是非常重要的，这些决策决定了供应链在改变其满足需求的方式上所具有的柔性。例如，丰田汽车公司在全球范围内为它所服务的每个主要市场都设有工厂。1997年以前，每个工厂只能服务当地市场，工厂出现空闲产能却不能用来服务其他有过量需求的市场，这使得丰田汽车公司在后来的经济危机中受到了很大的损失。于是丰田汽车公司提高了各个工厂的柔性，使其能够服务当地之外的市场。这种柔性化生产使丰田汽车公司能更有效地应对日益动荡的全球市场环境。

#### （二）设施选址决策对供应链的绩效有着长期影响

一个好的设施选址决策能帮助供应链在保持低成本的同时具有响应性。例如，丰田汽车公司1998年在美国肯塔基州列克星敦市建立了其在美国的第一个装配厂，而且从那时起就不断在美国新建工厂。在日本本土生产的小型汽车因费用太高而不能与在美国生产的小型汽车进行成本竞争，这些美国工厂证明了它们对丰田汽车公司的有利价值。当地的工厂使丰田汽车公司能够在保持低成本的同时对美国市场做出最迅速的反应。

### （三）设施的供应源及市场配置决策对供应链绩效有重要影响

设施的供应源及市场配置决策会影响整条供应链为满足客户需求所发生的生产、库存及运输成本。这种决策应该定期重新审议，以便在生产和运输成本、市场条件或工厂产能变化时可以对设施的供应源及市场配置进行调整。当然，只有具备足够的柔性、能够服务不同的市场以及接收不同来源的供应时，才能考虑改变供应源和市场配置。

视频4-1　供应链网络设施决策

## 二、供应链网络设施规划的影响因素

### （一）战略因素

企业的竞争战略对供应链网络设计决策有着重要的影响。强调成本领先的企业倾向于在成本最低的区位布局制造设施，即使这样做会使制造设施远离其所服务的市场。电子制造服务供应商，例如富士康公司和伟创力公司，通过将其工厂设在人工成本较低的国家和地区，在提供低成本的电子装配上获得了成功。强调快速响应的企业则会采用不同的网络设施布局。ZARA公司是一家总部位于西班牙的服装制造商，其大部分产能设在葡萄牙和西班牙，尽管那里的人工成本相对较高。当地的产能使得该公司能快速地对欧洲的流行趋势变化做出响应。这种响应能力使ZARA公司成为世界上成长最快的服装零售商之一。

便利店将为顾客购物提供便利作为其竞争战略的一部分。所以，便利店网络一般以覆盖一个地区为目标，每个商店规模相对较小。折扣店（例如山姆会员店）采用的则是专注于提供低价格商品的竞争战略。所以，其网络中商店规模较大，而商店之间距离较远。一家山姆会员店覆盖的地理区域内可能包括几十家便利店。

企业的全球供应链网络通过在不同国家发挥不同作用的设施，能够很好地支持企业的竞争战略。例如，ZARA公司在欧洲以及亚洲都有生产设施。其中在亚洲的生产设施关注的是低成本，主要生产大量销售的、标准化、低价值的产品；而在欧洲的设施则关注响应性，主要生产需求不可预测的时尚设计产品。这种设施组合使ZARA公司能够获得最多利润。

### （二）技术因素

产品技术特征对供应链网络设计决策有着重要影响。如果生产技术能带来显著的规模经济效益，布局数量少但规模大的设施就是最有效的。以计算机芯片的生产为例，由于计算机芯片的生产需要很大的投资额，因此大多数公司都建立数量极少但规模很大的芯片生产厂。相反，如果设施建设的固定成本较低，那么就可以在目标市场所在地建立为数众多的设施，以降低运输成本。例如，可口可乐的罐装厂建厂固定成本较低，为了减少运费，可口可乐在世界各地都建有罐装厂，以服务当地的市场。

### (三)宏观经济因素

宏观经济因素包括税收、关税、汇率和其他一些经济因素,这些因素是独立于企业的外部因素。随着贸易的增长和市场的全球化,宏观经济因素对供应链网络产生的影响越来越大,因此,企业在进行供应链网络设计决策时必须考虑这些因素。

#### 1. 关税和税收减让

关税是指在产品或设备经过国界时必须支付的税收。关税对供应链网络设施选址决策有着非常大的影响。如果一个国家的关税很高,企业要么放弃这个国家的市场,要么在该国建立制造厂以规避关税。高关税导致供应链网络在更多的地方布局制造设施,配置在每个地方的制造设施的产能都较小。随着世界贸易组织(WTO)的成立和地区性协议的签订,全球关税总体上在逐渐降低。企业现在可以通过建立在一国以外的厂家向该国提供产品而无须支付高额的关税,因此企业开始集中布局其制造和配送基地。对全球化企业来说,关税降低意味着制造基地的减少和每一制造基地生产能力的扩大。

税收减让是指国家为鼓励企业在某一特定区域进行布局,而削减该地区税收征收额。同一国家不同地区之间的税收减让力度也是不一样的,以此来鼓励企业在发展水平较低的地区投资。对许多工厂来说,这种减让政策往往是供应链网络设施布局决策的最终决定因素。

#### 2. 汇率和需求风险

汇率波动对服务于全球市场的任何供应链的利润都有着重要影响。例如,一家公司在美国销售其在日本生产的产品,就面临着日元升值的风险。在这种情形下,生产的成本用日元衡量,而收益却用美元衡量。因此日元升值将造成生产成本的增加,从而减少企业的利润。20世纪80年代,日元升值时许多日本制造商都面临着这样一个问题,它们大部分的产能在日本却服务于广阔的海外市场。日元升值减少了它们的收益,利润也随之下降。大多数日本厂商对此做出了反应,通过在世界各地建立生产基地来应对日元升值。

人们可以运用金融工具化解汇率风险,因为金融工具可以限制或规避汇率波动带来的损失。所以,设计良好的供应链网络,提供了利用汇率波动增加利润的机会。例如,在供应链网络中额外规划一部分产能,以使产能更具有柔性,从而满足不同市场的需求。这种柔性使得企业可以通过改变供应链中的产品流向来应对汇率的波动,从而使利润最大化。

企业还必须考虑到不同国家经济变化所导致的需求波动。例如,2009年欧美国家经济发展迟滞,而中国经济增长率却超过8%,印度大约是7%。在此期间,在中国和印度设有办事处以及具有将资源从萎缩市场转移到增长市场的灵活性的全球化企业,与其他企业相比,发展情况要好得多。随着中国、印度和巴西等国家经济持续增长,全球化供应链将在这些新兴市场国家设立更多的办事处或分支机构。

#### 3. 货运与燃料成本

货运与燃料成本的波动对任何全球化供应链的利润都有显著的影响。例如,在2010年,波罗的海干散货综合航运指数(衡量原材料如金属、谷物和矿物燃料运输成本的指数)在5月达到4187的最高点,而在7月则创下1709的最低点。原油价格在2009年2月低至每桶约31美元,而到2010年12月则升至每桶约90美元。即使充分利用供应链的柔性,想应对这种程度的价格波动也是很困难的。这样的波动最好通过对冲商品市场的价格或签署合适的长期合同来应对。

### (四)政治因素

政治因素在供应链网络设施选址决策中起到了关键作用。企业通常倾向于将设施选址在政局稳定的国家,因为这些国家经济贸易规则较为完善,拥有独立而明确的法律制度,所以企业更愿意在这些国家投资建厂。但是政治风险是很难量化的,因此企业在供应链网络设施选址决策时只能通过主观分析和评价来进行判断。

### (五)基础设施因素

良好的基础设施是在特定区域进行供应链网络设施选址决策的先决条件。落后的基础设施会使在这一区域进行商务活动的成本增加。供应链网络设施理想的周边基础条件包括高素质而价格低廉的劳动力资源、充足而价格合理的土地和矿产资源、优良的海陆空交通条件以及齐备的城市基础建设。例如,尽管特大城市的地价要比其他城市高很多,但各大跨国企业仍喜欢把自己在中国的事业总部设在北京、上海等特大城市,关键原因就是这些地区的基础设施更加完善、条件更加优越。周边基础条件与设施选址倾向的关系如图4-1所示。

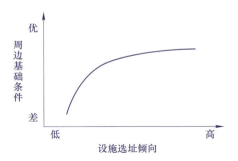

图4-1　周边基础条件与设施选址倾向的关系

### (六)竞争性因素

企业在设计供应链网络时必须要考虑到竞争对手的战略、规模和设施布局。如果市场竞争氛围是倡导共赢的,则企业会把设施建在竞争对手的附近,这种情况的一个典型实例是思科公司,这家总部位于美国硅谷的公司是世界最大的网络产品供应商之一,其竞争战略在很大程度上会影响整个网络产品市场的竞争氛围。思科公司并不热衷于收购兼并周边的中小型竞争企业,相反它会主动向市场上的新秀企业提供技术和财力支持,壮大起来的新秀企业都乐意与思科公司开展广泛的技术共享,结果是促进了共赢发展。如果是处在以瓜分市场为主的竞争环境下的,企业会尽量把设施建在尚待开发的新兴市场中,这样做的目的首先是避免进入其他已瓜分市场的风险,其次是尽快抢占新市场的市场份额,形成防止竞争对手进入的无形壁垒。

### （七）顾客因素

设计供应链网络时，企业必须考虑到顾客要求的响应时间。如果企业定位于那些注重响应时间的顾客，则供应链网络设施选址应尽量靠近顾客，而且在区域内必须设置足够多的设施以满足顾客的需求。所以，对于便利店来说，最好在一个区域内设立很多门店以提高响应性。如果企业定位于那些注重成本的顾客，则供应链网络设施选址可以距离顾客远一些；这是因为只要企业提供的商品价格足够低，这些注重购物成本的顾客就会接受去远一点的商店购物。例如，山姆会员店这样的连锁企业更倾向于在一个区域内建立比便利店更大但分布密度更低的连锁门店。

### （八）物流总成本因素

供应链的物流总成本会随着供应链网络设施的数量、布局以及产能配置的变化而变化。企业在设计其供应链网络时必须考虑库存、运输、设施建设和运营成本。

#### 1. 库存成本

当供应链网络中设施数量增加时，库存及由此引起的库存成本就会增加；为了减少库存成本，企业经常会合并设施以减少设施数量。

#### 2. 运输成本

运输成本包括进货运输成本和送货运输成本两部分。进货运输成本（也称进货成本）是指向设施运进原材料时所发生的成本。单位送货成本一般比单位进货成本高，因为进货量一般较大。例如，在进货方面，亚马逊公司的仓库收到整车装运的书，但送货时却只向顾客寄出一个小包裹，一般只有几本书。增加仓库数量就能更接近顾客，从而缩短送货距离。因此，增加设施数量就能减少运输费用，但如果设施数量增加到一定数目，使得批量进货规模变得很小时，设施数量的增加也会使运输费用增加。

#### 3. 设施建设和运营成本

企业在设施内消耗的成本分为两类：固定成本和变动成本。建设成本和租赁成本被当作固定成本，因为短期内它们并不随着通过设施的货流量的改变而改变。与生产或仓库运营相关的成本随加工或存储数量的变化而变化，因此被看作变动成本。设施成本随着设施数量的减少而减少，设施的合并能使企业在固定成本和变动成本两方面获得规模经济效益。

供应链中物流总成本包括库存、运输、设施建设和运营成本。随着设施数量的增加，物流总成本先减后增，因此一家企业拥有最少数量设施，可使物流总成本最小。如果企业想进一步缩短对顾客的响应时间，就需要不断增加设施数量，有可能超出最小物流成本对设施数量的要求。只有管理人员确信响应速度提高所带来的收益比设施增加带来的成本要大时，企业才会在低成本点以上增加设施数量。

供应链网络设计的一个主要内容就是对存货数量进行限定。存货总量与设施数量的关系遵循下面的公式

$$AS(N_2) = AS(N_1)\sqrt{\frac{N_2}{N_1}} \qquad (4\text{-}1)$$

式中  $N_2$——未来计划的设施数量;

$N_1$——现有设施的数量;

$AS(N_n)$——设施数量为$N_n$时的总存货量。

【例4-1】G公司计划把它的服务范围向欧洲进一步扩展。目前G公司拥有12个仓库,总存货量价值为1 200万英镑,并计划把仓库数量增加到16个。以每年的存货持有成本为20%计算,仓库数量增加后成本如何变化?

解析:已知$N_1=12$,$N_2=16$,$AS(N_1)=1\,200$。

代入数据得:$AS(N_2) = AS(N_1)\sqrt{N_2/N_1} = 1\,200 \times \sqrt{16/12} = 1\,390$(万英镑)。

仓库数量增加后,成本变化:(1 390–1 200)×20%=38(万英镑/年)

可见,额外增加的4个仓库将会使得存货持有成本每年增加38万英镑。

## 三、供应链网络设施规划的决策框架

供应链网络设计的目标是在满足顾客需求和响应方面要求的同时使企业的利润最大化。为了设计一个有效的供应链网络,管理者必须充分考虑上述因素的影响。一般而言,一个全球化的供应链网络设计决策框架如图4-2所示。

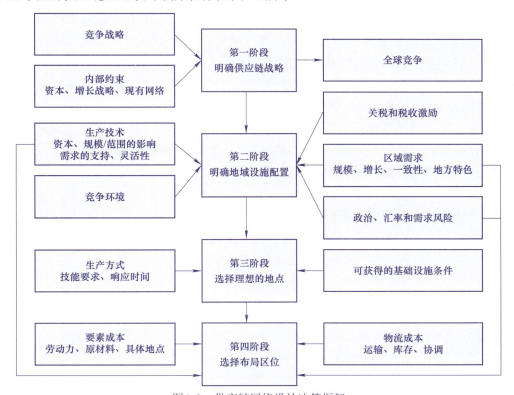

图4-2  供应链网络设计决策框架

### 供应链管理基础

#### （一）明确供应链战略

供应链网络设计第一阶段的目标是明确企业的供应链战略。供应链战略详细说明供应链应该由哪些环节构成，应该具备哪些功能，这些功能是内部执行还是外包，以便有效支持企业竞争战略的实现。

第一阶段是从明确界定企业竞争战略开始的。竞争战略旨在对供应链所要满足的顾客需求组合做出一个清晰的定义。接下来，管理者必须预测全球竞争的演变趋势以及每个市场的竞争对手是当地还是全球的商家。管理者还必须明确可运用资本的限制，以及企业是否可以通过现有设施的利用、新设施建立或者设施的联合使用来实现发展。

管理者必须在企业竞争战略、竞争分析、规模经济或范围经济以及所有限制条件的基础之上决定供应链战略，进而明确供应链网络必须具备哪些能力来支撑竞争战略。

#### （二）明确区域设施配置

供应链网络设计第二阶段的目标是选择设施布局的区域，明确设施潜在的功能及其大概的产能。

第二阶段的分析从区域需求预测开始。这种预测必须包括对需求规模的估计，并确定各个区域之间的顾客需求是一致的还是不同的。一致的需求对集中布局设施有利，而不同的需求则适合布局规模较小的地区性设施。

同时，管理者要弄清楚在既定生产技术条件下，规模经济或范围经济能否起到很大作用。如果规模经济或范围经济效益明显，就可以选择用较少的设施满足较大的市场需求；如果规模经济或范围经济效益微不足道，那么就比较适合在每一个市场都配置一个独立的供应源。例如，可口可乐公司在它的每一个市场区域均设有包装瓶生产厂，因为包装瓶的生产并没有多大的规模经济效应。而英特尔等芯片制造商，考虑到生产中的规模经济效应，就只拥有少量的服务于全球市场的生产厂。

管理者还要明确不同地区市场相关的需求风险、汇率风险和政治风险，同时认识到区域关税、区域对产品的特殊要求、税收减让以及各个市场的进出口限制。此外，还要清楚各个区域内的竞争者并给出设施应当临近或远离竞争者布局的理由以及各个市场的理想响应时间。

依据上述信息，管理者将描绘出供应链网络中区域性设施的架构。这种区域性设施架构将决定网络中设施的数量和设施的布局区位，并决定某项设施是应当为网络中某个特定市场生产全部产品，还是应当生产所有市场都需求的产品。

#### （三）选择理想的地点

供应链网络设计第三阶段的目标是在将要布局设施的区域范围内选择一系列的理想地点。理想地点的数量比将要建立的设施的数量要多，以便在第四阶段找出精确的区位。

地点的选择应当依据基础设施的状况进行，以确保预想的生产方式能正常进行。其中，硬件设施要求涉及供应商、运输服务、通信、公用事业以及仓储设施；软件设施要求涉及可雇佣的熟练劳动力、劳动力转换以及当地社区对工商业的接受程度。

## （四）选择布局区位

供应链网络设计第四阶段的目标是选择精确的设施布局区位，并为每一个设施配置产能。管理者在第三阶段选出的一系列理想地点中进行科学筛选，找出设施布局区位。供应链网络设计的目标是实现供应链总利润最大化，同时要考虑每个市场的预期边际效益以及不同的物流和设施成本。

# 四、供应链网络设施选址的基本方法

## （一）量本利分析法

量本利分析法可以用来评价不同的选址方案。任何选址方案都有一定的固定成本和变动成本。图4-3表示两种不同选址方案的成本和收入随产量变化的比较情况。假定无论厂址选在何处，其产品的售价是相同的。因此，收入曲线相同。对制造业来说，厂址不影响其销售量。只要销售量大于$V_0$，两个选址方案就都盈利。但是，由于厂址1的总成本较低，在销售量相同的情况下，其盈利较多。然而，我们并不能得出总成本最低的选址方案盈利最高的结论。因为，以上结论在售价和销售量都相同的假设下才成立。对于服务业，如零售店，不同选址方案的销售量不同。如图4-3所示，厂址1的销售量为$V_1$，厂址2的销售量为$V_2$，可能会出现这种情况：厂址2的总成本虽然比厂址1的总成本高，但由于厂址2的销售额高，造成厂址2的盈利高（$P_2 > P_1$）。

量本利分析法也可用于多个选址方案的比较，成本曲线和收入曲线也不一定像本例那样为直线。

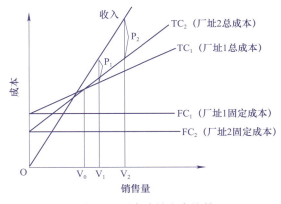

图4-3　两个选址方案比较

## （二）评分法

量本利分析法只是从经济上进行了比较。如前所述，选址涉及多方面因素，有些因素是无形、难以量化的。全面比较不同选址方案，是一个多目标或多准则的决策问题。由于不同目标对选址决策的重要程度不同，因此要对不同的目标分配不同的权重。权重通过给不同目标分配不同的最高分数来体现。表4-1为评分法的示例。有三个候选厂址：A、B和C，它们的经济因素相当。现按七个难以量化的因素对它们进行进一步比较。这七个因素对选址的重要程度不同，这种不同从表4-1的第2列"最高分数"可以看出。请专家估计每个方案的分数，得出第3~5列中的数字。比较这些数字可以看出，厂址C的每项分数都没有超过厂址B的分数，厂址B与厂址A都有优于对方的因素。因此，可以不考虑厂址C。厂址B的总分数为900，厂址A的总分数为840，可以优先选择厂址B。

表4-1 评分法示例

| 选址因素 | 最高分数 | 候选厂址 | | |
|---|---|---|---|---|
| | | A | B | C |
| 未来燃料可获性 | 300 | 200 | 250 | 220 |
| 水源供应的充足程度 | 100 | 80 | 90 | 80 |
| 劳动力供应情况 | 250 | 220 | 200 | 200 |
| 生活条件 | 150 | 120 | 120 | 100 |
| 运输的灵活性及前景 | 200 | 160 | 160 | 140 |
| 环境污染法规 | 50 | 30 | 40 | 30 |
| 税收稳定性 | 50 | 30 | 40 | 30 |
| 共计 | 1100 | 840 | 900 | 800 |

## （三）重心法

重心法是一种用于单个设施选址的方法，这种方法要考虑现有设施之间的距离和要运输的货物量。这种方法假设运入和运出成本是相等的，它并未考虑在不满载的情况下增加的特殊运输费用。首先，要在坐标系中标出各个地点的位置，目的在于确定各地点的相对距离。坐标系可以随便建立。在选址中，经常利用经度和纬度建立坐标。其次，根据各地点在坐标系中的横纵坐标值求出运输成本最低的位置坐标$X$和$Y$。

重心法使用的公式

$$X = \frac{\sum D_{ix} V_i}{\sum V_i} \quad (4-2)$$

$$Y = \frac{\sum D_{iy} V_i}{\sum V_i} \quad (4-3)$$

式中，$X$为重心的$x$坐标；$Y$为重心的$y$坐标；$D_{ix}$为第$i$个地点的$x$坐标；$D_{iy}$为第$i$个地点的$y$坐标；$V_i$为运到第$i$个地点或从第$i$个地点运出的货物量。

最后，选择求出的重心点坐标值对应的地点作为设施选址地点。

## 能力训练

供应链网络设计的一个主要因素就是对存货数量进行限定。经验告诉我们，存储地点的存货总量遵循下面的公式

$$AS(N_2) = AS(N_1) \sqrt{\frac{N_2}{N_1}}$$

式中，$N_2$为未来计划的设施数量；$N_1$为现有设施的数量；$AS(N_i)$为设施数量为$N_i$时的总存货量。

G公司的管理层计划将其业务服务范围向欧洲进一步扩展。目前该公司在全球拥有12个仓库，总存货量价值为20亿美元，并计划把仓库数量增加到16个。以每年的存货持有成本为20%计算，仓库数量增加后成本如何变化？

# 任务八　供应链运输网络设计

## 知识链接

### 一、供应链中运输的作用

运输是为了使产品由供应链源头转移至顾客手中而发生的产品的空间位移。运输是一个重要的供应链驱动因素，因为产品极少在同一地点生产和消费。在供应链中运输的作用主要表现在如下几个方面。

视频4-2　供应链中运输的作用

#### （一）运输创造了商品的空间价值和时间价值

一方面运输是产品移动的需要，运输可以使产品在供应链上下游之间移动，扩大了商品的市场范围，创造了商品的空间价值；另一方面运输是市场竞争的需要，可靠的运输保障，使供应链上下游企业之间的交易订单能够及时执行，从而保证了市场上商品价格的稳定，创造了商品的时间价值。例如，戴尔公司仅拥有少数计算机产品组装工厂，但其在世界各地都有供应商，并且产品也销往全球各地，运输使得产品能够在戴尔公司的全球供应链网络中流动，创造了产品的空间价值和时间价值。

#### （二）运输是维系供应链合作关系的关键

一方面运输是维系供应链合作伙伴关系的需要，通过产品从供应地到消费地的移动，使得供应链上下游企业间的订单得以有效执行，进而使最终用户的需求得以满足；另一方面运输是提高供应链企业响应性的需要，供应链企业通过采用协同运输和集并运输等敏捷性策略能够大幅度缩短产品供应周期，提高供应链整体的响应性。例如，日本7-11便利店利用协同运输系统和产品集并运输方式，既提高了对客户的响应性，降低了运输和收货成本，也确保了产品供给与顾客需求的匹配。

#### （三）运输能够促进供应链社会分工发展

随着国际贸易的快速增长，全球贸易占世界经济活动的比重已越来越大，采用合理的联运系统运送货物变得越来越重要。特别是跨国公司通过构建全球供应链网络，极大地促进了供应链在世界各地的分工发展。宜家是一家总部位于瑞典的跨国家具连锁零售商，它在42个国家和地区建立了一个拥有350家门店的全球供应链网络，宜家采取模块化设计、高效的原材料供应和较低的运输成本，从而在全球范围内提供优质低价的家具产品。

## 二、影响运输决策的因素

在任何运输中，都存在两个非常重要的角色：托运人和承运人。托运人要求货物在供应链的两点之间发生位移，而承运人则按照托运人的要求进行货物的移动或运输。

### （一）承运人决策的影响因素

承运人（如从事飞机、铁路、货车等运输业务的承运公司）的目标是做出投资决策，并运用合理的经营策略，以使其投资取得最大回报。影响承运人决策的因素主要包括：

（1）与运输工具相关的成本。与运输工具相关的成本从短期来看是固定的，从长期来看是可变的。

（2）固定运营成本。固定运营成本包括任何与运输枢纽建设成本、机场建设成本以及与运输是否发生无关的劳动力成本。

（3）与运距有关的成本。与运距有关的成本包括劳动力报酬和燃料费用。

（4）与运量有关的成本。与运量有关的成本包括装卸费用、与运量有关的燃料费用。

（5）运营成本。运营成本包括设计、安排运输网络的费用及任何有关的信息技术费用。

此外，还必须考虑：承运人所追求的对目标市场的迅速反应能力；市场能承受的价格。

### （二）托运人决策的影响因素

托运人决策的内容包括运输网络设计、运输工具选择及运输方式选择。

影响托运人决策的因素主要包括：

（1）运输成本。运输成本取决于承运人的报价、运输方式的选择。

（2）库存成本。库存成本是指保管库存货物的成本。

（3）设施成本。设施成本是指仓库或物流中心等设施的建设成本。

（4）作业成本。作业成本包括装卸及其他与运输相关的作业带来的成本。

（5）服务水平成本。服务水平成本是指没有完成货物运送义务时所承担的费用。

## 三、运输网络的设计选择

运输网络设计对供应链绩效产生影响，在运输网络中建立的基础设施会影响运输路线和日程安排的运营决策。因此，设计完善的运输网络有助于供应链以较低的成本达到理想的响应性水平。在供应链的两个环节之间设计运输网络时需要考虑三个基本问题：

1）运输是直送还是通过中间点？

2）中间点存储货物还是仅作为越库运输点？

3）每条交付路线只供应一个目的地还是供应多个目的地？

基于对这些问题的不同回答，供应链会有多种运输网络。

## （一）直接发运网络

采用只有一个目的地的直接发运网络时，每个供应商都直接给每个买方送货。如图4-4所示，在直接发运网络中，每次送货的路线都是固定的，供应链管理者只需要确定运输批量和运输方式，但这种决策涉及运输成本和库存成本的平衡问题。

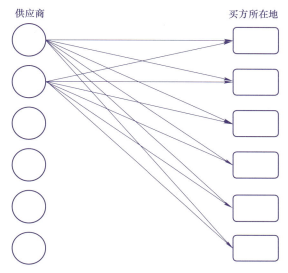

图4-4　直接发运网络

直接发运网络的优点是消除了周转库存，并使运作和协调简单化。送货决策完全本地化，而且一次送货决策的做出也不会影响到其他决策。由于每次送货都直接进行，因此从供应商到买方所在地的运输时间较短。

如果买方的订货批量很大，并足以使每个供应商对每个地区的最优订货批量接近于货车的最大装载量，这种情况下采用一个目的地的直接发运网络会最有效。但如果买方的订货批量不够大，则不足以支撑直接发运的成本。

## （二）利用巡回运送直接发运

巡回运送是指一辆货车从一个供应商处拣取货物运送给多个零售商，或从多个供应商处拣取货物运送给一个零售商，如图4-5所示。采取巡回运送直接发运策略时，供应链管理者必须对每次巡回运送的路径进行规划。

直接发运具有无中转仓库的优点，而巡回运送的优点是将送往多个地区的货物集中到一辆货车上，实现了更低的运输成本。如果送往每个地点的货物数量较小，不足以装满一辆货车，但是多个地点相邻并且它们的货物合并起来可以装满一辆货车的话，巡回运送就有意义了。如果企业需要定期小批量频繁送货，并且一系列供应商或一系列零售商在空间上非常接近，这时采取巡回运送方式将显著降低成本。在日本，丰田汽车公司有许多装配厂都是邻近分布的，因此采取巡回运送策略，由单个供应商对多个工厂送货。而在美国，因为丰田汽车公司的装配工厂相隔很远，所以它采取巡回运送策略，由多家供应商向一家装配厂送货。

供应链管理基础

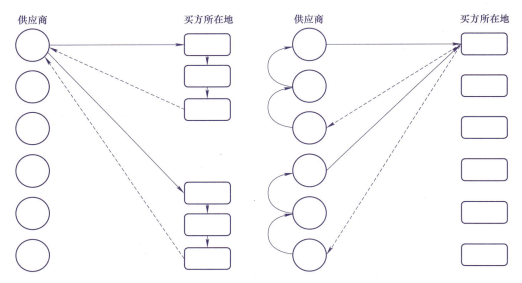

图4-5　有多个供应商或多个买方的巡回运送

### （三）通过带库存的配送中心发运

通过带库存的配送中心发运是指供应商将货物发往配送中心，再由配送中心将相应的货物运送至买方所在地，如图4-6所示。如果运输的经济性要求内向运输有大批量货物，或者与外向运输的货物不能协调，那么在中间位置存储产品是合理的。在这种情况下，货物以大批量方式进入配送中心作为库存，然后以小批量补货的方式在需要时送到买方所在地。

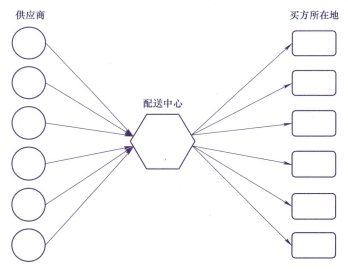

图4-6　配送中心发运

配送中心的建立不但使内向运输更靠近最终目的地，而且使供应链获得了规模经济效益。同时，由于配送中心只服务其周边区域，因此外向运输成本并不高。供应商直接服务于每个店铺的成本可能非常高昂，而内向运输的批量远远大于配送中心所服务店铺所需批量的总和。

## （四）通过配送中心越库配送发运

通过配送中心越库配送发运是指供应商将货物运送到配送中心，货物在此不储存，而是越库发送到买方所在地。除了配送中心没有产品储存，这种方案的产品流与图4-6类似。当一个配送中心越库运输产品时，每辆内向运输货车装有来自供应商的运往多个买方所在地的货物，而每辆外向运输货车装有来自多个供应商的运往一个买方所在地的货物。越库配送的主要优点是使得供应链持有的库存变少，产品流通速度加快。由于产品不再需要从存储区域搬进搬出，因此越库配送还能节约搬运成本。当内向运输和外向运输都能达到规模经济并且内向货物和外向货物能够协调时，越库配送最为有效。

沃尔玛成功地运用越库配送策略，在不增加运输成本的前提下，降低了供应链的库存。沃尔玛在不同地区建立的大型超市都由配送中心负责产品供应。通过越库配送，沃尔玛的各家超市向供应商的进货都能以整车运输的方式抵进站，从而实现了规模经济。在送货方面，由于不同供应商运往同一家超市的货物都装载在同一辆货车上，因此也实现了规模经济。

## （五）通过配送中心巡回运送发运

如图4-7所示，如果每个买方的订货批量很小，配送中心就可以采取巡回运送策略给买方送货。巡回运送通过集并小批量送货能够降低外向运输成本。例如，由于发往一家店铺的总供货量无法装满一辆货车，因此日本7-11便利店将来自新鲜食品供应商的送货在配送中心实施越库运输，并采取巡回运送策略为店铺送货。越库配送和巡回运送策略使得日本7-11便利店能以更低的运输成本对每家零售店铺实现小批量补货。但是，使用巡回运送和越库配送策略要求高度的协调以及对巡回运送的合理规划与安排。

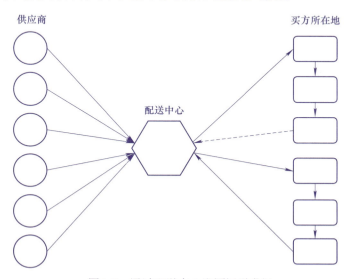

图4-7 通过配送中心巡回运送发运

## （六）定制化运输网络

定制化运输网络通过综合利用上述运输方案，降低供应链成本，提高供应链的响应性。它在运输过程中综合利用越库配送、巡回运送、整车和零担承运人甚至包裹承运人等多种策略；目的是针对特定情况选取合适的方案。对于大型零售店需求大的产品，可以采用直接发运策略；而对于小型零售店需求小的产品，则可以由配送中心集并配送。由于对每种产品或每家零售店采取的送货流程都不一样，因此这种运输网络的管理较为复杂。定制化运输网络的运营，需要企业在信息基础设施方面投入大量资金以实现协同。然而，它的应用也使企业在决定运输方案时更具选择性，以实现运输和库存成本的最小化。

表4-2概括了各种运输网络的优缺点。

表4-2 不同运输网络的优缺点

| 运输网络结构 | 优 点 | 缺 点 |
| --- | --- | --- |
| 直接发运网络 | 无中转仓库，易协调 | 高库存，收货成本高 |
| 利用巡回运送直接发运 | 小批量送货的运输成本较低，库存成本较低 | 协调难度加大 |
| 通过带库存的配送中心发运 | 通过集中降低了内向运输成本 | 库存成本增加，配送中心的搬运成本增加 |
| 通过配送中心越库配送发运 | 需要的库存很少，通过集中减低了运输成本 | 协调难度加大 |
| 通过配送中心巡回运送发运 | 小批量送货，降低了外向运输成本 | 协调难度更大 |
| 定制化运输网络 | 运输方案与单个产品或店铺需求实现了最优匹配 | 协调难度最大 |

## 四、运输网络设计的权衡

供应链中托运人的所有运输决策必须考虑以下方面：库存成本、设施和加工成本、协作成本以及顾客响应水平。例如京东使用包裹承运人将产品运送给顾客，此决策增加了运输成本，但是可以使京东集中设施、减少库存成本。如果京东想减少运输成本，它要么牺牲顾客响应水平，要么增加设施数量和库存以靠近顾客。

协作成本通常很难量化。托运人应根据不同的成本与收益，对不同的运输方案进行计算，并依据协作的复杂性对它们进行等级划分。在此基础上，管理者才能合理地做出运输决策。管理者在做出运输决策时必须权衡以下问题：

1）运输成本与库存成本的权衡。
2）运输成本与顾客响应水平的权衡。

### （一）运输成本与库存成本的权衡

在设计供应链网络时，权衡运输成本与库存成本至关重要。以下两个基本决策与这一权衡有关：一是运输方式选择，二是库存集中。

#### 1. 运输方式选择

供应链运输方式的选择由于涉及企业的承运人和对特定运输方式的选择，所以既是一项计划决策，也是一项运作决策。为此，托运人必须权衡运输成本和库存成本。能使运输成本最小化的运输方式并不一定能使供应链总成本最小化。较廉价的运输方式常常意味着较长的提前期和较大的送货批量，这两个因素将导致供应链库存提高。允许以更小批量送货的模式能帮助企业降低库存，但通常费用更高。例如：苹果公司从亚洲空运它的部分产品，这种做法单从运输成本方面考虑显然是不合理的，但由于使用更快捷的运输方式来运送高价值的零件可以让苹果公司持有较低的库存并且顾客响应水平更高，因此这种做法是较为合理的。

使用不同运输方式对供应链库存、响应性和成本的影响见表4-3，从不同方面对每一种运输方式进行评价，1表示最低，6表示最高。

表4-3 不同运输方式下的供应链绩效

| 运输方式 | 周转库存 | 安全库存 | 在途库存 | 运输时间 | 运输成本 |
| --- | --- | --- | --- | --- | --- |
| 铁路 | 5 | 5 | 5 | 2 | 5 |
| 整车 | 4 | 4 | 4 | 3 | 3 |
| 零担 | 3 | 3 | 3 | 4 | 4 |
| 包裹 | 1 | 1 | 1 | 6 | 1 |
| 空运 | 2 | 2 | 2 | 5 | 2 |
| 水运 | 6 | 6 | 6 | 1 | 6 |

价值重量比较高的产品（例如iPad）应该采取更快捷的运输方式，因为对于这些产品来说，降低库存至关重要；反之，价值重量比较低的产品（例如宜家的进口家具）应该采用更廉价的运输方式，因为对于这些产品来说，降低运输成本更加重要。在选择运输方式时，除考虑运输成本外，还应考虑可能的失售、周转库存、安全库存和在途库存的成本。失售和库存成本受运输方式的速度、柔性和可靠性的影响。在改变运输方式前，还应该考虑采购价格。

### 2. 库存集中

通过将库存集中到一个地区，企业可以大大降低安全库存。大多数电商企业都采用这种技术赢得优势，以便与在各地有许多网点设施的企业展开竞争。例如：亚马逊通过在少数仓库持有库存，降低设施和库存成本；相反，一些大型连锁超市则不得不在众多零售店都持有库存。

库存集中时运输成本通常会增加。如果库存高度分散，那么一定程度的集中会降低运输成本。然而，一旦超过临界点，库存集中就将导致总运输成本增加。因此，所有计划采用库存集中策略的企业在进行决策时，都必须在运输成本、库存成本和设施成本之间进行权衡。

当库存成本和设施成本占供应链总成本比重较大时，采取库存集中策略是很好的选择。对于价值重量比很高的产品以及需求不确定性很高的产品，采取库存集中策略也非常有效。然而，在产品价值重量比很低，而且顾客订货批量较小的情况下，库存集中策略由于其运输成本高将很可能损害供应链绩效。支持集中或分散库存的条件见表4-4。

表4-4 支持集中或分散库存的条件

| 项目 | 集中 | 分散 |
| --- | --- | --- |
| 运输成本 | 低 | 高 |
| 需求不确定性 | 高 | 低 |
| 库存持有成本 | 高 | 低 |
| 顾客订货批量 | 大 | 小 |

### （二）运输成本与顾客响应水平的权衡

供应链的运输成本与顾客响应水平有密切联系。响应水平高的企业能在收到顾客订单后一天内发出全部订货，其出站货物批量小，运输成本高。如果降低响应水平，将较长时间内的订货一起发出，企业将能以大批量送货，从而实现规模经济并降低运输成本。时间集中运输是指将不同时间内的订单一并发出。由于发货的推迟，时间集中运输降低了企业的顾客响应水平，但是由于送货批量增加，规模经济的实现也可以帮助企业降低运输成本。企业在设计供应链运输网络时，必须考虑顾客响应水平和运输成本之间的权衡。

## 能力训练

【讨论】根据任务描述中提供的G公司的背景资料，结合上述供应链运输网络设计方案，通过小组讨论，为G公司在欧洲的供应链选择合适的运输网络，并说明理由。

## 复习思考题

1. 仓库的位置和规模是如何影响京东这样的企业的供应链绩效的？在决定仓库的位置和规模时，京东应该考虑哪些因素？
2. 进口关税和汇率是如何影响一个供应链网络设施选址决策的？
3. 京东建立了新的仓库，这种改变是如何影响京东供应链中的各种成本和响应时间的？

## 实践能力训练

【实训内容】根据任务描述中提供的G公司的背景及其相关资料，以小组为单位完成以下实训任务：请为G公司在欧洲的物流分拨中心设计选址方案。

【实训目的】通过实训，学生加深对供应链网络设计相关知识的理解，并能运用所学知识解决实际问题，为后续学习奠定基础。

【实训安排】将学生按3~4人划分为一组，进行适当的任务分工，以小组为单位共同收集整理相关资料，最后制作PPT及电子文档进行汇报。教师也可组织学生进行讨论，并根据实际情况给予点评。

# 项目五

## 供应链计划与协调

### 学习目标

▷ 【知识目标】
- ★ 掌握需求预测的特点、步骤及方法。
- ★ 掌握各类生产计划的含义、特点、编制原则及步骤。
- ★ 掌握销售和作业计划的含义、流程及实施要点。
- ★ 掌握库存控制计划的主要模型及特点。
- ★ 了解"牛鞭效应"和"曲棍球棒效应"的原理、产生原因及缓解策略。
- ★ 掌握供应链协调管理措施及基本策略。

▷ 【技能目标】
- ★ 能够运用适当的方法进行供应链需求预测。
- ★ 能够制订供应链生产、销售及库存控制计划。
- ★ 能够合理选择并运用供应链协调管理措施及策略。

▷ 【素质目标】
- ★ 树立严谨认真的工作态度。
- ★ 培养团结协作的工作精神。

供应链管理基础

### 知识结构图

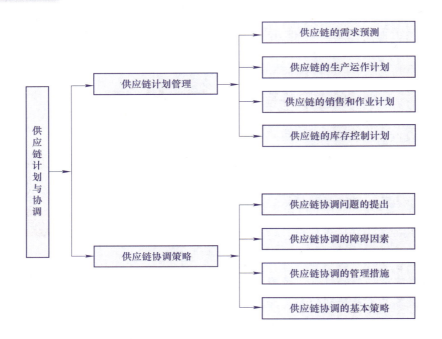

### 任务描述

为了消除"牛鞭效应"和"曲棍球棒效应"对供应链的不良影响,加强供应链的计划性和协调性,G公司决定与其位于维也纳、莱比锡、布达佩斯、布拉格、克拉科夫、慕尼黑和法兰克福的欧洲大客户(这些客户是汽车和货车制造商,对零部件有较大需求,并且在维也纳和布达佩斯的客户已采用准时制的制造流程)共同实施供应链协同运营管理。

### 任务分析

G公司与其供应链上下游合作伙伴间通过运用供应商管理库存(VMI)或联合库存管理(JMI)或协同计划、预测与连续(CPFR)等供应链计划与协同管理策略和措施,能够最大限度地消除供应链中的"牛鞭效应"和"曲棍球棒效应",提高供应链运营的整体协调性和市场竞争力。因此,公司管理者必须充分了解供应链计划与协调的相关知识,熟悉供应链计划与协调的决策流程和方法。为此,公司管理者需要熟悉如下任务内容:

○ 任务九　供应链计划管理
○ 任务十　供应链协调策略

项目五　供应链计划与协调

# 任务九　供应链计划管理

## 知识链接

### 一、供应链的需求预测

#### （一）需求预测的含义与目的

**1. 需求预测的含义**

需求预测是指企业根据历史数据或经验，采用合适的科学分析方法对企业未来产品与服务的需求数量和需求金额进行预测，从而为企业的计划和控制决策提供依据。

**2. 需求预测的目的**

（1）短期目的。需求预测有助于企业制定生产策略、制定价格策略、制定销售目标、控制存货、规划财务。

（2）长期目的。需求预测有助于企业决定生产能力、规划长期经营活动。

#### （二）需求预测的特点

企业和供应链管理者应当了解需求预测具有如下特点。

**1. 预测总是不精确的**

预测通常包括预测的期望值和预测误差的测量两方面的内容。下面我们举例说明预测误差的重要性。现有两家汽车经销商，其中一家经销商预计销售量为100～1 900辆，而另一家经销商预计销售量为900～1 100辆。虽然两家经销商预测的平均销售量都是1000辆，但由于预测精度不同，两家经销商的采购策略必然大不相同。因此，对于大多数供应链决策来说，预测误差（或需求的不确定性）都是一个关键输入信息。

**2. 长期预测的精度往往比短期低**

长期预测的精度即长期预测的标准差相对于均值而言比短期预测要大些。日本7-11便利店正是利用预测的这种性质来改善其运作绩效的，该公司实施的补货流程能在数小时内对订单进行响应。

**3. 综合预测往往比分解预测更精确**

相对均值而言，综合预测的标准差较小。例如，在2%的误差范围内预测我国一年的国内生产总值并不困难，然而在2%的误差范围内预测一家企业的年收入就要困难得多，在相同的精度下预测某一具体产品的收益就更困难了。这三种预测的关键不同点就在于预测的综合程度。国内生产总值是一个国家（或地区）所有常住单位在一定时期内所拥有的生产要素所生产的全部最终产品（包括商品和服务）的市场价值，而企业收入是企业所有产品线收入的总和。所以，综合性越高，预测的精度也就越高。

**4. 企业离消费者越远，信息失真就越大**

典型例子就是"牛鞭效应"，即供应链的上游离最终顾客越远，订货量的波动幅度越大。因此，企业越是处于供应链的上游，其预测误差也就越大，信息失真就越大。因此，基于最终顾客的实际需求进行协作预测能够帮助上游企业降低预测误差。

## （三）需求预测的步骤

有效的需求预测有以下五个基本步骤。

**1. 理解预测目标**

由于所有预测都支持以预测为基础的决策，因此重要的第一步就是明确识别这些决策。例如，通常这些决策包括特定产品的产能决策、库存量决策和订购量决策。所有受供应链决策影响的各方都必须意识到决策与预测之间的关系。例如：如果沃尔玛计划在7月对洗涤剂进行打折促销，那么洗涤剂生产商、承运人和其他有关各方必须分享此信息，因为他们都必须做出一些受需求预测影响的决策；所有各方应当就促销量达成一个共同的预测，并以此为基础制订一个共同的行动方案，否则将会导致供应链各环节拥有过多或过少的产品。

**2. 整合整个供应链的计划和预测**

企业应当将其预测与整个供应链中的所有计划联系起来，例如产能计划、生产计划、采购计划和促销计划等，以避免出现下面这种尴尬的局面：零售商基于促销活动进行预测，然而制造商并不知道该促销活动，仅根据历史订单对其生产计划做出了完全不同的预测。结果将是供求不匹配，顾客服务水平低下。为了更好地进行整合，企业最好建立一支跨职能的团队进行预测工作，团队的成员来自受预测影响的不同职能部门。当然，更好的方法是组织供应链中不同企业的人员一起进行预测。

**3. 识别影响需求预测的主要因素**

企业必须识别影响需求预测的需求、供给和产品因素。在需求方面，企业必须清楚需求是增长、衰退，还是遵循季节性波动模式，这些判断都必须基于需求而不是销售数据。在供给方面，企业必须考虑可以利用的供应源以决定所需要的预测精度。如果存在供货期更短的可替代供应源，高度精确的预测就显得不那么重要了。相反，如果只有一个供应源且供货提前期较长，精确的预测就非常有价值。在产品方面，企业必须了解其销售的变型产品的数量，以及这些变型产品是否可以相互补充或替代。如果一个产品的需求影响另一个产品的需求，那么最好对这两类产品一起进行预测。

**4. 以合适的综合水平进行预测**

既然综合预测比分解预测更为精确，那么在进行预测时选择合适的综合预测水平就变得非常重要。让我们来看一家连锁零售店的采购员是如何确定衬衫的订购量的：在向供应商订货时采取综合预测,仅在向各个门店分拨所订衬衫时再要求每家门店的经理进行预测。在这种情况下,提前期较长的预测(采购订单)采用集中预测,这样可以降低预测误差。而分散的门店水平的预测时点更接近实际热卖季节,此时进行预测可以更有效地利用门店经理所拥有的有关本地市场状况的信息。

### 5. 建立预测绩效和误差衡量标准

企业必须明确绩效衡量标准以评价预测的准确性和时效性。这些衡量标准与企业在预测基础上制定的决策目标密切相关。例如,一家滑雪衫生产商通过预测向上游供应商下达订单的情景是这样的:供应商需用两个月的时间履行订单,因为需要两个月补货提前期,所以该滑雪衫生产商的预测应至少提前于热销季节开始前两个月完成。在销售季末,该滑雪衫生产商必须比较实际销售量与预测值以评估预测的精度。然后,采取适当的方案降低未来的预测误差或对观测到的预测误差做出响应。

## (四)需求预测的方法

通常需求预测的方法可分为定性预测方法和定量预测方法两大类。

### 1. 定性预测方法

定性预测法主要依赖于人的主观判断。定性预测的结果与预测者对事物的熟悉程度、经验丰富程度以及分析判断能力密切相关。当可供参考的历史数据很少或专家拥有影响预测的关键市场信息时,采用定性预测方法最合适。常见的定性预测方法有以下三种:

(1)德尔菲法。德尔菲法又称专家综合意见法,是指由一组专家进行需求预测。预测组织者先根据预测的需要选聘有关专家并组成专家组,再向专家组成员函寄调查表,征询各位专家的意见。专家组成员就表中的问题做出回答后寄回给预测组织者。对专家意见进行综合、整理、归纳并做出统计分析后,再匿名反馈给专家组成员进行第二轮专家意见征询。经过多轮反复函询调查,专家意见逐步趋于集中和统一,预测组织者可据此整理出较为可靠的预测结果。

(2)业务主管人员意见综合预测法。业务主管人员意见综合预测法是指预测组织者邀请本企业内部的经理人员,以及采购、销售、仓储、财务、统计、策划、市场研究等部门的负责人作为预测参与者,向他们提供有关预测的内容、市场环境、企业经营状况和其他预测资料,要求他们根据资料,结合自己掌握的市场动态提出预测意见和结果,或者用会议的形式组织他们进行讨论。最后由预测组织者将各种意见进行综合,做出最终的预测结论。

(3)销售人员意见综合预测法。销售人员意见综合预测法是指企业直接将从事商品销售的经验丰富的人员组织起来,先由预测组织者向他们介绍预测目标、内容和预测期的市场经济形势等情况,再由销售人员利用平时掌握的信息结合提供的情况,对预测期的市场商品销售前景提出自己的预测结果和意见,最后由预测组织者进行综合分析,并得出最终的预测结论。销售人员意见综合预测法:主要用来预测商品需求动向,市场景气状况,商品销售前景,商品采购品种、花色、型号、质量和数量等。这种方法多用在一些统计资料缺乏或不全的情况下,对短期市场预测效果好。

### 2. 定量预测方法

定量预测方法是一种运用数学工具对需求进行定量描述，预测需求发展趋势的方法。常见的定量预测方法有以下三种：

（1）因果关系预测法。因果关系预测法假定需求预测与某些环境因素（经济状况、利率等）高度相关，利用这些环境因素与需求之间的关联性，通过预测环境因素的变化来预测未来的需求。例如，产品定价与市场需求是高度相关的，企业可以利用因果关系预测法确定价格促销对需求造成的影响。

（2）时间序列预测法。时间序列预测法是运用历史数据对未来需求进行预测的方法，它依赖于这样一个假设——过去的需求数据是预测未来需求的良好参照指标。时间序列预测法尤其适用于每年基本需求模式变化不大的情况。其主要特点是以时间的推移来预测市场需求趋势，不受其他外在因素的影响。时间序列预测法包括简单平均法、移动平均法和指数平滑法。

1）简单平均法：简单平均法是计算一定观察期的数据平均数，并以平均数为基础确定预测值的方法。简单平均法有多种，如算术平均法、几何平均法和加权平均法等。

2）移动平均法：移动平均法是用一组最近的实际数据值来预测未来一期或几期内企业产品的需求量、企业产能等的一种常用方法。移动平均法适用于即期预测。当产品需求既不快速增长也不快速下降，且不存在季节性因素时，移动平均法能有效地消除预测中的随机波动，是非常有用的。移动平均法根据预测时使用的各元素的权重不同，可以分为简单移动平均和加权移动平均。

3）指数平滑法：指数平滑法是在移动平均法基础上发展起来的一种时间序列分析预测法，它是通过计算指数平滑值，配合一定的时间序列预测模型对未来进行预测的。该方法的原理是任一期的指数平滑值都是本期实际观察值与前一期指数平滑值的加权平均。

（3）回归分析预测法。回归分析预测法是指利用数据统计原理，对大量统计数据进行数学处理，并确定因变量与某些自变量的相关关系，建立一个相关性较好的回归方程（函数表达式），并加以外推，用于预测今后的因变量的变化的分析方法。根据因变量和自变量的个数，回归分析可分为一元回归分析和多元回归分析；根据因变量和自变量的函数表达式，回归分析可分为线性回归分析和非线性回归分析。

## 二、供应链的生产运作计划

### （一）综合生产计划

#### 1. 综合生产计划的含义

综合生产计划（Aggregate Production Planning，APP）是对企业未来一段时间内（6~18个月）资源和需求之间的平衡所做的概括性描述，是根据企业所拥有的生产能力和需求预测对企业未来一段时间内的产出内容、产出量、劳动力水平、库存投资等问题所做的总体性安排。

综合生产计划需要解决以下问题：根据计划期内每个时期的需求预测，确定各个时期适当的生产水平、库存水平、产能（自制和外包）水平以及延迟交货量（未满足的需求），以使该计划期内企业利润最大化。

下面让我们来看喷墨纸供应链是怎样通过综合生产计划实现利润最大化的。许多类型的造纸厂都面临季节性需求，需求波动从顾客传递到印刷厂、分销商最后到造纸厂。由于年度报告的印刷需要，春季是各种喷墨纸的需求高峰期。由于新车宣传手册的印刷需要，秋季同样是各种喷墨纸的需求高峰期。因为造纸厂的产能建设成本非常大，所以建设生产能力能满足春秋旺季需求的工厂的成本太大。另外，喷墨纸的生产通常需要特殊的添加剂和涂料，而这些材料经常供给不足。因此，造纸厂必须考虑这些约束因素并使利润最大化。造纸厂需要利用综合生产计划决定它在需求淡季的生产和库存水平，从而在淡季建立库存以满足旺季超过产能的需求。这样，通过综合考虑整条供应链的相关因素，综合生产计划可以使造纸厂和供应链实现利润最大化。

### 2. 综合生产计划运作参数

（1）综合生产计划的运作指标。主要包括：①生产速率，单位时间（如每月或每周）完成的产品数量；②劳动力，员工数或所需劳动量；③加班量，计划加班时间的数量；④设备产能水平，生产所需的设备产能；⑤转包，在计划期内需要外包的产能；⑥延期交货需求，当期没有满足而转移至未来期交付的需求；⑦现有库存，计划期内各个时期的计划库存持有水平。

（2）综合生产计划的输入信息。主要包括：①计划期，综合生产计划要解决的是6～18个月这样中等时间范围内的决策问题，还需明确计划期内每个周期的持续时间（周或月）；②工耗，单位产品需要的劳动力工时/机器台时；③生产成本，如劳动力成本、转包生产成本、产能变更成本；④库存持有成本；⑤缺货或延期交货的成本；⑥约束因素，如加班的限制、解雇的限制、可用资本的限制、缺货和延期交货的限制。

### 3. 综合生产计划制订策略

众所周知，需求随着时间不断发生变化，由于产能成本、库存成本、延期交货成本的相对大小不同，其中的一项成本必然会成为企业实现利润最大化的关键杠杆。如果改变产能的成本较低，企业就不需要建立仓库或延期交货；如果改变产能的成本较高，则企业可以建立仓库或者将旺季的订单延迟到淡季交货。在制订综合生产计划时，制订者要在上述三个成本之间权衡，以便获得能够使企业效益最大化的方案组合。

视频5-1 综合生产计划的制订策略

为了在这三项成本之间实现平衡，通常可以采取三种不同的综合生产计划制订策略，实践中，综合生产计划制订者往往采用混合策略，也就是组合使用以下三种基本策略。

（1）均衡策略。将库存作为杠杆，保持稳定的设备产能和劳动力数量，以使产出均衡。也就是说，不论需求如何变化，各计划期的生产任务量都是均衡的。均衡策略的优点是雇员稳定、设备利用率高；缺点是库存积压严重，顾客订单可能会被延迟。均衡策略适用于改变产能的成本相对较低、库存和延期交货成本相对较低的情况。

（2）追赶策略。将产能作为杠杆，当需求水平发生变化时，通过调整设备产能或者增加或者减少劳动力，使生产水平能够与需求保持同步。追赶策略适用于库存成本较高、改变产能和劳动力数量成本较低的情况。

追赶策略下综合生产计划示例见表5-1。

表5-1　追赶策略下综合生产计划

| 季　　度 | 1 | 2 | 3 | 4 |
|---|---|---|---|---|
| 需求 | 6 000 | 10 000 | 12 000 | 14 000 |
| （需求以单位表示，例如千克或元） | | | | |
| 生产 | 6 000 | 10 000 | 12 000 | 14 000 |
| （生产量与需求量完全一致） | | | | |
| 库存 | 0 | 0 | 0 | 0 |
| （不持有任何库存） | | | | |
| 劳动力 | 3个工人 | 5个工人 | 6个工人 | 7个工人 |
| （假设每个工人每个季度的生产量为2 000） | | | | |

（3）时间柔性策略。将利用率作为杠杆，劳动力数量和产能不变，通过改变工作时长或机器利用强度来实现供给与需求的匹配。时间柔性策略适用于库存成本很高，存在过剩设备产能并且劳动力安排具有灵活性的情况。

### （二）主生产计划

#### 1. 主生产计划的含义

主生产计划（Master Production Schedule，MPS）是确定每个具体的最终产品在每个具体时间段内生产数量的计划。它详细规定生产什么、什么时段应该产出，是独立需求计划。

主生产计划根据客户合同和市场预测，考虑了经营规划和销售规划，使生产规划与它们相协调。它着眼于销售什么和能够制造什么，把经营计划或生产大纲中的产品系列具体化，使之成为展开物料需求计划的主要依据。为车间制订一个合适的主生产进度计划，并且以粗能力数据调整该计划，直到负荷平衡，这起到了从综合计划向具体计划过渡的承上启下的作用。

#### 2. 主生产计划的编制原则

主生产计划通过均衡地安排生产来实现生产规划的目标，使企业在客户服务水平、库存周转率和生产率方面都能得到提高，并及时更新、保持计划的切实可行性和有效性。主生产计划中不能有超越可用物料和可能能力的项目。因此在编制主生产计划时，应遵循以下基本原则：

（1）最少项目原则。用最少的项目数进行主生产计划的安排。如果主生产计划中的项目数过多，就会使预测和管理都变得困难。因此，要根据不同的制造环境，选取产品结构不同的级，进行主生产计划的编制。使得在产品结构这一级的制造和装配过程中，产品（或）部件选型的数目最少，以改进管理评审与控制。

（2）独立具体原则。主生产计划要列出实际的、具体的可构造项目，而不是一些项目组或计划清单项目。产品可分解成可识别的零件或组件。

（3）关键项目原则。列出对生产能力、财务指标或关键材料有重大影响的项目。对生产能力有重大影响的项目，是指那些对生产和装配过程有重大影响的项目，如一些大批量项目，造成生产能力的瓶颈环节的项目，或者通过关键工作中心的项目。在财务指标方面，关键项目指的是对公司的利润效益而言最为关键的项目。如：制造费用高、含有贵重部件、原材料昂贵的生产工艺费用高或有特殊要求的部件项目；也包括那些作为公司主要利润来源的，相对不贵的项目。而在关键材料方面，关键项目是指那些提前期很长或供应厂商有限的项目。

（4）全面代表原则。主生产计划的项目应尽可能全面地代表企业的生产产品。主生产计划应覆盖被其驱动的MRP程序中的尽可能多数的组件，反映关于制造设施，特别是瓶颈资源或关键工作中心的尽可能多的信息。

（5）适当余量原则。留有适当余地，并考虑预防性维修设备的时间。可把预防性维修作为一个项目安排在主生产计划中，也可以按预防性维修的时间，减少工作中心的能力。

（6）适当稳定原则。主生产计划制订后在有效的期限内应保持适当稳定，那种只按照主观愿望随意改动的做法，将会破坏系统原有合理的、正常的优先级计划，削弱系统的计划能力。

### 3. 主生产计划的编制步骤

编制主生产计划一般要经过以下步骤：

1）根据生产规划和计划清单确定对每个最终项目的生产预测。

2）将生产预测、已收到的客户订单、配件预测以及最终项目作为非独立需求项的需求数量，计算总需求。

3）根据总需求量、事先确定好的订货策略和批量，以及安全库存量和期初库存量，计算各时区的主生产计划接收量和预计可用量。

4）用粗能力计划评价主生产计划备选方案的可行性，模拟选优，给出主生产计划报告。

## （三）物料需求计划

### 1. 物料需求计划的含义

根据国家标准《供应链管理 第2部分：SCM术语》（GB/T 26337.2—2011）的定义，物料需求计划（MRP）是利用一系列产品物料清单（Bill of Material，BOM）数据、库存数据和主生产计划计算物料需求的一套技术方法。物料需求计划用于确定在给定的时间段内制造一定数量的产品所需的零部件与物料数量以及这些零部件与物料的需求日期。也就是，根据产品结构各层次物料的从属和数量关系，以每个物料为计划对象，以完工时期为时间基准倒排计划，按提前期长短区别各个物料下达计划时间的先后顺序，这是一种工业制造企业内物资计划管理模式。MRP是先根据市场需求预测和顾客订单制订产品生产计划，然后基于产品生产计划、物料清单和库存状况，通过计算机计算所需物料的需求量和需求时间，从而确定材料的加工进度和订货日程的一种实用技术。

### 2. 物料需求计划的特点

（1）需求的相关性。在生产系统中，需求具有相关性。例如，根据订单确定了所需产品数量之后，就可以通过产品物料清单推算出各种零部件和原材料的数量，这种根据逻辑关系推算出来的物料数量被称为相关需求。不但品种数量有相关性，而且需求时间与生产工艺过程的决定也有相关性。

（2）需求的确定性。物料需求计划的需求都是根据主生产计划、产品物料清单和库存文件精确计算出来的，品种、数量和需求时间都有严格要求，不可改变。

（3）计划的复杂性。物料需求计划根据主生产计划、产品物料清单、库存文件、生产时间和采购时间，把主产品的所有零部件数量、时间、先后关系等准确计算出来。当产品结构复杂、零部件数量特别多时，其计算工作量非常庞大，人力根本不能胜任，必须依靠计算机。

### 3. 物料需求计划的基本结构

物料需求计划的结构原理如图5-1所示。

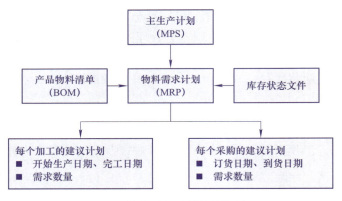

图5-1　物料需求计划的结构原理

（1）主生产计划。它指明在某一计划时间段内应生产出的各种产品和备件，它是制订物料需求计划的一个最重要的数据来源。

（2）产品物料清单。它指明了物料之间的结构关系，以及每种物料需求的数量，它是物料需求计划系统中最为基础的数据。

（3）库存状态文件。它反映每个物料品目的现有库存量和计划接受量的实际状态。

## 三、供应链的销售和作业计划

### （一）销售和作业计划的含义

销售和作业计划（Sales & Operations Plan，S&OP）是在组织内部协调需求与供应计划的过程。该过程通过将供应链企业预测、库存可得性、生产资源以及其他资源信息进行整合并共享，系统地制订出共同一致的计划。销售和作业计划的要求涉及时程化设施、设备、人力以及完成物流任务所需的库存资源。例如，对物流的要求是把制成品从制造厂家装运到仓库，并最终配送到客户手中，装运量是客户要求与现有库存之间的差量。对未来的要求是以预测、客户订单及促销为基础，而预测则要将销售、市场投入与历史销售水平结合起来。客户订单包括已有订单、未来承诺的订单及合同。考虑促销活动在计划物流要求方面尤为重要，因为促销活动往往会引起物流量的大变动，并对物流能力产生很大的影响。现有库存指的是目前可以装运的产品。

## （二）销售和作业计划的流程

整合的销售和作业计划流程对于实现有效的供应链运作越来越重要。销售和作业计划编制了一个协同计划，能够在企业资源约束的条件下响应客户需求。在传统的情况下：首先，企业为了取得期望的经济效益，先编制相应的财务收益计划；其次，企业为了实现财务收益，要制订企业产品组合的销售计划和销售目标，销售计划还包括实现销售目标的特定产品革新、定价和促销计划；最后，制订供应链作业计划，包括物料、生产和物流计划，这些计划必须保证在企业及其供应链合作伙伴的运作约束下满足客户需求。图5-2显示了销售和作业计划中的一些冲突。从销售的角度来说，销售目标包括销售的产品种类很多、快速响应客户以及提前期很短。实际上，销售目标是不论客户在什么时间需要什么产品，企业都应该能够满足客户，以实现收益最大化。供应链作业则倾向于最少的产品种类和生产变更、限制生产进度的变化以及较长的提前期，以实现规模经济。事实上，供应链作业的主要目标是实现生产、运输和物料处理设备的规模经济。由于在满足客户需求和作业的规模经济需求之间存在如此大的差异，因此有必要系统地权衡这两种目标，并且共同制订出与两种目标都一致的计划。这些计划包括预测、产品引进、市场销售目标和运作计划，同时这些计划必须保证在企业约束的条件下，实现财务目标和客户需求。

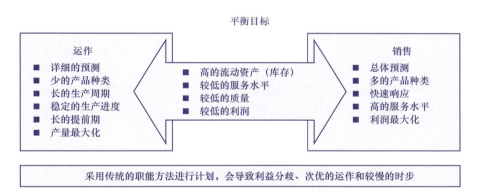

图5-2　计划中的冲突

尽管信息技术在销售和作业计划中的作用很大，但是销售和作业计划系统不仅是一个信息技术的应用系统，还是信息系统与财务、市场销售与供应链计划中要素的结合，它综合考虑了企业流程、责任和义务而开发的一致同意并合作执行的计划。因此，有效的销售和作业计划要求合作企业之间的流程与技术要相互融合。图5-3显示了销售和作业计划的流程。该流程的第一个组成部分是关于财务预测和相关预算的企业计划，该计划用于指导活动水平，并决定总体生产数量和需要的资源。第二个组成部分是销售计划，它是根据不受约束的市场计划制订出来的。不受约束的市场计划是指当没有任何供应链运作约束时，能够达到的最大销售数量和赢利水平。第三个组成部分是作业计划，即资源计划，是根据企业内部或合作伙伴的资源约束制订的。作业计划综合了需要的资源和资源约束，确定并评价两者之间的潜在的平衡。

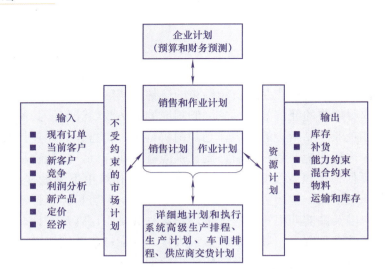

图5-3 销售和作业计划流程

在销售和作业计划过程中,企业计划、不受约束的市场计划和资源计划是综合并同步制订的。因此,要求综合使用多种技术来确定并评价所有约束,同时也可以采取一些管理方法确定哪些约束可以消除。例如,区分客户订单装运顺序,变更市场计划和加班作业,或者生产外包。一旦制订出了当前或将来时间段内的销售作业和作业计划,那么这些计划就是一个共同的、一致的计划,在企业资源能力的约束下,综合制订出财务和市场计划。

### (三)销售和作业计划的实施

销售和作业计划的有效实施离不开企业内部对可得信息的协同分析、运作机制的共同实施及卓越的管理。销售和作业计划的实施要点见表5-2。

表5-2 销售和作业计划的实施要点

| 实施要点 | 具 体 内 容 |
|---|---|
| 每月执行一次流程 | 销售和作业计划流程与其他流程类似,执行过程或多或少都有些烦琐。要好好规划运行方案,只有那些在市场、渠道、供应线、产品生产线方面变动较小的业务才能降低相关计划流程的执行频率。降低执行频率的业务必须尽可能地按照计划执行并且保证同类业务中的关键绩效指标(KPI)达成结果最好。其他业务则必须每月至少执行一次流程 |
| 确立领导权并明确角色和职责 | 销售和作业计划的实施需要一个领导者来推动整个实施进程,以便与部门管理者共同指导部门运作,确保其符合企业的长期计划策略。理想的领导者应该既是整个流程的服务者,又是决定企业策略方向的管理者 |
| 企业对高预测精度的承诺 | 企业必须承诺能够达到较高的预测精度并持续改进预测方法。需求计划是整个供应链从供应计划、生产计划、库存计划、资源计划到财务计划的驱动力。如果企业不知道客户打算购买什么,就不可能做出好的供应链决策 |
| 重点关注接下来的3~12个月 | 明确将会影响交易量的有关因素是非常重要的,因此不能纠结于过去的结果,应该放眼未来,评估接下来的3~12个月的形势。销售和作业计划系统适当的计划周期是18个月。计划周期设置得更长的企业能更好地把握影响业务需求趋势的因素,因此它们的需求计划更加可靠、预测更为准确、可实施性更强 |
| 整合整个组织所有活动的一体化计划 | 整合的销售和作业计划系统的基本目的是:审核预测过程、新产品计划、预算计划、资金计划以及其他与企业目标达成有关的计划,保证销售和作业计划过程的每一步都按照企业的计划策略进行 |
| 高层管理决策的制定 | 优秀的销售和作业计划流程的最终环节是决策制定。如果高层管理者不想采取任何行动,整个计划系统就将难以进行,企业也不能从中得到任何利润。销售和作业计划执行会议不仅是一个报告环节,还是一个决策以及布置任务的环节 |

项目五　供应链计划与协调

（续）

| 实施要点 | 具体内容 |
| --- | --- |
| 自始至终坚持对供应链绩效进行评估 | 对于销售和作业计划而言，与那些排斥绩效评估的企业相比，乐于将绩效评估作为持续改进的第一步的企业实施效果好得多。在销售和作业计划实施过程的每一个环节，绩效评估都很重要。评估结果可以反映企业的运作状况，并且指明需要改进的方向 |
| 正确对待销售和作业计划系统的预测结果与运作计划或预算的差异 | 一年中大多数时候销售和作业计划系统的预测结果与企业的运作计划或预算不能保持统一，这两种计划很多时候不一致是正常情况。企业不必手动调整前者使其与后者保持同步，因为销售和作业计划系统的预测结果是制定其他供应链决策的依据，手动调整预测结果既增加成本，又对达成预算目标毫无意义。企业只有充分分析预测结果和运作计划或预算之间产生差距的原因，并努力采取行动缩小差距，才能得到更大的收益 |

在销售和作业计划系统实施过程中，企业遇到的一个常见问题是组织的定位。销售和作业计划是跨部门的计划流程，而非一个职能部门内部的流程，因此成功实施销售和作业计划系统需要各部门的努力。每个后续运作阶段都需要一份以上全新或更新过的执行计划，因此实施销售和作业计划系统要做很多繁复的工作。因此，高层管理者有时会专门成立一个组织部门来管理后续计划，以提高销售和作业计划系统的实施效率。

要实现销售和作业计划系统的高效运作，企业的不同职能部门必须共同积极承担责任。高效的销售和作业计划系统是供应链管理中不同组织共同承担责任、行使权力的最佳体现。关键运作环节的部门管理者必须承担销售和作业计划系统中本部门的工作，并对这部分工作的绩效负责。可以采取两种措施加强管理：一是将部门的薪酬水平与整个销售和作业计划系统的绩效挂钩；二是除了加强职能部门的自身管理外，还将职能部门正式纳入销售和作业计划体系并明确其职责。有效地实施销售和作业计划系统会使企业收益良多。具体来说，该系统能够改善预测精准度、提高完美订单率、缩短现金周期、增加毛利率。

## 四、供应链的库存控制计划

### （一）库存的概念及分类

#### 1. 库存的概念

根据国家标准《物流术语》（GB/T 18354—2006）的定义，库存（Stock）是指储存作为今后按预定的目的使用而处于闲置或非生产状态的物品。广义的库存还包括处于制造加工状态和运输状态的物品。

库存中的存货是一种重要的流动资产，在供应链中处于流转的状态，从原材料到在制品，从在制品到产成品。因此，根据存货在供应链中的流转形态、流转时间及流转数量，管理者可以判断供应链中存在的问题。例如：如果供应链中存货在产成品环节积压过多，说明供应链下游的分销网络出了问题；如果供应链中存货在在制品环节停留时间过长，说明供应链的生产运营出了问题；如果供应链中存货在原材料储备环节严重不足，说明供应链上游的采购环节出了问题。

在供应链中，当库存过多时产品会因为卖不出去而遭受损失，而库存过少时则会因为缺货，而丧失销售机会，进而影响最后的盈利。因此，对于供应链企业而言，如何控制好库存，就成为其有效管理供应链的关键所在。

### 2. 库存的分类

按照不同的标准，对库存进行分类的结果见表5-3。

表5-3 库存分类表

| 标准 | 库存类型 | 含义说明 | 影响因素 |
|---|---|---|---|
| 按库存作用分类 | 周转库存 | 也称循环库存，是为满足日常生产经营需要而持有的库存 | 采购批量 |
| | 安全库存 | 是为应对不确定性因素（如大量突发性订货、交货期突然延迟等）而准备的缓冲库存 | 库存安全系数<br>库存服务水平 |
| | 在途库存 | 处于运输状态以及停放在港口、仓库等节点上的库存 | 运输时间以及该期间的平均需求 |
| | 季节性库存 | 是为维持劳动力和生产运转的稳定性，而在生产季节开始之前累积的库存 | 需求预测、销售策略等 |
| 按生产过程分类 | 原材料库存 | 企业已经购买的，但还未投入生产的存货 | 无 |
| | 在制品库存 | 经过部分加工处理，但尚未完成的半成品存货 | 无 |
| | 产成品库存 | 已经制造完成并正在等待装运发出的存货 | 无 |
| 按用户需求特性分类 | 独立需求库存（用户需求） | 用户对某种物品的需求与其他种类的库存无关，表现出对这种库存需求的独立性，这种需求是由市场决定的，一般不可控 | 市场预测<br>用户订单 |
| | 相关需求库存（生产需求） | 企业对某种库存物品的需求与其他种类的库存有关，企业可以精确计算出它的需求量和需求时间，是一种确定性需求，可控 | 产品结构<br>生产计划<br>物料清单 |

### （二）持有库存的原因

所有的企业，即使是那些运用精益系统的企业，都会持有库存。事实上，如果企业不持有一定量的库存，就无法运行。企业需要持有库存的原因如下。

### 1. 防止缺货

持有库存的一个原因是：以防库存耗尽时，产品无法立即运送给需求方。生产和运送产品都需要一定的时间，必须确保有足够的库存来满足订货交付期内的需求。订货交付期存在一定的变数，例如运输延误、供应商的生产问题、订单丢失、物料损坏和许多其他问题都可能造成订货交付期延长，因此必须提前做好准备；此外，供应源在极少情况下才会与需求方处在同一地点，而且很难在所有需求地点投放生产设备；因此，库存不得不从一个地点运送到另一个地点，有时还不得不存放在配送中心，以便在需要时向不同地点进行配送。可见，企业需要持有库存，以防止缺货的情况发生。

### 2. 保持自主运营

在供应链中，产品需经历许多不同的运营过程，不同运营过程因处理能力不同而具有不同的处理速度，为了平衡不同运营过程的处理能力，需要在不同运营过程之间建立缓冲。因此，系统中的不同地点都需持有额外的缓冲库存，以平衡运营过程的能力差异，从而提高运营过程的柔性。

供应链中生产流水线上各个工作站之间的相互依赖性很高。库存通常配置在工作站之间，以降低工作站之间的相互依赖性。否则，一个工作站停工可能会导致整条生产流水线的中断或关停。而且这种事件的发生具有不可预测性，相同运营过程的处理时间也存在自然变差。因此，有必要持有缓冲库存，从而实现以均衡的速度产出。

### 3. 平衡供给与需求

平衡供应链一端的供给和另一端的需求往往是具有挑战性的。由于需求永远在变化，因此持有额外的库存可以使企业有能力应对意外的需求激增。另外，还需要考虑到需求的产生是间歇性的，而不是持续性的。零售销售量就是一个典型的例子，零售销售量在工作日的早晨通常会比较低，但在周末会比较高。没有额外库存可能导致错过最佳销售时期。持有库存有助于应对需求的自然变差。

季节性需求模式也会导致需求存在高峰期和低迷期，如夏季的冰淇淋销售或冬季的雪铲销售。如果只在季节性需求产生时，开设生产设施进行生产，那么代价会很高。这可能意味着：淡季时，需要关闭设施，工人面临失业；而旺季时，则需要加班生产。因此，一种普遍的策略是，企业及其供应链在一年内以更为均匀的速度进行生产。在这种情况下，额外的产品可以储存在仓库中，以便在旺季时进行销售。

### 4. 预防不确定性

在供应链中许多意外事件的发生会同时影响供给和需求。这是由于这些事件具有不可预测性。不可预测的事件可以是任何事情——可能是收到一批破损的产品，也可能是由于天气原因造成的意外延误，或者是供应商工厂出现了问题。企业持有额外库存，可以预防或缓冲这些不确定性。

### 5. 经济采购订单

企业通常会保持尽可能低的库存状态，而客户有时可能因为会大量购买库存，如需求增加以及预计价格会上涨、产品会短缺、生产会中断等而购买更多库存产品。此时，企业不得不通过大量采购来满足客户的购买需求。应该看到，大量采购也会给企业带来许多好处：一方面，企业可以从大量采购中获得规模经济效应，即从供应商处获得比较高的价格折扣；另一方面，一次性运输客户购买的大量产品也会为企业节省运输成本。

## （三）库存管理

### 1. 库存管理的含义

库存管理（Inventory Management）是指为了满足企业生产经营的需要而对计划存储、流通的有关物料进行管理的活动。库存管理的主要内容包括库存信息管理及在此基础上所进行的决策与分析工作。

库存管理的目的是在保证满足客户需求的前提下，通过对企业的库存水平进行合理控制,实现降低库存总成本、提高服务水平、增强企业竞争力的目的。

### 2. 库存管理绩效指标

(1) 平均库存值。平均库存值是指某时段范围内全部库存物品价值之和的平均值。该指标可以让企业管理者了解企业资产的库存资金占用状况。平均库存值的计算公式为

$$平均库存值=\frac{(期初库存值+期末库存值)}{2} \qquad (5-1)$$

(2) 可供应时间。可供应时间是指现有库存能够满足多长时间的需求。可供应时间的计算公式为

$$可供应时间=\frac{平均库存值}{需求率} \qquad (5-2)$$

(3) 库存周转率。库存周转率是指在一定期间内库存周转的速度。库存周转率的计算公式为

$$库存周转率=\frac{一定期间的销售额}{一定期间的平均库存值} \qquad (5-3)$$

## (四) 库存控制计划模型

库存控制即存货控制,根据国家标准《物流术语》(GB/T 18354—2006)的定义,库存控制(Inventory Control)是指在保障供应的前提下,使库存物品的数量合理所进行的有效管理的技术经济措施。

独立需求库存控制计划,主要是确定订货点、订货量以及订货周期等参数。一般采用订货点法确定何时订货,采用经济订货批量法确定每次订货的最佳批量。独立需求库存控制计划模型一般分为定量库存控制计划模型和定期库存控制计划模型两种。

### 1. 定量库存控制计划模型

定量库存控制计划模型又称定量订货法,也称订货点控制法。该模型的前提条件是:订货批量固定、订货提前期固定、产品价格固定、产品需求固定。该模型具有两个基本特点:一是订货点的库存量和订货批量都是固定的;二是订货批量固定,但订货提前期不固定。该模型的基本原理是:当库存量下降到订货点$R$时,即按预先确定的订货批量$Q$发出订货单,经过订货提前期$L$,库存量继续下降,到达安全库存量$S$时,收到订货,库存水平上升。

运用该模型制订库存控制计划时主要通过确定订货点的库存量$R$和订货批量$Q$两个参数来进行,达到既最好地满足库存需求,又能使总费用最低的目的。

(1) 订货点的确定。通常订货点的确定主要取决于库存物品的年需求量和订货提前期这两个因素。

$$日平均消耗量=\frac{库存物品的年需求量}{365}$$

$$订货点的库存量=日平均消耗量×订货提前期+安全库存量$$

$$R = \frac{LD}{365} + S \tag{5-4}$$

式中　$R$——订货点的库存量（件）；

$L$——订货提前期（天），即从发出订单至该批物品入库间隔的天数；

$D$——库存物品的年需求量（件/年）；

$S$——安全库存量（件）。

安全库存量的设定，需要考虑库存物品的需求特性以及订货提前期等因素。一般可根据客户的重要程度和产品特性人工设置安全系数（安全系数与库存服务水平有关）。安全库存量可以根据三种情况，分别通过计算来确定，这三种情况是：需求变化量和提前期都固定；提前期变化、需求量固定；需求量和提前期同时变化。

（2）订货批量的确定。订货批量 $Q$ 依据经济订货批量 EOQ 方法来确定，即订货批量是总库存成本最低时的最佳订货数量。通常，年总库存成本的计算公式为

年总库存成本=年购置成本+年订货成本+年保管成本+缺货成本

假设不允许缺货的条件下，年总库存成本=年购置成本+年订货成本+年保管成本，即

$$TC = DP + \frac{DC}{Q} + \frac{QH}{2} \tag{5-5}$$

$$H = PF$$

式中　$TC$——年总库存成本（元）；

$D$——库存物品的年需求量（件/年）；

$P$——单位商品的购置成本（元）；

$C$——每次订货成本（元/次）；

$H$——单位商品年保管成本（元/年）；

$F$——年仓储保管费用率；

$Q$——订货批量（件）。

经济订货批量 EOQ 就是使库存总成本达到最低时的最佳订货数量，它是通过平衡采购进货成本和保管仓储成本核算得到的。计算公式为

$$EOQ = \sqrt{\frac{2CD}{H}} = \sqrt{\frac{2CD}{PF}} \tag{5-6}$$

此时最低的年总库存成本

$$TC = DP + H \cdot EOQ \tag{5-7}$$

年订货次数

$$N = \frac{D}{EOQ} = \sqrt{\frac{DH}{2C}} \tag{5-8}$$

平均订货间隔周期

$$T = \frac{365}{N} = \frac{365 EOQ}{D} \tag{5-9}$$

**【例5-1】** G公司某种商品年需求总量为30 000件,单位商品的购置成本为20元,每次订货成本为240元/次,单位商品的年保管成本为10元,求:该商品的经济订购批量,最低年总库存成本,每年的订货次数及平均订货间隔周期。

解:经济订货批量

$$EOQ=\sqrt{\frac{2\times240\times30\,000}{10}}=1\,200\,(件)$$

年总库存成本

$$TC=30\,000\times20+10\times1\,200=612\,000\,(元)$$

年订货次数

$$N=\frac{30\,000}{1\,200}=25\,(次)$$

平均订货间隔周期

$$T=\frac{365}{25}=14.6\,(天)$$

### 2. 定期库存控制计划模型

定期库存控制计划模型又称定期订货法,也称固定订货周期控制法。该模型具有两个基本特点:一是预先确定订货周期和最大库存水平;二是订货间隔期固定,但订货批量不固定。该模型的基本原理是:周期性地检查库存水平,当到达订货周期时,即按将库存补充到最大库存量的订货批量$Q$发出订货单,经过订货提前期$L$,库存量继续下降,到达安全库存量$S$时,收到订货,库存水平上升。

运用该模型制订库存控制计划时需要确定三个参数:订货周期、最大库存量与订货批量。

(1) 订货周期的确定。这里的订货周期是指订货间隔期,即两次订货的相邻时间间隔。一般按照经济订货周期求解。经济订货周期(Economic Order Interval,EOI)是指通过平衡采购进货成本和仓储保管成本核算,实现总库存成本最低的最佳订货周期。

(2) 最大库存量确定。最大库存量一般是通过对库存物品的需求预测来确定的,应该满足订货周期、订货提前期和安全库存三方面的要求。计算公式为

$$Q_{max}=R_d\,(T+L_t)+S \qquad (5\text{-}10)$$

式中 $Q_{max}$——最大库存量(件);

$R_d$——$T+L_t$期间对库存物品的平均日需求量(件/天);

$T$——订货周期(天);

$L_t$——平均订货提前期(天);

$S$——安全库存量(件)。

对于定期订货法,安全库存的设定和计算方法与定量订货法类似。但该方法与定量订货法的区别是需要在订货周期(订货间隔期)内具备一定的安全库存。

（3）订货批量的确定。订货批量即库存补充量。计算公式为

$$Q_i = Q_{max} - Q_{ni} - Q_{ki} + Q_{mi} \qquad (5-11)$$

式中　$Q_i$——第$i$次订货的订货批量（件）；

　　　$Q_{max}$——最大库存量（件）；

　　　$Q_{ni}$——第$i$次订货点的在途订货批量（件）；

　　　$Q_{ki}$——第$i$次订货点的实际库存量（件）；

　　　$Q_{mi}$——第$i$次订货点待出库的物品数量（件）。

定期库存控制计划模型可以简化库存控制的工作量，但由于库存消耗的不均衡，其缺货风险高于定量库存控制计划模型，因此，该模型主要适用于需求较稳定或需求量不大、缺货损失较小的库存物品的控制。

### 能力训练

【讨论】根据任务描述中提供的G公司的相关背景资料，结合供应链计划管理的相关知识，以小组为单位讨论，G公司的管理者该如何处理好供应链中各种计划之间的关系。

# 任务十　供应链协调策略

### 知识链接

## 一、供应链协调问题的提出

现实中，自发运行的供应链系统往往会由于多方面的原因而处于失调状态。首先，供应链成员企业之间目标不一致会造成供应链系统失调；其次，由于供应链与外部环境之间、供应链内部成员之间的信息往往是不对称的，因此就会由于缺乏系统外部信息或系统内部信息而产生外生风险，同时也会由于成员企业隐藏行动或隐藏信息而产生内生风险；最后，各成员企业为了实现自己的利润最大化目标，采取的决策往往与供应链整体利益最大化不一致。以上因素都会使供应链系统不能同步化运行，由此产生了不协调的现象。下面对供应链运行不协调的几种常见现象及产生的原因进行简要介绍。

（一）供应链的"牛鞭效应"

**1. 供应链"牛鞭效应"的原理**

"牛鞭效应"是对需求信息在供应链传递过程中被扭曲的现象的一种形象描述，也称

"需求变异放大效应"。基本原理是：当供应链的各节点企业只根据来自其相邻的下级企业的需求信息进行生产或供给决策时，需求信息的不真实性会沿着供应链逆流而上，使订货量产生逐级放大的现象，源头供应商获得的需求信息与实际消费市场中的顾客需求信息存在着很大偏差，需求变异将实际需求量放大了。受此影响，上游供应商往往维持比下游供应商更高的库存水平，以应付下游订货的不确定性，从而人为地增大了供应链中的上游供应商的生产、供应、库存管理和市场营销风险，甚至导致生产、供应、营销的混乱。这种现象反映了供应链上需求的不同步。图5-4显示了"牛鞭效应"的原理和需求变异加速放大过程。因为这种图形很像美国西部牛仔赶牛所使用的鞭子，因而被形象地称为"牛鞭效应"。

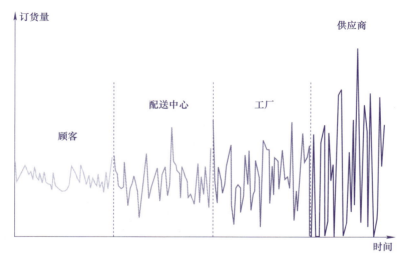

图5-4 "牛鞭效应"示意图

作为供应链管理的标杆企业，美国宝洁公司较早关注了"需求变异放大"这一现象。宝洁公司在一次考察该公司畅销的产品——一次性纸尿裤的订货规律时，发现该产品零售商的销售数量是相当稳定的，波动性并不大。但在考察分销中心向宝洁公司的订货情况时，惊奇地发现波动性明显增大了，其分销中心说，它们是根据汇总的零售商的订货需求量订货的。进一步研究后发现，零售商往往根据对历史销量及现实销售情况的预测，确定一个较客观的订货量，但为了保证这个订货量是及时可得的，并且为了能够适应顾客需求增量的变化，它们通常会将预测订货量做一定放大后再向分销商订货；分销商出于同样的考虑，也会在汇总零售商订货量的基础上再做一定的放大后向制造商的销售中心订货。这样，虽然顾客需求量并没有大的波动，但经过零售商和分销商的订货放大后，订货量就一级一级地被放大了。有趣的是，宝洁公司向其供应商（如3M公司）订货时，订货量的变化更大。同样的现象也发生在惠普、通用、福特和克莱斯勒等诸多知名的大企业中。"牛鞭效应"会导致生产商错误地安排生产计划，加大库存投资，减少了收益，降低了服务水平。

## 2. 供应链"牛鞭效应"对绩效的影响

供应链"牛鞭效应"增加了需求的波动性，损害了供应链利润，对供应链的绩效产生了如下影响：

（1）生产成本。"牛鞭效应"增加了供应链中的生产成本。由于制造商和它的供应商必须应对比顾客需求波动更大的波动，制造商和它的供应商要么扩大产能，要么持有过量库存，这两种做法都会增加供应链中单位产品的生产成本。

（2）库存成本。"牛鞭效应"增加了供应链中的库存成本。为了满足增大的需求波动，制造商、分销商及零售商都不得不保持比供应链协调时更高的库存水平。因此，供应链中的库存成本增加了。库存增加还会导致仓储空间的增加，进而导致仓储成本的增加。

（3）补货提前期。"牛鞭效应"延长了供应链中的补货提前期。需求的波动加大使得制造商及其供应商的生产计划比需求平稳时更难安排。有时会出现产能和库存不能满足订单的情况，从而导致制造商及其供应商的补货提前期延长。

（4）运输成本。"牛鞭效应"增加了供应链中的运输成本。制造商及其供应商在某段时间内的运输需求与所满足的订单密切相关。由于"牛鞭效应"的存在，运输需求随着时间剧烈波动，为了满足高峰期的需求，不得不保持过剩的运输能力，从而增加了运输成本。

（5）发货和收货的劳动力成本。"牛鞭效应"增加了供应链中发货和收货的劳动力成本。制造商及其供应商发货所需的劳动力随着订单的波动而波动。分销商和零售商收货所需的劳动力也会发生类似的波动。不同的环节要么保持过剩的劳动力产能，要么根据订单的波动改变劳动力产能。这两种办法都会增加劳动力成本。

（6）产品可得性水平。"牛鞭效应"降低了供应链中的产品可得性水平，并导致更多的缺货情况。过大的订单波动使得制造商很难按时满足所有分销商和零售商的订单，这增加了零售商缺货的概率，从而导致供应链失售的发生。

（7）供应链中的各种关系。"牛鞭效应"对供应链中每个环节的绩效都有负面的影响，从而损害了供应链中各个环节的关系。因为每个环节都认为自己尽力了，所以倾向于将这一责任归咎于其他环节。可见，"牛鞭效应"导致供应链的不同环节彼此不信任，使得潜在的协调努力更加困难。

### 3. 供应链"牛鞭效应"产生的原因

（1）需求预测修正。在供应链中，上游管理者总是将来自下游的需求信息作为自己需求预测的依据，并据此安排生产计划或供应计划。这种封闭式的逐级传递需求信息的过程是导致"牛鞭效应"的主要原因。例如，管理者使用指数平滑法来进行需求预测，在指数平滑法中，未来的需求被连续修正，这样送到供应商手中的需求订单反映的是经过修正的未来库存补给量，其结果是预期的订单数量，其变化将比实际的需求数量变化更大。

（2）订货的提前期。由于供应链上下游各级企业从订货到收货都存在"时滞"，这种"时滞"具有两方面的负面效应：一是使订货量的信息得不到及时修正；二是企业要考虑"时滞"期的需求量，提高安全库存。因此，各级企业在预计库存的时候都计入了提前期，而提前期越长，微小的需求变动引发的库存和订货点的变化就越大。

（3）订货批量决策。在供应链中，每个企业通常都会使用某种方法来控制库存。当库存耗尽时，下游企业会立刻向上游供应商发出订单，提出订货。订货批量有周期批量和即刻批量两种形式。周期订单的制订和执行扩大了需求变化范围并产生"牛鞭效应"，这一变化远比企业自身的需求量大得多。但在供应链中，一个共同的问题就是频繁订单下的运输经济性问题，满负荷运输与低于最低起运量运输之间的经济差距是巨大的。因此，当企业从供应商处订购产品时，强烈的愿望就是要满负荷运输，所以有时供应商会对大量或批量订货给出最优惠的定价。对大多数企业来说，批量订货通常是一个月的供应量或者更多，这样"牛鞭效应"就产生了。

（4）价格波动。据估计，零售业中制造商与分销商之间交易的80%是在需求估计的前提下预先成交的，这通常是因为制造商给出了一个极具吸引力的价格。在目标市场中，制造商和分销商经常周期性地使用特殊促销方式，如价格折扣、数量折扣和特殊奖励等，在供应链中，这些特殊促销方式的运用在促进消费者大量购买的同时也产生未来库存。这种促销与供应链密切相关，如果预先购买成为一种惯例，那么可以预见：当商品价格低时，消费者所购买的比实际需要的多；当价格处于中位或偏高时，消费者将停止购买行为直到耗尽存货。结果是，消费者的购买模式无法反映实际的消费模式，并且购买数量的变化大于消费数量的变化。"牛鞭效应"使供应链中从消费者反馈到制造商的订单之间的差别是巨大的。当面临这一大幅度变化时，制造商：一方面不得不在某一特定时间超负荷、超时生产和运输，而在其他时间生产闲置；另一方面还不得不设置高额库存以满足需求的巨大波动。这又进一步促进了"牛鞭效应"。

（5）短缺博弈。高需求产品在供应链内往往处于短缺供应状态。于是，制造商就会在各分销商或零售商之间调配这些产品的供给。通用的做法是，当需求量大于供给量时，理性的决策是按照客户的订单量比列分配现有库存供应量的，比如，总的供应量只有订货量的50%，合理的配给办法就是所有用户获得其订货量的50%。此时，客户为了获得更大份额的配给量，故意夸大其订货需求，当需求下降时，订货又会突然消失。这种由于个体参与的组织的完全理性经济决策导致的需求信息的扭曲，最终会加速需求变异的放大。

### 4. 供应链"牛鞭效应"缓解的策略

要从根本上解决"牛鞭效应"问题，供应链成员的利益目标必须完全一致。一般来说，这是不可能的。然而，通过供应链的协调，订立合理的契约，建立完善的激励机制和监督机制，实行有效的信息共享，可以减轻甚至消除"牛鞭效应"。在具体的运作中，可采用共享销售数据和库存信息、减少供应链环节、缩短订货提前期或交货时间、协调买卖双方订货以及简化制造商价格方案等策略来控制"牛鞭效应"。

（1）加强信息共享。需求扭曲的原因是供应链多级需求信息的传递，每一个节点企业的预测需求均成为上游节点企业订货决策的放大因子，并且具有累积效应。消除需求信息扭曲的方法是供应链上的每一个节点企业必须在自身的需求中排除下游节点企业订货决策对上游企业的影响，这就要求供应链上每个节点企业只能根据最终产品市场的实际需求进行自身的需求预测，此时消费市场的实际需求信息必须被供应链的每一个环节所共享。

（2）减少供应链流通环节。供应链的流通环节越多，整个供应链所需的安全库存也越多，产品从制造商到最终用户所需要的流通时间和流通费用也越多，"牛鞭效应"也越明显。减少流通环节可以减小需求信息的放大程度,减少整个供应链系统中的累积安全库存,同时也可以更好地对客户的需求做出响应。

(3) 缩短订货提前期。订货提前期是指发出订单到收到货物之间所需的时间。订货提前期又可细分为信息提前期、决策时间、制造时间、运输时间以及各过程中存在的等待时间。信息提前期是指供应商接收和处理订单所需要的时间;决策时间是指供应商制订生产计划和运输计划所需的时间;制造时间是指当供应商没有库存或在准时制生产方式或定制生产方式下生产订货产品所需的时间;运输时间是指挑选、装卸和运输产品所需的时间;等待时间则是指各个过程中的空闲时间。针对订货提前期的不同组成部分,可采用不同的措施来缩短所需时间。如果订货提前期缩短50%,那么需求预测误差也将减小50%。因此最大限度地缩短订货提前期,可以减少供应链上需求信息逐级放大的程度。

(4) 减少价格波动。供应商可采取"天天低价"策略和分期供货契约策略,前者通过价格的持续性,后者通过供货的阶段性来抑制促销所导致的价格波动带来的客户需求的波动。通过消除价格促销波动,供应商可以消除与促销同步产生的需求的急剧变化。因此,"天天低价"策略能够产生更稳定的、变动性更小的客户需求模式。

(5) 消除博弈行为。当产品供应不足时:一方面上游企业可以适当增加生产能力,以尽可能地满足市场需求;另一方面当产品确实无法满足市场需求时,可以根据下游企业以往的销售量占总销售量的比例以及以往的退货量占总订货量的比例进行限额供应,而不是根据订购的数量进行限量供应。另外,上游企业对下游企业的退货政策鼓励了博弈行为,所以为了防止下游企业的恶意退货,可以对退货行为采取一定的惩罚措施。在供不应求时,下游企业没有上游企业的供应信息,博弈现象达到最高峰。上游企业可以将生产计划、生产进度、发货计划以及库存情况等信息与下游企业共享,这样,下游企业就没有必要夸大订单数量来保证正常需求了。

(6) 建立战略性伙伴关系。在供应链中通过建立战略性伙伴关系,可以减少甚至消除"牛鞭效应"。供需双方在战略联盟中相互信任、公开业务数据、共享信息和集成业务。这样,供应链各成员企业相互都了解对方的供需情况和能力,避免了短缺情况下的博弈行为,从而可以减少甚至消除由于短缺博弈所造成的"牛鞭效应"。

### (二) 供应链的"曲棍球棒效应"

#### 1. 供应链"曲棍球棒效应"的原理

"曲棍球棒效应"是指在某一个固定的周期(月、季或年)内,前期销量很低,到期末销量会有一个突发性增长,而且在连续的周期中,这种现象会周而复始,其需求曲线的形状类似于曲棍球棒,如图5-5所示。从图5-5可见,每月月初销售出库量很低,月中逐步增加并达到相对均衡,月底则急剧增加。

很多管理者认为,这种现象会造成生产和物流运作的不均衡,期初资源被闲置,而期末又会造成资源的紧张和短缺,造成期末客户服务水平下降。例如库存量的设置,企业只能按照最大的库存量设置而非按平均库存量设置或租用仓库,从而使企业的库存费用比需求均衡时的高出很多。

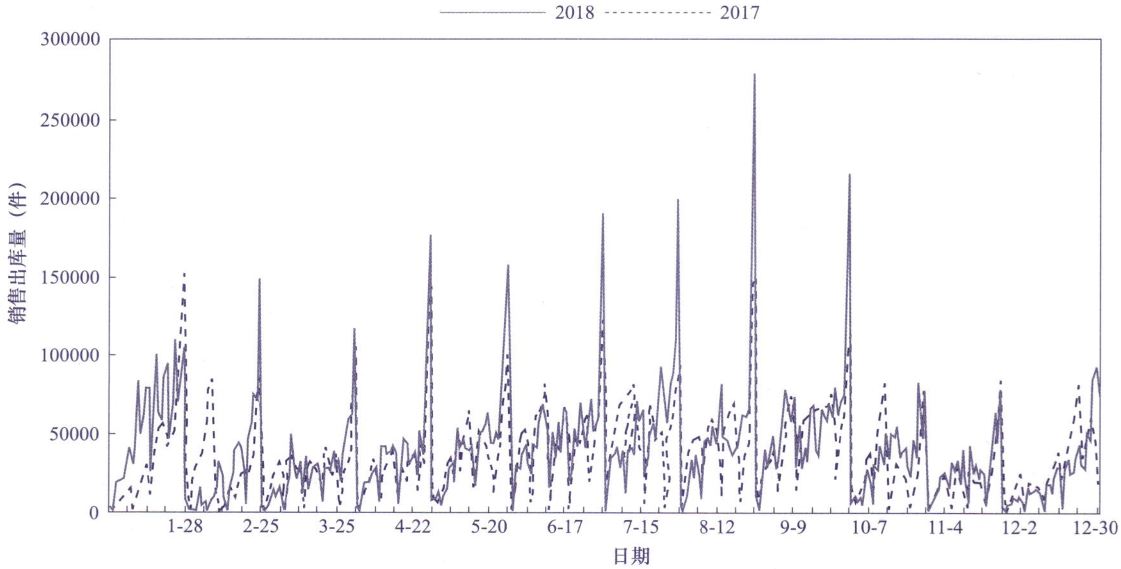

图5-5　2017年和2018年某企业全年每日销售出库量变化趋势图

### 2. 产生供应链"曲棍球棒效应"的原因

"曲棍球棒效应"一般被认为是企业对销售人员的周期性考评及激励政策造成的需求扭曲的现象。在企业的营销系统中，为了激励销售人员努力工作，通常会对他们规定一个固定工资和一个销量目标。如果销量超过了这个目标，就能够拿到奖励佣金，超出目标越多，奖励佣金也越多。如果销量在目标以下，就只能拿固定工资。而销售人员会在考核期限未到时，看看不努力能够卖多少，如果什么都不干就能达到目标当然是最理想的。快到期末的时候，如果离目标还有一定的距离，他们就会拼命干。大家都拼命地干，订单就会非常多。

在快速消费品行业，"曲棍球棒效应"非常普遍和明显。在这个行业中，销售人员一般负责某个指定区域的销售工作，区域内有几个到几十个经销商，企业对销售人员的薪资政策如上所述。此外，这些企业为了促使经销商长期、更多地购买，普遍使用一种称为总量折扣（Volume Discounts）的价格政策，这种促销政策也是造成"曲棍球棒效应"的一个根源。在营销战略中，价格折扣往往被企业用来作为提高分销渠道利润和抢占市场份额的利器，在较长的时期内，企业主要采用基于补货或订单批量的折扣方式，但是在近10年，基于买方在某一固定周期（月、季、年）内的累积购买量的折扣方式（即总量折扣）开始流行起来。在快速消费品行业，这种价格政策更为普遍。

### 3. 缓解供应链"曲棍球棒效应"的策略

在快速消费品领域，为了消除"曲棍球棒效应"，企业可以科学地制定浮动薪酬条例，并采取为发放奖金制定约束条件等措施。如企业采取季度考核，奖金发放时，前两个月的销售额不得低于季度的一定比例，如不得低于40%，下个季度第一个月的销售额不得少于上个季度最后一个月的40%，违反者扣除奖金60%。同时，企业还可以定期对特定种类的

## 项目五 供应链计划与协调

商品降价,以吸引经销商在这段时间内订购这种商品。如可以在月初对某种商品降价,而在月中及月末逐步将这种商品涨价,同时辅以其他特定商品降价,也就是很多零售店采用的"天天低价"策略,这样使订货量相对均衡,从而缓解"曲棍球棒效应"。

## 二、供应链协调的障碍因素

任何导致供应链不同环节局部优化或供应链中信息延迟、扭曲和波动增加的因素都是供应链协调的障碍因素。通常可将主要障碍因素分为以下几类。

### (一)激励障碍

当供应链中不同环节或参与者受到的激励导致需求波动性增加和供应链利润降低时,激励障碍就出现了。

#### 1. 对职能部门或局部环节的优化

注重局部优化行为的激励会导致管理者不能做出使供应链总利润最大化的决策。例如,如果一家企业运输经理的薪酬与单位平均运输成本挂钩,那么他会采取一些降低运输成本的行动,即使这些行动会增加库存成本或降低客户服务水平。同样,供应链参与者会很自然地采取一些优化其考核指标的行动。例如,一家连锁超市的经理制定的采购与库存决策通常都是为了使本企业自身的利润最大化,而不是使整条供应链的总利润最大化。因此,基于供应链单个环节利润最大化的购买决策制定订货策略,不会使供应链总利润最大化。

#### 2. 对销售人员的不适当激励

不适当的销售人员激励制度是实现供应链协调的一个重大障碍。许多企业的销售人员激励是基于在一个考核期(月或季)超过销售额的阈值的。通常制造商衡量其销售人员绩效的指标是销售给分销商或零售商的产品数量,而不是销售给最终顾客的产品数量。制造商选择销售量作为衡量销售人员绩效指标的直接后果是"曲棍球棒效应",为了尽量多拿奖金,销售人员会不惜向分销商提供他们所控制的折扣以刺激分销商在考核期期末购买更多的产品,但是分销商不能向零售商售出这么多产品,于是增加了需求订单的波动性。

### (二)信息处理障碍

如果需求信息在供应链不同环节传递过程中发生了扭曲,信息处理障碍就发生了,它会导致供应链中订单波动增大。

#### 1. 基于订单而不是顾客需求的预测

如果供应链中各个环节根据它们所接收的订单进行预测,那么当订单沿着供应链向上传递到制造商和供应商时,顾客需求的任何波动都会被放大。特别是当供应链中不同环节之间的基本沟通方式就是订单时,信息会在沿着供应链向上传递时发生扭曲。每个环节都认为自己的主要任务是完成下游伙伴的订单,因此每个环节都把接收的订单当作自己的需求,并据此进行预测。在这种情况下,顾客订单的任何细微的波动都会被放大,由此产生"牛鞭效应"。

### 2. 缺乏信息共享

供应链各环节之间缺乏信息共享会加大信息扭曲。例如，零售商会因为一次促销计划增加某次订单的批量。如果制造商不知道此次促销计划，它可能认为此次批量的增加是需求的趋势性增长，从而向供应商发出更大的订货批量。因此，在零售商完成促销活动后，制造商和供应商将持有大量库存。由于持有过量库存，当零售商后续的订货回到正常状态时，制造商的订货批量就会比以前小。零售商与制造商之间缺乏信息共享，导致了制造商订货批量的巨大波动。

## （三）运作障碍

当发出订单和完成订单过程中的行为导致波动加剧时，运作障碍就出现了。

### 1. 大批量订货

当企业发出的订货批量比需求的批量大得多时，订单的波动就会沿着供应链向上不断放大。企业采取大批量订货的原因，一方面是订单的发出、收货或运输的固定成本很大，另一方面是供应商根据订货批量的大小给予不同的数量折扣。在许多情况下存在一些焦点期，例如一个月的第一周或最后一周，此时订单蜂拥而至，订单集中加剧了批量的波动。

### 2. 补货提前期长

如果供应链各环节之间的补货提前期较长，信息扭曲就会加大。以某零售商将某次随机需求增长误认为趋势增长为例。如果零售商的补货提前期为两周，那么它下订单时会考虑两周内的预期增长。然而，如果零售商的补货提前期为两个月，那么它下订单时会考虑两个月内的预期增长（这肯定大得多）。当需求的随机减少被认为是减少趋势时，其理亦然。

### 3. 配给和短缺博弈

配给方案，即将有限的产品按零售商所下订单的大小比例进行分配，它导致了信息扭曲的加大。这种情况通常发生在高需求产品的供给出现短缺时。在这种情形下，制造商使用许多不同的方法将稀缺的产品分配给不同的分销商或零售商。一个通常使用的配给方案是基于所下的订单对有限产品的供给进行分配。在这种方案下，如果供给量是接收总订单量的75%，那么每个分销商或零售商得到所下订单量的75%。这便导致了一种博弈的出现，分销商或零售商为了增加可获得的产品数量会尽量提高订货批量。例如需要75单位产品的零售商会下100单位的订单，从而期望得到75单位的产品供给。这种配给方案导致的结果是放大了产品的订货批量。于是，基于预期销售量进行订购的零售商得到较少的供给，从而发生了失售，而放大订单数量的零售商却获得收益了。

制造商如果根据订单预测将来的需求，那么即使顾客需求没有波动，它也将认为订单的增加是由于需求的增长。因此，制造商会扩大产能以满足接收的订单。一旦拥有了足够的产能，订单却又恢复到正常水平，制造商就会剩下多余的产品或多余的产能。这样繁荣-萧条周期就会循环。这种现象在电子行业相当普遍，零部件短缺和过剩的周期循环经常出现。

## （四）定价障碍

当产品定价策略导致订货量的波动加大时，定价障碍就出现了。

### 1. 基于批量的数量折扣

基于批量的数量折扣增加了供应链内的订货批量，因为订货批量越大，所获得价格越低。正如前面所讨论的，这种折扣导致的大批量订货加剧了供应链中的"牛鞭效应"。

### 2. 价格波动

制造商提供的商业促销和其他短期折扣导致了提前购买，分销商或零售商在折扣期内采购大批产品来满足将来的需求。提前购买导致了在促销期内的大量订单和促销期后的少量订单。因此，促销活动导致了制造商发货量比分销商或零售商销售量大得多的波动。

## （五）行为障碍

行为障碍是导致信息扭曲的组织内认知问题。这些问题通常与供应链的结构和各环节之间的沟通方式有关。其中的一些行为障碍如下：①供应链的每个环节只考虑自己行为的局部影响，而不能看到自己的行为对其他环节的影响。②供应链的不同环节只是对目前的局部情况做出反应，而不是努力找出问题的根源。③基于局部分析，对造成波动的原因，供应链的不同环节互相责备，以至于供应链中的后继环节成为对手而不是伙伴。④供应链环节不会从自己的行为中吸取教训，因为任何环节所采取的行动的最严重后果通常发生在其他地方。结果就是一个恶性循环：一个环节的行为导致了问题，此环节却责怪其他环节。⑤供应链伙伴之间的信任缺失导致它们以牺牲整条供应链绩效为代价的机会主义。缺乏信任还导致巨大的重复工作。更重要的是，由于彼此不信任，不同环节的可用信息不能共享，或者被忽略。

# 三、供应链协调的管理措施

下列管理措施可以增加供应链总利润并减少信息扭曲。

## （一）使激励和目标一致

管理者可以通过使激励和目标一致来改进供应链协调，促进供应链活动中的每个参与者共同努力，使供应链总利润最大化。

### 1. 协调供应链的目标

供应链协调要求每个环节关注供应链总利润的大小，而不是各自分得的那部分。协调的关键是提出能够多赢的机制，即供应链的利润随着所有供应链环节利润的增长而增长。例如，沃尔玛每销售一台打印机都向惠普付费，并授予惠普制定补货决策的权力，但同时限制店内打印机的库存数量。这种设置无疑改进了协调，店内打印机的供给与需求匹配时，双方都将获利。

### 2. 使各职能部门的激励保持一致

在供应链企业内实现决策协调的关键是保证所有部门用来评估决策的目标与企业的总

目标保持一致。管理者对所有设施、运输和库存决策的评估都应该基于它们对利润或总成本的影响，而不是对局部成本的影响。这有助于避免类似运输经理制定降低运输成本的决策却导致了增加供应链总成本的情形的发生。

### 3. 实现协调的价格

在许多情况下，合理的定价策略有助于供应链的协调。如果制造商的生产批量有较高的固定成本，它就可以使用基于批量的数量折扣为商品销售实现协调。如果企业对某产品拥有市场权力，它就可以用两部定价和总量折扣来实现协调。由于需求的不确定性，制造商可以使用回购合同、收入分享合同以及数量柔性合同来促使分销商或零售商提高使供应链利润最大化的产品可得性水平。

制造商应该将销售人员的激励与分销商或零售商的售出量而不是购入量联系起来，改变销售人员向分销商或零售商强推产品的激励机制会削弱"牛鞭效应"，也可以消除销售人员鼓励分销商或零售商提前购买的动机，从而有助于减小订单的波动。如果制造商对销售人员的激励以滚动周期的销售量为依据，则其强推产品的动机还会进一步减弱。

## （二）提高信息的可见性和准确度

管理者可以通过提高供应链不同环节可获得信息的可见性和准确度来实现供应链的协调。

### 1. 共享顾客需求数据

供应链各环节共享顾客需求数据有助于削弱"牛鞭效应"。信息扭曲的主要原因是供应链的每个环节都使用接收的订单数量来预测未来的需求。由于不同环节接收的订单数量不同，因此不同环节的预测结果也不相同。实际上，供应链需要满足的唯一需求来自最终顾客。如果零售商与其他供应链环节共享需求数据，所有供应链环节就可以基于顾客需求来预测未来需求。共享需求数据有助于削弱"牛鞭效应"是因为所有环节现在只对相同的顾客需求波动做出反应。

### 2. 实施协作预测和计划

在共享顾客需求数据之后，为了实现完全协调，供应链各环节还必须协作预测和计划。如果没有协作计划，顾客需求数据的共享就不能保证协调。例如，由于曾在年初开展促销活动，因此零售商发现年初的需求急剧增加。如果在即将到来的下一个年初没有促销计划，零售商的预测就会与制造商的预测不同，即使它们共享了过去的销售点数据。因此，制造商必须知道零售商的促销计划以实现协调。保证整条供应链协调的关键是依据共同的预测来运作。

### 3. 设计补货的单环节控制

设计一条由单环节控制整条供应链补货决策的供应链有助于消除信息扭曲。如前所述，信息扭曲的主要原因是供应链的每个环节都把来自下一个环节的订单当作它的历史需求。因此，每个环节都认为自己的作用就是满足下一个环节的订单。实际上，关键的补货发生在零售商处，因为那里是最终顾客购买产品的地方，所以当由单环节控制整条供应链的补货决策时，多头预测的问题就可以被消除，随之供应链的协调就可以实现了。

### （三）提高运作绩效

管理者还可以通过提高供应链运作绩效和为短缺情况设计适当的产品分配方案来减少信息扭曲。

#### 1. 缩短补货提前期

通过缩短补货提前期，管理者可以降低提前期内需求的不确定性。缩短提前期对季节性商品尤其有益，因为它允许在季节内下多次订单而且预测的精确度会极大提高。因此，如果提前期足够短，就可以按照实际消费来补货，从而不需要预测了。管理者可以在供应链的不同环节采取多种措施来缩短补货提前期。互联网或电子数据交换都可以明显缩短下订单和信息传递的提前期。如果每个环节都与供应商分享它的长期计划，那么可以将潜在订单提前安排进生产计划，更精确的订单数量可在接近实际生产计划时再确定。这会减少计划时间，而计划时间通常占了提前期的最大部分。在制造工厂，提高柔性和实行单元制造可以明显缩短提前期。减少信息扭曲会进一步缩短提前期，因为它平滑了需求，改进了生产计划。这一点对生产多样化产品尤为正确。提前发货通知可以用来缩短提前期，还可以减少收货工作量。越库运输可以用来缩短在供应链不同环节之间运输产品的提前期。

#### 2. 缩小批量

管理者可以通过缩小批量、改进运作来减少信息扭曲。缩小批量减少了波动幅度，此波动会在供应链任何两个环节之间放大，从而减少了信息扭曲。为了缩小批量，管理者必须采取措施来减少每批产品的订货成本、运输成本以及收货成本。例如，通过计算机整合有关产品销售、影响需求的市场因素、库存水平、产品接收和期望服务水平的信息，计算机辅助订货和电子数据交换都能减少每次订货的固定成本；通过将小批量的多种产品集中在一辆货车上，管理者可以在缩小批量的同时不增加运输成本；可以通过使用巡回运送路线，在一辆货车上组合装运几家零售商的产品来缩小批量。

#### 3. 基于过去的销量配给以限制博弈

为了减少信息扭曲，管理者可以设计配给方案，以阻止零售商在供给短缺的情况下人为扩大订单。一种称作周转获利的方法就是根据零售商的过去销售量而不是零售商的目前订单来分配供给的。将配给与过去的销售量联系起来，消除了零售商扩大订单的动机。实际上，周转获利方法促使零售商在低需求时期尽可能销售出更多产品，以便能在供给短缺时获得更多产品配给；还有一些企业努力实现供应链内信息共享以避免短缺情况发生；另外，柔性产能也可以防止短缺情况发生，因为当某种产品的需求预期比另一种产品的需求低时，分配给它的产能可以很容易地转而生产另一种产品。

### （四）设计定价策略以平滑订单

管理者可以通过设计定价策略，鼓励零售商小批量订货和减少提前购买来减少信息扭曲。

#### 1. 转变折扣方式

由于基于批量的数量折扣方式会促使零售商为了获得折扣而增大订货批量，因此管理者可考虑提供基于总量的数量折扣，以消除增大每次订货批量所带来的订单波动的影响。基于总量的折扣，考虑的是某一段时间（如一年）内的总购买量，而不是每一次批量的大小。因此，基于总量的数量折扣缩小了订货批量，从而减少了供应链中的订单波动。

#### 2. 稳定价格

管理者可以通过取消降价促销和使用每日低价策略来削弱供应链中的"牛鞭效应"。取消降价促销可以消除零售商的提前购买，促使零售商的订单与顾客需求相匹配。管理者也可以在促销期内为采购数量设置上限，从而减少提前购买。这个限制应针对具体的零售商，与该零售商的历史销售量挂钩，或者是将支付给零售商的促销奖励与零售商的销售量而不是订货量挂钩。

### （五）构建战略伙伴关系和信任机制

管理者发现当供应链内存在信任和战略伙伴关系时，上述管理措施更容易实现供应链协调。共享各环节都信任的准确的信息能更好地匹配整条供应链中的供给与需求，并降低成本。同样，融洽的战略伙伴关系也能降低供应链各环节之间的交易成本。因此，当供应链各环节之间存在信任和融洽的战略伙伴关系时，可以消除重复性工作，降低供应链的沟通与运作成本，提高供应链管理绩效。

## 四、供应链协调的基本策略

### （一）供应商管理库存策略

中华人民共和国国家标准《物流术语》（GB/T 18354—2006）对供应商管理库存（Vendor Managed Inventory VMI）的定义是：按照双方达成的协议，由供应链的上游企业根据下游企业的物料需求计划、销售信息和库存量，主动对下游企业的库存进行管理和控制的库存管理方式。

#### 1. VMI的目标、原则和主要思想

VMI的目标是通过供需双方的合作，降低供应链的总库存，而不是将制造商的库存前移到供应商的仓库里，从而真正降低供应链上的总库存成本。

实施VMI策略需要坚持如下原则：

（1）合作性原则（合作精神）。在实施该策略时，相互信任与信息透明是很重要的，供应商和客户要有良好的合作精神，才能够保持良好的合作。

（2）互惠原则（使双方成本最小）。VMI解决的不是成本如何分配或由谁来支付的问题，而是减少成本的问题。该策略可使双方的成本都获得减少。

（3）目标一致性原则（框架协议）。合作双方都明白各自的责任，达成一致目标。如库存放在哪里、什么时候支付、是否需要管理费、要花费多少等问题都要达成一致，并且体现在框架协议中。

项目五　供应链计划与协调

（4）持续改进原则。供需双方通过共同努力及持续改进消除浪费和共享利益。

VMI策略的主要思想是供应商在客户的允许下设立库存，确定库存水平和补给策略，并拥有库存控制的决策权。精心设计与开发的VMI系统，不仅可以降低供应链的库存水平、降低成本，而且可以使客户获得高水平的服务，改进资金流，与供应商共享需求变化的透明性和获得更好的信任。

### 2. 实施VMI的意义

供应链管理中的成功通常来源于理解和管理好存货成本和客户服务水平之间的关系。VMI就是一种能使供应链合作伙伴共同减少成本和改进服务的先进理念，实施VMI的意义如下：

（1）减少供应链的总库存成本。需求的不确定性是大部分供应链面临的主要问题，它既损害了对客户的服务水平，也减少了企业收入。需求的不确定性、相互冲突的执行标准、客户行为的互相孤立、产品短缺造成的订货膨胀等原因，使供应商无法把握需求的波动性。许多供应商被VMI吸引是因为它降低了需求的不确定性。尽管多批次、小批量的订单越来越多，大订单越来越少，但生产商依然需要维持超额的成品库存量，这是为了能确保响应客户订货要求，是一种成本很高的方法。VMI能够降低生产的盲目性，在一定程度上削弱产量峰值和谷值，从而可维持小规模生产能力和存货水平。

在VMI中，补货频率通常由每月一次提高到每周甚至每天一次，这同样会使双方受益。供应商可以看到更流畅的需求信息。由于VMI可以更好地利用生产及运输资源，因此它不仅降低了成本，也降低了对缓冲存货的需求。供应商可以做出与需要相协调的补货决定，而且提高了"需求驱动"意识。客户从合理的低水平库存流转中受益，将所有权（物主身份）让渡给供应商，改善了运输和仓储效率。

在零售供应链中，很少能协调不同客户间的订货，订单经常同时蜂拥而至，这就使及时实现所有的递送请求变得十分困难。VMI中，整个供应链的协调将支持供应商对平稳生产的需求，而不必牺牲对客户的服务和存储目标。

最后，VMI还有助于降低运输成本。如果处理得好，这种方法将会提升低成本的满载运输比例而削减高成本的未满载货比例。这可以通过供应商协调补给过程来实现，而不是在收到订单时再被动回应。另一个值得注意的方案是设计更有效的路线规划，例如一辆专用的货车可以在途中停车多次，为某几位邻近的客户补货。

（2）提高服务水平。从零售商的角度来看，服务水平常常由产品的可得性来衡量。当顾客走进商店时，他想买的产品却没有了，销售机会就失去了。结果相当严重，因为失去销售机会的"成本"可能是失去"信誉"。所以，在制订采购订货计划时，零售商希望供应商是可信的、可靠的。在商品销售计划中，零售商更希望供应商拥有极具吸引力的货架空间。因此，以可靠而著称的供应商可以获得更高的收入。在其他条件相同的情况下，人人都可以从改善了的服务中受益。

在VMI中，多客户补货订单、配送之间的协调大大改善了服务水平。一项不重要的配送可以推迟一两天，而先完成主要的配送业务。同理，相对于小的业务，大的补货业务优先完成。如果有能力平衡所有合作伙伴的需求，供应商就可以改善系统的工作状况而不用让任何客户冒险，客户最主要的需要将会受到最密切的关注。如果没有VMI，供应商就很难有效地安排客户需求的先后顺序。

VMI可以使产品更新变得更加方便，将会有更少的旧货在系统中流通，因此可以避免客户抢购。此外，新产品的上架速度将更快。同时，VMI中运用的运输过程进一步改善了客户服务。如果没有VMI，集中的客户和分散的配送中心之间的沟通障碍有时会使货物的运送被拒绝。VMI的供应商会预先规划如何补货和递送，以期保证实现配送计划。

### 3. 实施VMI的方法

实施VMI策略，要改变订单的处理方式，建立基于标准的托付订单处理模式。首先，供应商和分销商要一起确定供应商订单业务处理过程所需要的信息和库存控制参数；其次，建立一种对订单的标准处理模式，如电子数据交换标准报文；最后把订货、交货和票据处理各个业务功能集成在供应商一边。

库存状态透明性（对供应商）是实施VMI的关键，它使供应商能够随时跟踪和检查销售商的库存状态，从而快速响应市场的需求变化，对自己的生产（供应）状态进行响应的调整。为此需要建立一种能够使供应商和客户的库存信息系统透明地连接的方法。

VMI策略的实施可以分为以下几个步骤：

（1）建立客户信息系统。要有效地管理销售库存，供应商必须能够获得客户的有关信息。通过建立客户信息系统，供应商能够掌握需求变化的有关情况，并把由客户进行的需求预测与分析功能集成到供应商的系统中来。

（2）建立销售网络管理系统。供应商要想很好地管理库存，就必须建立起完善的销售网络管理系统，保证自己产品的需求和物流信息畅通。为此，供应商必须保证自己产品条码的可读性和唯一性，解决产品分类、编码的标准化问题，解决商品存储运输过程中的识别问题。

（3）建立供应商与客户的合作框架协议。供应商和客户一起通过协商：确定订单处理的业务流程以及库存控制有关的参数，如再订货点、最低库存水平等；确定库存信息的传递方式，如电子数据交换或互联网等。

（4）组织机构的变革。这一点也很重要，因为VMI策略改变了供应商的组织模式。传统上，由财务经理处理与客户有关的事情；引入VMI策略后，在订货部门产生了一个新的职位负责控制客户的库存、库存补给和服务水平。

一般来说，以下情况适合实施VMI策略：分销商或零售商网络系统或基础设施无法有效管理其库存；供应商实力雄厚并且掌握更大量的市场信息；有较高的直接存储交货水平，因而供应商能够有效规划运输。

VMI的方式主要有四种：①供应商提供包括所有产品的VMI管理软件并进行存货决策，客户使用VMI管理软件执行存货决策，客户拥有存货所有权并管理存货；②供应商在客户的所在地，代表客户执行存货决策，管理存货，但是存货的所有权归客户。③供应商在客户的所在地，代表客户执行存货决策，管理存货，拥有存货所有权；④供应商不在客户的所在地，但是定期派人代表客户执行存货决策，管理存货，供应商拥有存货的所有权。

通过VMI，供应商可以客观评价放在自己处的存货，可以决定产品的标准，决定订货点、补充存货的时间以及交货的流程，建立多种库存优化模型并进行人员培训。

### 4. 实施VMI的模式

（1）"制造商—零售商"VMI模式。这种模式通常发生在制造商作为供应链的上游企业的情形中，制造商对它的客户（如零售商）实施VMI，如图5-6所示。这种模式中，制造商是VMI的主导者，负责对零售商的供货系统进行检查和补充。这种模式多出现在制造商是一个比较大的产品制造者的情况下，制造商具有相当的规模和实力，完全能够承担起管理VMI的责任。例如美国宝洁公司就发起并主导了对我国大型零售商的VMI模式的实施。

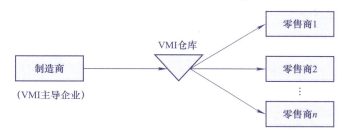

图5-6 "制造商—零售商"VMI系统

（2）"供应商—制造商"VMI模式。这种模式通常发生在制造商作为供应链的下游企业的情形中，制造商要求它的供应商按照VMI的方式向其补充库存，如图5-7所示。此时，VMI的主导者可能还是制造商，但它是VMI的接受者，而不是管理者，此时的VMI管理者是该制造商上游的众多供应商。

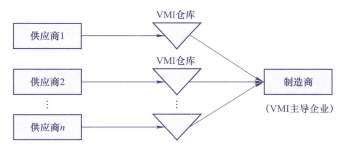

图5-7 "供应商—制造商"VMI系统

例如在汽车制造业，这种情况比较多见。一般来说，汽车制造商是供应链上的核心企业，为了应对激烈的市场竞争，它会要求它的零部件供应商为其实施VMI的库存管理。由于很多零部件供应商的规模都很小，实力很弱，完全由这些零部件供应商完成VMI可能比较困难。另外，由于制造商要求供应商按照准时化方式供货，所以供应商不得不在制造商的周边建立自己的仓库。这样会导致供应链上的库存管理资源被重复配置。采用这种VMI模式的供应商，为了保证对制造商的供应，要比原有模式多支出5%的成本。虽然表面上看，这些库存管理成本是由供应商支付的，但实际上仍然会分摊到供货价格里面去，最终对制造商也是不利的。所以，近年来这种VMI模式越来越少了。

（3）"供应商—第三方物流企业—制造商"VMI模式。为了克服第二种模式的弊端，人们创造出了新模式。这种模式引入了第三方物流企业（3PL），由第三方物流企业提供一个统一的物流和信息流管理平台，统一执行和管理各个供应商的零部件库存控制指令，负责完成向制造商生产线上配送零部件的工作，而供应商则根据第三方物流企业的出库单与制造商按时结算，如图5-8所示。

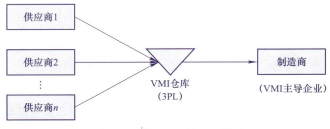

图5-8 基于3PL的VMI模式

由第三方物流企业运作的VMI仓库可以合并来自多个供应商交付的货物，采用了物流集中管理的方式，因此形成了规模效应，降低了库存管理的总成本。这一模式的信息流和物流传递示意图如图5-9所示。

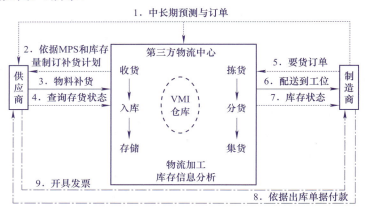

图5-9 基于3PL的VMI信息流和物流传递示意图

这一模式的优点包括：第三方物流企业推动了合作三方（供应商、制造商、第三方物流企业）之间的信息交换和整合；第三方物流企业提供的信息是中立的，根据预先达成的框架协议，物料的转移标志着物权的转移；第三方物流企业能够提供库存管理、拆包、配料、排序和交付，还可以代表制造商向供应商下达采购订单。供应商的物料提前集中在由第三方物流企业运营的仓库中，这使得上游的众多供应商省去了仓储管理及末端配送的成本，从而大大地提高了供应链的响应性，同时也降低了成本，因此，也有人将这种VMI的实施模式称为VMI-HUB（供应商库存管理中心）。

（二）联合库存管理策略

联合库存管理（Joint Managed Inventory，JMI）则是一种风险分担的库存管理模式，即由供应商和客户联合管理库存。中华人民共和国国家标准《物流术语》（GB/T 18354—2006）对联合库存管理的定义是：供应链成员企业共同制订库存计划，并实施库存控制的供应链库存管理方式。联合库存管理体现了供应链战略联盟的新型企业合作关系，强调了供应链成员企业之间的互利与合作。

## 1. JMI的基本思想

JMI的思想可以从分销中心的联合库存功能谈起。地区分销中心体现了一种简单的JMI的思想。传统的分销模式是分销商根据市场需求直接向工厂订货,比如汽车分销商根据顾客对车型、款式、颜色、价格等的不同需求,向汽车制造厂订货。由于需要经过较长时间才能到货,顾客却不想等待这么久,因此各个分销商不得不进行库存备货,这样大量的库存使分销商难以承受,甚至可能使分销商破产。而采用建立地区分销中心的方式,就大大减少了库存浪费。图5-10所示为传统的销售模式,每个分销商直接向工厂订货,每个分销商都有自己的库存;图5-11所示为有地区分销中心的销售模式,各个分销商只需要少量的库存,大量的库存由地区分销中心储备,也就是各个分销商把其库存的一部分交给地区分销中心负责,从而减轻了各个分销商的库存压力。分销中心就发挥了JMI功能,它既是一个商品的联合库存中心,也是需求信息的交流与传递枢纽。

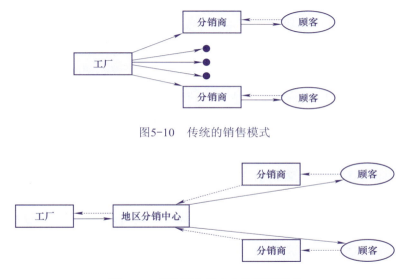

图5-10 传统的销售模式

图5-11 有地区分销中心的销售模式

从分销中心的功能中得到启发,可以对现有的供应链库存管理模式进行新的拓展和重构,提出JMI新模式——基于协调中心的JMI系统。

近年来,在供应链企业之间的合作关系中,更加强调双方的互利合作关系,JMI就体现了战略供应商联盟的新型企业合作关系。

传统的库存管理,把库存分为独立需求和相关需求两种库存模式来管理。相关需求库存问题采用物料需求计划来处理,独立需求库存问题采用订货点法来处理。一般来说,产成品库存管理为独立需求库存问题,在制品、零部件以及原材料的库存控制问题为相关需求库存问题。图5-12所示是传统的供应链活动过程模型,在整个供应链中,从供应商、制造商到分销商,各个供应链节点企业都有自己的库存。供应商作为独立的企业,其库存(即其产品库存)为独立需求库存;制造商的原材料、半成品库存为相关需求库存;而分销商为了应对顾客需求的不确定性也需要库存,其库存也为独立需求库存。

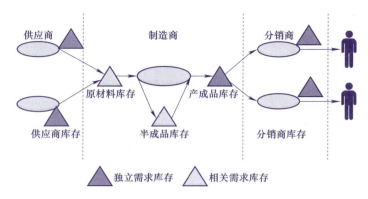

图5-12 传统的供应链活动过程模型

JMI是减少或消除供应链系统中各节点企业相互独立的库存运作模式所导致的需求放大效应，提高供应链同步化程度的一种有效方法。JMI与VMI不同，它强调双方同时参与，共同制订库存计划，使供应链中的每个库存管理者（供应商、制造商、分销商）都从相互之间的协调性考虑，保持供应链两个相邻节点的库存管理者对需求的预期一致，从而减少或消除需求放大效应。任何相邻节点需求的确定都是供需双方协调的结果，库存管理不再是各自为政的独立运作过程，而变成了供需连接的纽带和协调中心。

图5-13所示为基于协调中心JMI的供应链系统模型。基于协调中心的库存管理与传统的库存管理模式相比，有以下几个方面的优点：①为实现供应链的同步化运作提供了条件和保证；②减少了供应链中的需求扭曲现象，降低了库存的不确定性，提高了供应链的稳定性；③库存作为供需双方信息交流和协调的纽带，可以暴露供应链管理中的缺陷，为改进供应链管理水平提供依据；④为实现零库存管理、准时化采购以及精细供应链管理创造了条件；⑤进一步体现了供应链管理的资源共享和风险分担的原则。

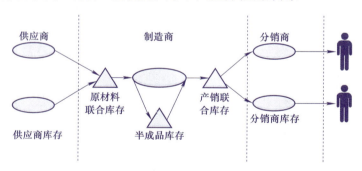

图5-13 基于协调中心JMI的供应链系统模型

JMI系统把供应链系统管理进一步集成为上游和下游两个协调中心，从而部分消除了由于供应链环节之间的不确定性和需求信息扭曲现象导致的供应链的库存波动。协调管理中心，使供需双方可以共享需求信息，因而起到了提高供应链运作稳定性的作用。

### 2. JMI的实施策略

（1）建立了供需协调管理机制。为了发挥JMI的作用，供需双方应从合作的角度出发，建立供需协调管理的机制，明确各自的目标和责任，建立合作沟通渠道，为供应链上的JMI提供有效的机制。

建立供需协调管理机制应从以下方面着手：①建立共同合作目标。要建立JMI模式，首先供需双方必须本着互惠互利的原则，建立共同的合作目标。为此，要理解供需双方在市场目标中的共同之处和冲突点，通过协商形成共同的目标，如用户满意度、利润的共同增长和风险的减少等。②建立联合库存的协调控制方法。JMI协调中心担负着协调供需双方利益的角色，起协调控制作用，因此需要对库存优化的方法进行明确规定。这些优化方法包括库存如何在多个需求商之间调节与分配、库存的最大量和最低库存水平、安全库存的确定、需求的预测等。③建立一种信息沟通的渠道或系统。信息共享是供应链管理的特色之一，为了提高整个供应链上需求信息的一致性和稳定性，减少多重预测所导致的需求信息扭曲，应增加供应链各方对需求信息获得的及时性和透明性，为此应建立一种信息沟通的渠道或系统，以保证需求信息在供应链中的畅通和准确性。要将条码技术、扫描技术、销售点系统和电子数据交换集合起来，并且要充分利用互联网的优势，在供需双方之间建立一个畅通的信息沟通桥梁和联系纽带。④建立利益的分配与激励机制。要有效运行基于协调中心的库存管理机制，就必须建立一种公平的利益分配制度，并对参与协调库存管理的各个企业（供应商、制造商、分销商）进行有效的激励，防止机会主义行为，增强协作性和协调性。

（2）发挥两种资源计划系统的作用。为了发挥JMI的作用，供应链库存管理应充分利用目前比较成熟的两种资源管理系统：MRPⅡ（制造资源计划）和DRP（Distribution Resource Planning，分销资源计划）。原材料库存管理的协调中心应采用MRPⅡ系统，而在生产联合库存管理的协调中心则应采用DRP系统，在供应链系统中把两种资源计划系统很好地结合起来。

（3）建立快速响应系统。快速响应（Quick Response，QR）是在20世纪80年代末由美国服装行业发展起来的一种供应链管理策略，目的在于减少供应链中从原材料到用户过程的时间和库存，最大限度地提高供应链的运作效率。快速响应在美国等西方国家的供应链管理中被认为是一种有效的管理策略，经历了三个发展阶段：第一阶段为商品条码化，通过对商品的标准化识别处理加快订单的传输速度；第二阶段是内部业务处理的自动化，采用自动补货与电子数据交换系统提高业务自动化水平；第三阶段是采用更有效的企业间合作，消除了供应链组织之间的障碍，提高了供应链的整体效率，如通过供需双方合作确定库存水平和销售策略等。目前在欧美等西方国家，快速响应系统应用已到达第三阶段，通过联合计划、预测与补货等策略，可以进行有效的用户需求响应。实践证明：实施快速响应系统后供应链效率大大提高，缺货大大减少；通过供应商与零售商的联合协作，保证24小时供货，库存周转速度提高了1~2倍；通过敏捷制造技术，企业的产品中有20%~30%是根据用户的需求而制造的。快速响应系统需要供需双方的密切合作，因此，库存管理协调中心的建立为快速响应系统发挥更大的作用创造了有利的条件。

（4）发挥第三方物流商的作用。第三方物流商也被称为物流服务提供者，在供应链集成方面发挥有效管理作用，为用户提供各种物流方面的服务，如产品运输、订单选择、库存管理等。第三方物流商的产生形式有两种，一种是由一些大的公共仓储公司通过提供更多的附加服务演变而来，另一种是由一些制造企业的运输和分销部门演变而来。

第三方物流商起到了连接供应商和客户的桥梁作用，如图5-14所示。把库存管理的部分功能代理给第三方物流商，能为企业带来诸多好处：减少成本，使企业集中于核心业务，获得更多的市场信息，获得一流的物流咨询，改进服务质量，快速进入国际市场。

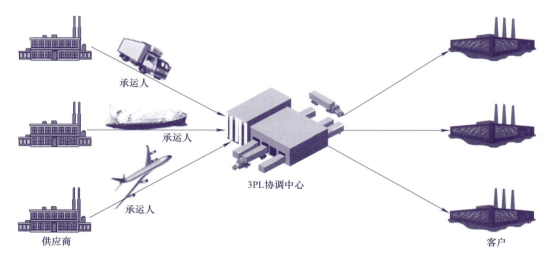

图5-14　第三方物流商在供应链中的作用

面向协调中心的第三方物流商使供应与需求双方都取消了各自独立的库存，增强了供应链的敏捷性和协调性，并且能够大大改善供应链的客户服务水平和运作效率。

### （三）协作计划、预测与补货策略

#### 1. CPFR的概念

中华人民共和国国家标准《物流术语》（GB/T 18354—2006）对协作计划、预测与补货（Collaborative Planning Forecasting and Replenishment，CPFR）的定义是：应用一系列的信息处理技术和模型技术，提供覆盖整个供应链的合作过程，通过共同管理业务过程和共享信息来改善零售商和供应商之间的计划协调性，提高预测精度，最终达到提高供应链效率、减少库存和提高客户满意程度为目的的供应链库存管理策略。

CPFR有三个指导性原则：①供应链业务伙伴框架结构和运作过程以客户为中心，并且面向价值链运作；②供应链业务伙伴共同负责开发单一、共享的客户需求预测系统，这个系统驱动整个价值链计划；③供应链业务伙伴均承诺共享利益并在消除供应过程约束方面共担风险。

#### 2. CPFR与其他合作模式的比较

在CPFR提出之前，供应链伙伴合作模式主要有合作预测与补给（Aggregate Forecasting and Replenishment，AFR）和VMI、JMI等。AFR是商业贸易伙伴交互作用中应用最广泛的方法。用于预测的核心数据来自于相关机构的统计数据和销售历史数据，采用制造商主导供应链的模式。但AFR缺乏集成的供应链计划，可能会导致高库存或低订单满足率。VMI可以避免AFR

的一些问题，VMI的一个关键技术是应用供应链的能力管理库存，这样需求和供应就能结合在一起，使制造商能够得到零售分销中心仓库返回的数据和销售终端数据，并利用这些信息规划整个供应链的库存配置。VMI虽然有诸多优点，但却缺乏系统集成。JMI的预测与补给方法相对较新，它以客户为中心，着眼于计划和执行更详细的业务，这种模式的供应链经常应用工作组方法处理关键问题，在了解各方的运作和增强相互作用等方面得到改善，有助于发展贸易伙伴的信任关系。JMI在每个企业内增加了计划执行的集成，并在客户服务水平、库存和成本管理方面取得了显著的效果，但是JMI的建立和维护成本高。

### 3. CPFR的业务模型

CPFR的业务模型将业务活动划分为规划、预测和补给三个阶段，包括九个主要步骤。第一个阶段为规划，包括第1步和第2步；第二个阶段为预测，包括第3步～第8步；第三个阶段为补给，包括第9步，如图5-15所示。

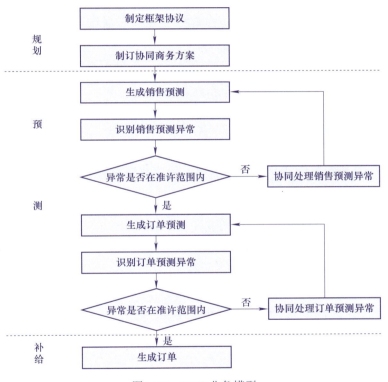

图5-15　CPFR业务模型

第1步：制定框架协议。供应链上的合作伙伴，包括供应商、制造商、分销商和零售商等共同制定一个通用业务框架协议，包括合作的指南、目标、任务与职责、业务规则、绩效评测、保密协议和资源授权等内容。它是一个所有业务活动的总纲领。

第2步：制订协同商务方案。根据共同的发展战略，由合作各方共同基于共享的业务信息制订协同业务计划。合作伙伴先建立合作伙伴关系战略，再定义分类任务、目标和策略，并建立合作项目的管理细节（如订单最小批量、交货期、订单间隔和提前期等）。

第3步：生成销售预测。合作双方根据因果关系，利用零售商销售终端或其他有关预测数据与事件信息进行预测，由预测来驱动各自单独的和共同的业务，生成一个支持共同业务计划的销售预测。

第4步：识别销售预测异常。识别分布在销售预测之外的异常情况，每个异常情况判断准则需体现在第1步的通用业务框架中并得到确认。

第5步：协同处理销售预测异常。找出销售预测中的异常情况后，双方通过查询共享数据、采用各种交流方式协同解决销售预测中的异常情况，并将产生的变化反馈给第3步来生成销售预测。

第6步：生成订单预测。通过合并销售终端数据、因果关系信息、其他预测数据和库存策略，产生一个支持共享销售预测和共同业务计划的订单预测，提出分时段的实际需求数量，并通过产品及接收地点反映库存目标。订单预测周期内的短期部分用于产生订单，长期部分用于计划。

第7步：识别订单预测异常。根据在第1步中已建立的例外准则来识别和判断订单预测之外的异常情况。如果存在异常情况，转到第8步去处理，否则转去第9步生成订单。

第8步：协同处理订单预测异常。找出订单预测中的异常情况后，双方通过查询共享数据、采用各种交流方式调查研究订单预测异常情况，协同解决订单预测中的异常情况，并将产生的变化反馈给第6步。

第9步：生成订单。将订单预测转变为已承诺的订单，订单生成可由制造商或分销商根据自己的资源、能力和系统来完成。这样就完成了补货工作。

上述9个步骤完成了从建立贸易伙伴框架结构到产生订单和实现补货的CPFR全部过程。CPFR通过反复交换数据和业务情报改善了制订需求计划的能力，建立了一个企业间的价值链运行环境，得到了一个基于销售终端客户需求的单一的和共享的预测，来协同制造商与零售商的供给业务，优化了供应链库存和改善了客户服务。

### 4. CPFR的应用领域

CPFR有四种最普遍的应用情形，见表5-4。

视频5-2　京东和美的CPFR模式

表5-4　四种常见的CPFR应用情形

| 情　形 | 供应链中的应用领域 | 应用的行业 |
| --- | --- | --- |
| 零售活动协作 | 经常促销的渠道或种类 | 除实施每日低价策略外的所有行业 |
| 配送中心补货协作 | 零售配送中心或分销配送中心 | 药店、杂货店 |
| 商店补货协作 | 向商店直接送货或零售配送中心向商店送货 | 大宗批发店、会员店 |
| 协作分类计划 | 服装和其他季节性产品 | 百货商店、专业零售店 |

（1）零售活动协作。在许多零售环境中，例如超市，促销及其他零售活动对需求有显著影响。这些活动中的缺货、过量库存和未预期的物流成本影响了零售商和制造商的财务绩效。在这种情况下，零售商和供应商之间的协作计划、预测和补货将非常有效。

零售活动协作要求双方确认合作涉及的品牌和产品的最小库存单位。双方还必须共享详细的活动信息，如活动开始时间、活动持续时间、价格点、广告及展示策略。当情况发生变化时，零售商必须更新信息，进行针对活动的预测，并共享此预测信息。供应商再根据预测生成计划订单和交货安排。当活动开始时，监控销售量以确认任何变化或例外情况，这些变化和例外情况由双方多次协商解决。

（2）配送中心补货协作。配送中心补货协作可能是实践中最常见的也是最容易实施的协作形式。在这种应用情形中，供需双方协作预测配送中心的出货量或配送中心对制造商的期望需求。这些预测被转化为配送中心向制造商下的订单流，这些订单在一定期限内得到承诺或被锁定。此预测信息可以让制造商将这些订单纳入将来的生产计划中，并根据实际需求生产相应的产品。最终降低了制造商的生产成本，也降低了零售商的库存和缺货数量。

配送中心补货协作相对较容易实施，因为它需要的是综合预测协作，而不需要共享详细的销售终端数据。因此，它通常是协作的开始。随着时间的推移，这种形式的协作可以扩展到供应链的所有储存节点上，从零售商货架到原材料仓库。

（3）商店补货协作。在商店补货协作方面，贸易伙伴在商店层销售终端数据预测的基础上进行协作。预测信息会转化为一系列商店层订单，这些订单在一定期限内由制造商处理。这种形式的协作比配送中心补货协作更难实施。商店补货协作的好处包括：制造商有了更明晰的销售数据，提高了补货精准度，提高了产品可得性水平并减少了库存。

（4）协作分类计划。时装和其他季节性产品的需求符合季节性模式。因此，这类产品的协作计划只有一个季节的计划期，并在季节交替时进行。需求的季节性使得预测对历史数据依赖不大，而更依赖于行业趋势、宏观因素和对顾客品位的综合分析。在这种协作形式中，贸易伙伴共同开发分类计划，并形成根据样式、颜色、尺寸进行分类的计划采购订单。双方会欣赏时装表演的样品，并制定最终的采购决策。而这份计划采购订单在时装表演前就已经以电子方式共享了。计划采购订单有助于制造商采购那些提前期较长的原材料并安排生产。当产能具有相当的柔性而能够生产多种产品，并且原材料对于不同的最终产品而言有一些共性时，这种协作形式最有效。

CPFR在零售业信息技术领域的应用情况如图5-16所示。

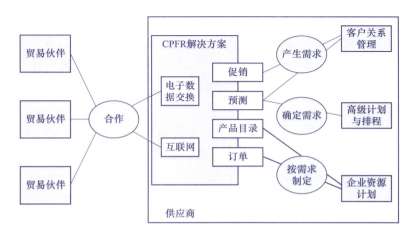

图5-16　CPFR在零售业信息技术领域的应用情况

### 5. 成功实施CPFR的组织和技术要求

要成功实施CPFR，就要改变组织结构，升级时还需要适当的技术。有效的协调，要求制造商为特定客户至少是为大型客户建立包括需求计划、销售和物流人员的跨职能部门团队。随着零售业的合并，这样的资源集中是可行的。零售商也应该围绕供应商成立商品计划、购买和补货团队。拥有大量供应商的零售商，可以按照产品种类来组织团队，每类产品包括多个供应商。对于有多级库存（如配送中心库存和零售店库存）的零售商来说，合并多级补货团队是非常重要的。如果没有多级库存的协作管理，就会产生重复库存。图5-17给出了推荐的协作的组织结构。

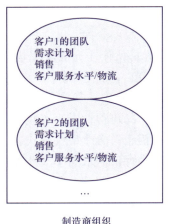 

制造商组织　　　　　　　　零售商组织

图5-17　协作的组织结构

CPFR过程不依赖于技术，但需要技术来升级。CPFR的相关技术已经被开发出来，以帮助共享预测和历史信息、评估例外情况以及实现修改。

### 6. 实施CPFR的风险和障碍

实施CPFR同样是有风险和障碍的。一个风险是由于大规模进行信息共享，因此存在信息滥用的风险。通常CPFR合作伙伴的一方或双方与合作伙伴的竞争者也有合作关系。另一个风险就是如果合作双方的一方改变它的规模或技术，另一方也要被迫改变来适应，否则就会失去合作关系。

CPFR的实施和例外情况的解决要求合作双方密切交流，但是双方的文化可能会存在巨大的差异。不能够在合作伙伴的组织内培育协作文化是CPFR成功实施的主要障碍。成功实施CPFR的障碍还有合作伙伴企图实现商店层的协作，这需要更多的组织和技术投资。协作双方最好从零售活动协作或配送中心协作开始，这更聚焦，也更容易操作。而且许多时候合作伙伴间共享的需求信息通常没有以整合的形式出现在组织内部，为了最大化CPFR的利益，在组织内部整合需求、供给、物流和企业计划是非常重要的。

## 能力训练

【讨论】根据任务描述中提供的G公司的相关背景资料,结合供应链协调策略的相关知识,以小组为单位讨论G公司的管理者该如何运用供应链协调管理措施及策略。

## 复习思考题

1. 在一个按订单生产的制造商的供应链中,需求预测起着什么样的作用?
2. 在综合生产计划的制订策略中,哪些行业或情况最适合使用追赶策略?哪些最适合使用柔性策略?哪些最适合使用均衡策略?
3. 安全库存在供应链中起着什么作用?供给的不确定性对安全库存会产生哪些影响?
4. 如果一家公司像ZARA公司一样具有较高的生产能力且提前期很短,你认为它具有的这种能力是对网络运作更有价值,还是对实体运作更具有价值?为什么?
5. 如果供应链各环节把它的需求看成是下游环节所下的订单,这会导致什么问题?供应链内的各企业应该如何交流以促进协调?

## 实践能力训练

【实训内容】根据任务描述中提供的G公司的背景及其相关资料,以小组为单位完成以下实训任务:作为G公司的管理者,请你为公司制订与其欧洲的大客户之间的供应链协同运营方案。

【实训目的】通过实训使学生加深对供应链计划管理和供应链协调策略相关知识的理解,并能运用所学知识解决实际问题,为后续学习奠定基础。

【实训安排】将学生按3~4人划分为一组,进行适当的任务分工,以小组为单位共同收集整理相关资料,最后制作PPT及电子文档进行汇报。教师也可组织学生进行讨论,并根据实际情况给予点评。

# 项目六

## 供应链绩效管理

### 学习目标

◇【知识目标】
- ★ 理解供应链绩效评价的内涵、特点及作用。
- ★ 掌握供应链绩效评价的原则及内容。
- ★ 掌握供应链绩效评价的指标体系。
- ★ 掌握供应链绩效评价的方法及步骤。
- ★ 了解供应链激励机制的要点。
- ★ 掌握供应链企业的激励方式和措施。

◇【技能目标】
- ★ 能够制定供应链绩效评价指标体系。
- ★ 能够依据供应链绩效评价指标体系开展绩效评价。
- ★ 能够灵活运用适当的方式开展供应链企业间的激励。

◇【素质目标】
- ★ 树立严谨认真的工作态度。
- ★ 培养团结协作的工作精神。

# 项目六　供应链绩效管理

## 知识结构图

## 任务描述

众所周知，当今世界市场竞争不再是单个企业之间的竞争，而是供应链之间的竞争。供应链是否具有强大的竞争力、能否有机协调运作，将主要取决于供应链企业的激励机制是否公正、合理和有效。因此，为使供应链上下游企业之间保持长期的战略伙伴关系，共担风险、共享利益、共同成长，G公司最高管理层决定成立供应链绩效评价委员会，全面负责整个供应链的绩效评价和对上下游企业的激励工作。

## 任务分析

供应链绩效评价是围绕供应链目标，依据绩效评价指标体系，对整个供应链的整体运行绩效、供应链节点企业、供应链节点企业之间的合作关系所做出的评价。供应链绩效评价是有效开展供应链企业激励的前提和基础。因此，供应链绩效评价委员会必须充分了解供应链绩效评价与激励的相关知识，熟悉供应链绩效评价和激励的决策流程和方法。为此，供应链绩效评价委员会的管理者需要熟悉以下任务内容：

- 任务十一　供应链绩效评价
- 任务十二　供应链企业激励

# 任务十一 供应链绩效评价

## 知识链接

### 一、供应链绩效评价的内涵

当今世界，市场竞争不再是单个企业之间的竞争，而是供应链之间的竞争。因此，供应链绩效评价对供应链运作和管理尤为重要。

#### （一）供应链绩效的含义

从价值角度给出供应链绩效的定义为：供应链各成员通过信息协调和共享，在供应链基础设施、人力资源和技术开发等内外资源的支持下，通过物流管理、生产操作、市场营销、顾客服务、信息开发等活动增加和创造的价值总和。

供应链绩效的定义包括三层含义：第一层是指供应链绩效包括信息、基础设施、人力资源、技术开发等内外资源，可以称为支持绩效；第二层是指供应链绩效可以对创造的价值进行评价，可以称为结果绩效；第三层是对各种活动的评价，可以称为运作绩效。这三层含义形成了一个整体的供应链绩效的概念。

#### （二）供应链绩效评价的含义

供应链绩效评价是指围绕供应链的目标，对供应链整体、各环节（尤其是核心企业运营状况以及各环节之间的运营关系等）所进行的事前、事中和事后分析评价。因此，供应链绩效评价指标是基于业务流程的绩效评价指标而制定的。供应链绩效评价是供应链管理的重要内容，对于衡量供应链目标的实现程度及提供经营决策支持都具有十分重要的意义。

供应链绩效评价与单个企业绩效评价有着很大的不同：评价供应链运行绩效的指标不仅要评价节点企业的运营绩效，而且还要考虑节点企业的运营绩效对其上下游节点企业乃至整个供应链的影响，所以供应链绩效评价更强调企业和合作伙伴之间的沟通与协作。

### 二、供应链绩效评价的特点

根据供应链管理运行机制的基本特征和目标，供应链绩效评价应该能够真实地反映供应链整体运营状况以及上下游企业之间的运营关系，而不是孤立地评价某一个节点企业的运营状况。例如，对于供应链上的某一供应商来说，它所提供的某种原材料的价格很低，如果单独对这家供应商进行评价，就会认为该供应商的运营绩效较好。若后续节点企业仅考虑原材料价格，而不考虑原材料的质量及加工性能，就会选择该供应商所提供的原材料；而该供应商所提供的这种价格较低的原材料，其加工性能若不能满足节点企业生产工艺要求，势必会增加生产成本，从而使这种低价格的原材料所节约的成本被增加的生产成本所抵消。因此，供应链的绩效评价，不仅涉及节点企业的运营绩效，而且涉及节点企业的运营绩效对其上下游节点企业及整个供应链的影响。供应链绩效评价有以下特点。

视频6-1　供应链绩效评价的特点

### （一）供应链绩效评价的整体性

传统的企业绩效评价侧重于单个企业，注重对企业内部各职能部门及员工个人的工作过程和结果的考核与评价，这种评价容易造成各部门各自为政，不考虑整体效益。供应链的绩效评价则注重供应链的整体效益，而不单独从某一个节点企业自身进行分析评价，从而反映整个供应链的优化状况。供应链绩效评价除了对每个节点企业内部运作进行基本评价外，还对供应链整体运营状况以及上下游企业之间的运营关系进行真实客观的反映，以保证企业内外在绩效上达到一致，追求的是各成员企业之间利益的平衡。

### （二）供应链绩效评价的时效性

传统企业绩效评价指标的数据来源于财务结果，在时间上略为滞后，导致企业对运营过程中产生的问题反应迟缓，不能及时、准确应对市场变化，从很大程度上制约了自身的发展。供应链绩效评价能反映供应链的动态运营状况，企业可以据此适时地调整策略。因为供应链是由多个节点企业构成的系统，各节点企业之间的信息传递速度远远比不上在一个企业内部迅速，所以某节点企业在生产或送货方面的延误很有可能影响下游多个节点企业，从而形成"牛鞭效应"。这会影响供应链成员合作关系的长期稳定，因此供应链绩效评价必须注重时效性。

### （三）供应链绩效评价的多维性

供应链绩效评价的多维性是由供应链空间多维度的特性所决定的。多维性有两层含义：一是指供应链的系统空间已远远突破单个企业的界限，通过电子商务、虚拟供应链、战略联盟等模式由点向线、由线向面，再向立体空间拓展，使供应链的资源、生产和销售范围扩大；二是指由于各供应链主体之间没有明确的界限，而且不同主体之间相互影响，因此供应链的影响范围扩大，供应链必须在更大的范围内制定产供销战略，规划产供销活动。

### （四）供应链绩效评价的科学性

传统的企业绩效评价主要针对企业职能部门工作完成情况，不能对企业流程进行评价，因此，不能做到科学、客观、准确地反映企业的真实经营效果。供应链绩效评价指标采用的是基于业务流程的绩效衡量标准，能够真正做到科学、客观、准确地反映整个供应链的真实运营情况。

## 三、供应链绩效评价的作用

在供应链管理中，通过绩效评价来衡量供应链的运营情况，可以使供应链能保持健康稳定的运行，为所有成员企业带来效益。供应链绩效评价的作用主要体现在以下几个方面。

### （一）提高整个供应链的运营效果

供应链管理形成了跨企业的动态联盟，覆盖了从产品设计、生产、消费到废品回收的过程。供应链是否能够实现整体优化，取决于供应链各节点企业之间的协调运作。通过对整个供应链运营状况进行绩效评价，可以消除整个供应链中不必要的动作和消耗，集中精力开发高效率、高效益的物流资源，提高整个供应链的运营效果。

### （二）约束供应链内各节点企业

根据约束理论，绩效评价是寻找约束环节所在的重要途径，也是消除约束、优化资源配置的前提。因此，通过对节点企业为供应链绩效所做贡献的评价，形成约束机制，可以引起供应链内各节点企业的重视，从而达到吸收优秀企业加盟、剔除不良企业的目的，实现供应链的优化组合。

### （三）激励供应链内各节点企业

供应链绩效评价可以对供应链内各节点企业起到激励的作用，使各节点企业自觉地根据指标内容检查自己的行为和运行状况，加强与其他供应链企业之间的协作。激励作用既包括核心企业对非核心企业的激励，也包括供应商、制造商和销售商之间的相互激励。

### （四）加强供应链企业间的合作关系

供应链绩效评价从用户满意度的角度评价上游企业提供给下游企业的产品和服务质量，从而引导上、下游企业建立良好的合作伙伴关系，增强协调能力。为了确保整个供应链的可持续的竞争优势，每个节点企业不能再以追求企业利润最大化为目标，而应以追求整个供应链利润最大化为目标。

## 四、供应链绩效评价的原则

供应链绩效评价是一项复杂的系统工程，涉及供应链上的每一个企业，每一个企业都是独立的经济实体，有自己的发展目标和生存原则。因此，要对供应链绩效做出客观、公正、科学、合理的评价，必须遵循以下原则。

### （一）整体性原则

当今市场竞争已由企业之间的竞争转向供应链之间的竞争，供应链绩效评价必然将代替企业绩效评价。供应链绩效评价通过从整体上对供应链管理效率进行评价，反映整个供应链运营状况，即供应链绩效评价指标要能反映供应链整体的运营情况，而不能仅反映单个节点企业的运营情况。

### （二）多渠道、多层次和全方位评价原则

多渠道收集信息，进行多层次和全方位的评价，有助于全面和有重点地反映供应链绩效，同时也有助于增强绩效评价的准确性。实践中，经常综合运用上级考核、专家评价、同级评价、下级评价、职员评价、客户评价等多种形式进行全方位、多角度、多层次的评价，以确定供应链在市场中的竞争优势。

### （三）短期绩效与长期绩效、近期绩效与远期绩效相结合原则

短期绩效与长期绩效、近期绩效与远期绩效是分别就供应链绩效涉及的时间按长短、远近而言的，其间均存在辩证统一的关系。在进行绩效评价时，不仅要考虑短期、近期的

绩效，更要重视长期、远期的绩效。在供应链管理中，某些行为从短期或近期的角度看，可能绩效甚微或无绩效可言，但从长期或远期角度考虑，它对规范供应链上下游企业的行为、促进企业间的资源共享和共赢、推动供应链的协调发展无疑具有重大意义。因此，在供应链绩效评价中，将短期与长期、近期与远期绩效有机地结合起来，关注供应链多种绩效的有效组合，实现多个目标之间的有效衔接，注重长期发展和短期利润的平衡，有助于供应链企业提高自觉性、降低盲目性。

### （四）静态评价与动态评价相结合原则

供应链绩效评价，不仅要对影响供应链绩效的各种内部因素进行静态的考查和分析评价，而且要动态地研究这些因素之间以及这些因素与外部因素之间的相互影响关系。供应链绩效评价作为一种新兴的管理模式，在供应链管理过程中，肯定会不断地遇到新情况和新问题，在进行绩效评价时应重视对供应链业务流程的动态评价，要能够随时随地跟踪供应链流程运作，及时做出调整和动态优化。应尽量采用实时分析评价的方法，把绩效度量范围扩大到能反映供应链实时运营信息的程度，这比仅做事后分析有价值得多，因此在进行绩效评价时，一定要在相对稳定的基础上坚持动态和发展理念，只有这样才能解决所面临的问题。

### （五）宏观绩效与微观绩效相结合原则

从所涉及的范围看，供应链绩效可分为宏观绩效与微观绩效两种。宏观绩效是供应链管理活动从全社会角度考查时的总的绩效；微观绩效是指供应链管理活动从企业与供应链系统本身的角度考查时的绩效，两者既相互矛盾又彼此统一。从矛盾性看：微观绩效为了显示自己的基础性作用，必然会努力突出个体，包括要求减少来自宏观层面的控制和干预；而宏观绩效为了发挥自己的主导作用，也必然会对微观层面施加种种限制，以抑制其个性化发展。从统一性看：微观绩效是宏观绩效的基础，离开了微观绩效，宏观绩效就要落空；宏观绩效又对微观绩效起导向作用，微观绩效只有在符合宏观绩效的前提下，才能得到有效发挥。

### （六）责、权、利相结合原则

供应链绩效评价的主要目的是改善和提升供应链绩效。为此，在绩效评价过程中，应分清责任归属和权利范围，做到责、权、利明晰，只有这样才能赏罚分明，也只有及时将评价结果落实到节点企业，才能促进供应链的健康发展。这是因为供应链的每一个节点企业都是独立的经济实体，出于个体经济理性，节点企业可能会为自身小利而损害供应链利益。面对这种情况，在绩效评价中必须本着责、权、利相结合的原则，审慎处理，否则可能因赏罚不公而损害供应链上下游企业间的战略合作伙伴关系，阻碍供应链战略目标的实现。

## 五、供应链绩效评价的内容

供应链绩效评价的内容包括内部绩效的衡量、外部绩效的衡量和综合绩效的衡量。

### （一）内部绩效的衡量

内部绩效的衡量主要是指对供应链上的企业的内部绩效进行评价，常见的评价指标包括成本、客户服务、生产率、资产衡量和质量。

### 1. 成本

绩效评价最直接的指标是完成特定运营目标所发生的真实成本。绩效成本代表的是以金额表示的销售量百分比或每个单位数量的成本。

### 2. 客户服务

客户服务指标是考查供应链内部企业满足客户或下游企业需求的相对能力。

### 3. 生产率

生产率是供应链组织绩效的一个指标,用于评价生产某种产品的投入与产出之间的相对关系,通常用比率来表示。

### 4. 资产衡量

资产衡量是指为了实现供应链的目标对设施和设备等资产及其流动资本的使用进行评价。资产衡量指标着重对诸如存货等流动资本如何能快速周转,以及固定资产如何能产生投资回报率等方面进行衡量。

### 5. 质量

质量指标是全过程评价的最主要的指标之一,它用来确定一系列活动的效率。然而质量的范围太大,所以很难加以衡量,目前人们通常用完美订货代替质量指标。供应链实现完美订货必须符合如下标准:①圆满完成所有的配送;②订发货周期短,发货偏差控制在最小范围之内;③精确无误地完成所有文件、票据,包括标签、提货单及发票等;④状态良好,例如安装无误、外形无损等。

## (二)外部绩效衡量

外部绩效的衡量主要是指对供应链上的企业之间的运行状况的评价。外部绩效衡量的主要指标包括客户满意度和最佳实践基准。

### 1. 客户满意度

客户满意程度的评价可以使用最高级的物流绩效评价来代替。这种评价可以由企业或行业协会组织调查或者进行系统的订货跟踪,主要是询问关于供应链企业与竞争者的绩效,例如可靠性、订发货周期、信息可用性、问题的解决和产品的支撑等。

### 2. 最佳实践基准

最佳实践基准是综合绩效评价的一个重要方面,最佳的实践基准是将目标企业运作状况与该行业或相关行业甚至非相关行业的优秀企业进行比较的方法。越来越多的供应链企业会选择最佳实践基准指标,将其作为企业与相关行业竞争对手或最佳实践企业比较的一种技术。特别是一些核心企业,它们常在重要的战略领域以最佳实践基准作为检验供应链运行的工具。

## (三)综合绩效的衡量

供应链之间的竞争引起人们对供应链总体绩效的日益重视,人们要求提供能透视供应链总体绩效的衡量方法。供应链综合绩效的衡量主要从客户服务、时间、成本、资产等几个方面展开。

### 1. 客户服务

客户服务的衡量指标包括完美订货、客户满意度和产品质量，用以衡量供应链企业所能提供的总的客户满意程度。

### 2. 时间

时间主要是衡量企业对客户需求的反应能力，也就是从客户订货开始到客户用到产品为止，需要多少时间。它包括装运时间、送达运输时间和客户接收时间。

### 3. 成本

供应链总的成本包括订货完成成本、原材料获取成本、总的库存运输成本、与物流有关的财务和管理信息系统成本、制造劳动力和库存的间接成本等。

### 4. 资产

资产的衡量基本上集中在特定资产水平支持下的销售量水平，主要测定资金周转时间、库存周转天数、销售额与总资产的比率等资产绩效。

## 六、供应链绩效评价指标体系

在了解供应链绩效评价指标体系之前，需要首先了解供应链层次结构模型。在该结构模型中，供应链可以看成是由不同层次供应商组成的阶梯式层次结构，上层供应商可以看成是其下层供应商的客户。供应链层次结构模型如图6-1所示。

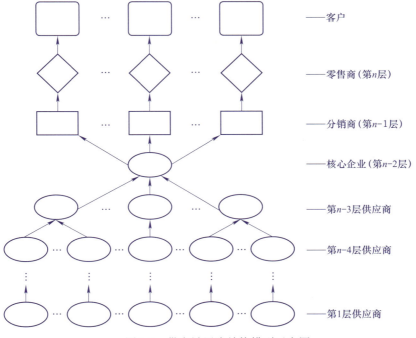

图6-1　供应链层次结构模型示意图

为了客观、全面地评价供应链的运营情况，可以从以下几个方面来分析和讨论供应链绩效评价指标体系的基本构成。

### （一）反映整个供应链业务流程的绩效评价指标

在这里，整个供应链是指从最初供应商开始直至最终用户为止的整条供应链。反映整个供应链业务流程的绩效评价指标，综合考虑了指标评价的客观性和实际可操作性，提出了如下反映整个供应链运营绩效的评价指标。

#### 1. 产销率指标

产销率是指在一定时间内已销售出去的产品数量与已生产的产品数量的比值。

$$产销率 = \frac{一定时间内已销售的产品数量（S）}{一定时间内已生产的产品数量（P）}$$

该指标反映供应链在一定时间内的产销经营状况，其时间单位可以是年、月、日。随着供应链管理水平的提高，时间单位可以取得越来越小，甚至可以以天为单位。该指标也反映了供应链资源（包括人、财、物、信息等）的有效利用程度，产销率越接近1，说明资源利用程度越高。同时，该指标还反映了供应链库存水平，其值越接近1，说明供应链库存量越小。产销率指标又可分成如下三个具体的指标：

（1）供应链节点企业的产销率。该指标反映供应链节点企业在一定时间内的产销经营状况。

$$供应链节点企业的产销率 = \frac{一定时间内节点企业已销售的产品数量}{一定时间内节点企业已生产的产品数量}$$

（2）供应链核心企业的产销率。该指标反映供应链核心企业在一定时间内的产销经营状况。

$$供应链核心企业的产销率 = \frac{一定时间内核心企业已销售的产品数量}{一定时间内核心企业已生产的产品数量}$$

（3）供应链产销率。该指标反映供应链在一定时间内的产销经营状况。

$$供应链产销率 = \frac{一定时间内供应链各节点企业已销售的产品数量}{一定时间内供应链各节点企业已生产的产品数量}$$

#### 2. 平均产销绝对偏差指标

平均产销绝对偏差是指在一定时间内，所有节点企业已生产产品的数量与其已销售的产品数量之差的绝对值之和的平均值。

$$平均产销绝对偏差 = \frac{\sum_{i=1}^{n}|P_i - S_i|}{n} \tag{6-1}$$

式中　$n$——供应链节点企业的个数；

　　　$P_i$——第$i$个节点企业在一定时间内已生产产品的数量；

　　　$S_i$——第$i$个节点企业在一定时间内已销售产品的数量。

平均产销绝对偏差指标反映了在一定时间内供应链的总体库存水平：其值越大，说明供应链成品库存量越大，库存费用越高；其值越小，说明供应链成品库存量越小，库存费用越低。

### 3. 产需率指标

产需率是指在一定时间内，节点企业已生产的产品数量与其上层节点企业（或客户）对该产品的需求量的比值。具体分为如下两个指标：

（1）供应链节点企业产需率。该指标反映上、下层节点企业之间的供需关系。产需率越接近1，说明上、下层节点企业之间的供需关系协调，准时交货率高；反之，则说明下层节点企业准时交货率低或者综合管理水平较低。

$$供应链节点企业产需率 = \frac{一定时间内节点企业已生产的产品数量}{一定时间内上层节点企业对该产品的需求量}$$

（2）供应链核心企业产需率。该指标反映供应链整体生产能力和快速响应市场能力。若该指标数值大于或等于1，说明供应链整体生产能力较强，能快速响应市场需求，具有较强的市场竞争能力；若该指标数值小于1，则说明供应链生产能力不足，不能快速响应市场需求。

$$供应链核心企业产需率 = \frac{一定时间内核心企业已生产的产品数量}{一定时间内客户对该产品的需求量}$$

### 4. 供应链产品出产（或投产）循环期

当供应链节点企业生产的产品为单一品种时，供应链产品出产循环期是指产品的出产节拍；当供应链节点企业生产的产品品种较多时，供应链产品出产循环期是指混流生产线上同一种产品的出产间隔期。由于供应链管理是在市场需求多样化经营环境中产生的一种新的管理模式，其节点企业（包括核心企业）生产的产品品种较多，因此，供应链产品出产循环期一般是指节点企业混流生产线上同一种产品的出产间隔期。它可分为以下两个具体的指标：

（1）供应链节点企业（或供应商）零部件出产循环期。该指标反映了节点企业库存水平以及对其上层节点企业需求的响应程度。该循环期越短，说明了该节点企业对其上层节点企业需求的快速响应性越高。

（2）供应链核心企业产品出产循环期。该指标反映了整个供应链的在制品库存水平和成品库存水平，同时也反映了整个供应链对市场或客户需求的快速响应能力。核心企业的产品出产循环期决定着各节点企业的产品出产循环期，即各节点企业的产品出产循环期必须与核心企业的产品出产循环期合拍。该循环期越短，说明整个供应链的在制品库存量和成品库存量都比较少，总的库存费用都比较低；同时也说明供应链管理水平比较高，能快速响应市场需求，并具有较强的市场竞争力。缩短核心企业的产品出产循环期，应采取如下措施：

1）使供应链各节点企业的产品出产循环期与核心企业的产品出产循环期合拍，而核心企业的产品出产循环期与客户需求合拍。

2）采用优化产品投产顺序和计划、采用高效的生产设备或延长工时来缩短核心企业（或节点企业）的产品出产循环期。其中，通过优化产品投产顺序和计划来缩短核心企业（或节点企业）的产品出产循环期，这既不需要增加投资又不需要增加人力和物力，见效快，值得推广。

### 5. 供应链总运营成本指标

供应链总运营成本包括供应链通信成本、供应链总库存费用及各节点企业外部运输总费用。它反映供应链运营的效率。

（1）供应链通信成本。供应链通信成本包括各节点企业之间的通信费用，如电子数据交换、互联网的建设和使用费用、供应链信息系统开发和维护费等。

（2）供应链总库存费用。供应链总库存费用包括各节点企业在制品库存和成品库存费用、各节点之间在途库存费用。

（3）各节点企业外部运输总费用。各节点企业外部运输总费用等于供应链所有节点企业之间运输费用的总和。

### 6. 供应链核心企业产品成本指标

供应链核心企业的产品成本是供应链管理水平的综合体现。先根据核心企业产品在市场上的价格确定出该产品的目标成本，再向上游追溯到各供应商，确定出相应的原材料、配套件的目标成本，只有当目标成本小于市场价格时，各个企业才能获得利润，供应链才能得到发展。

### 7. 供应链产品质量指标

供应链产品质量是指供应链各节点企业（包括核心企业）生产的产品或零部件的质量，主要包括合格率、废品率、退货率、破损率、破损物价值等指标。

## （二）反映供应链上、下节点企业之间关系的绩效评价指标

反映供应链上、下节点企业之间关系的绩效评价指标是以供应链层次结构模型为基础的。根据供应链层次结构模型，对每一层供应商逐个进行评价，从而发现问题，解决问题，优化整个供应链的管理。

供应链是由若干个节点企业所组成的一种网络结构，如何选择供应商、如何评价供应商的绩效以及由谁来评价等是必须明确的问题。相邻层供应商评价法可以比较好地解决这些问题。相邻层供应商评价法的基本原则是通过上层供应商来评价下层供应商。由于上层供应商可以看成是下层供应商的客户，因此通过上层供应商来评价和选择与其业务相关的下层供应商更直接、更客观。如此递推，即可对整个供应链的绩效进行有效的评价。为了能综合反映供应链上、下层节点企业之间的关系，可以采用满意度作为衡量指标。

满意度指标是反映供应链上、下节点企业之间关系的绩效评价指标，即在一定时间内上层供应商 $i$ 对其相邻下层供应商 $j$ 的综合满意程度 $C_{ij}$。表达式如下

$$满意度 C_{ij} = \alpha_j \times 供应商 j 准时交货率 + \beta_j \times 供应商 j 成本利润率 + \gamma_j \times 供应商 j 产品质量合格率 \tag{6-2}$$

式中，$\alpha_j$、$\beta_j$、$\gamma_j$ 为权数，且 $(\alpha_j + \beta_j + \gamma_j)/3 = 1$。

满意度指标主要包括以下三个方面内容。

### 1. 准时交货率

准时交货率是指下层供应商在一定时间内准时交货的次数占其总交货次数的百分比。

供应商准时交货率低，说明其协作配套的生产能力达不到要求，或者是对生产过程的组织管理跟不上供应链运行的要求；供应商准时交货率高，说明生产能力强，管理水平高。

### 2. 成本利润率

成本利润率是指单位产品净利润占单位产品总成本的百分比。在市场经济条件下，产品的价格是由市场决定的，因此，在市场供需关系基本平衡的情况下，供应商生产的产品价格可以看成是一个不变的量。按成本加成定价的基本思想，产品价格等于成本加利润，因此产品成本利润率越高，说明供应商的盈利能力越强，企业的综合管理水平越高。在这种情况下，供应链在市场价格水平下能获得较大利润，其合作积极性就会增强，也会对企业的有关设施和设备进行投资和改造，以提高生产效率。

### 3. 产品质量合格率

产品质量合格率是指质量合格的产品数量占产品总产量的百分比，它反映了供应商提供货物的质量水平。质量不合格产品数量越多，则产品质量合格率就越低，说明供应商提供的产品质量不稳定或质量差，供应商必须承担对不合格的产品进行返修或报废的损失，这样就增加了供应商的总成本，降低了其成本利润率。因此，产品质量合格率指标与产品成本利润率指标密切相关。同样，产品质量合格率指标也与准时交货率指标密切相关，因为产品质量合格率越低，就会加大产品的返修工作量，必然会延长产品的交货期，使准时交货率降低。

在满意度指标中，权数的取值可随着上层供应商的不同而不同。但是对于同一个上层供应商，在计算与其相邻的所有下层供应商的满意度指标时，其权数取相同值。这样，就能通过满意度指标评价不同供应商的运营绩效以及这些不同的运营绩效对其上层供应商的影响。满意度指标值低，说明该供应链运营绩效差，生产能力和管理水平较低，并且影响了其上层供应商的正常运营，从而影响了整个供应链的正常运营，因此应该将对满意度指标值较低的供应商的管理作为管理的重点，要么进行全面整改，要么重新选择供应商。在整个供应链中，若每层供应商满意度指标的权数都取相同值，则得出的满意度指标可以反映整个上层供应商对其相邻的整个下层供应商的满意程度。同样地，对于满意度指标值低的供应商，应当进行整改或更换。

供应链最后一层为最终用户层，最终用户对供应链产品的满意度指标是供应链绩效评价的一个最终标准。可按如下公式计算

$$\text{满意度} = \alpha \times \text{供应商准时交货率} + \beta \times \text{供应商产品质量合格率} + \gamma \times \frac{\text{实际的产品价格}}{\text{用户期望的产品价格}} \qquad (6-3)$$

式中，$\alpha$、$\beta$、$\gamma$为权数，且$(\alpha+\beta+\gamma)/3=1$。

## 七、供应链绩效评价的方法

### （一）标杆评价法

#### 1. 标杆评价法的内涵

标杆评价法（Benchmarking）又称基准评价法，是支持企业不断改进和获得竞争优势

的最重要的管理方法之一。供应链整体绩效的标杆评价法将供应链整体实际绩效与同行业中处于领先地位的供应链的绩效进行比较，来评价供应链整体相对的绩效水平。由于供应链整体绩效自我评价的主观随意性较大，所以对供应链整体绩效进行相对评价更具意义。与同行业中处于领先地位的供应链的绩效进行比较，能客观地反映供应链绩效水平和供应链在市场中所处的竞争地位。因此，供应链整体绩效的标杆评价法适用于行业中处于挑战者、追随者地位的供应链。

供应链绩效评价标准，有时被称为"标杆"，是判断评价对象绩效优劣的基准。选择什么标准作为评价的基准，取决于评价的目的。评价供应链绩效也必须有评价度量标准，只有这样评价结果对决策者来说才有可比性。一方面可以用供应链过去的绩效评价数据作为标准来进行比较，以反映绩效的改进程度；另一方面也可以与同行业竞争者供应链绩效进行比较。具体选用的标准应与评价对象紧密联系。评价对象是战术或操作层对象时，应采用历史和既定的目标作为评价标准；评价对象是战略层对象时，应该以历史、既定的目标和竞争者的情况作为标准。

### 2. 绩效标杆的种类

基本的绩效标杆有三种。第一种是战略性标杆（Strategic Benchmarking）。战略性标杆是指针对竞争对手强调的市场、竞争对手的市场战略、支持竞争对手市场战略的资源水平、竞争对手的竞争优势集中于哪些方面等问题，将一个企业的市场战略与其他企业的市场战略进行比较，使企业获得领先的市场战略。第二种是操作性标杆（Operational Benchmarking）。操作性标杆以职能性活动为重点，找出有效的方法，以便在各个职能上都能获得最好成绩。第三种是支持活动性标杆（Support Activity Benchmarking）。企业内的支持功能应该显示出比竞争对手更好的成本效益，通过支持活动性标杆控制内部费用的上升。

### 3. 供应链标杆管理的实施

供应链标杆管理实施过程主要包括五个阶段，见表6-1。

表6-1 供应链标杆管理实施过程

| 阶　　段 | 工　作　内　容 |
| --- | --- |
| 第一阶段<br>计划 | 确定任务、产品、职能等<br>确定实施标杆的目标<br>确定对数据和信息的要求 |
| 第二阶段<br>分析 | 怎样使标杆的目标更好<br>怎样把标杆企业的做法用于供应链企业<br>确定未来的趋势和绩效水平 |
| 第三阶段<br>整合 | 主要负责人交流标杆实施中的信息<br>建立运作层的工作目标和具体的职能目标 |
| 第四阶段<br>行动 | 确定具体行动负责人<br>制订一套标杆计划，以及评审和修改目标的程序<br>建立标杆进程的沟通机制 |
| 第五阶段<br>正常运作 | 在供应链各企业中继续坚持标杆活动<br>坚持绩效的持续改进 |

根据标杆管理的特征,供应链标杆管理可参考以下过程,来构建体系相对完整的标杆管理实施过程(见图6-2)。

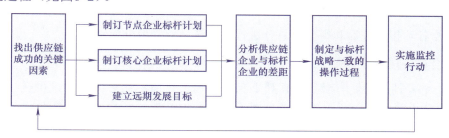

图6-2 供应链标杆管理实施过程

### (二)综合评分法

#### 1. 综合评分法的概念及步骤

综合评分法是常用的一种绩效评价方法,在评价指标无法用统一的量纲进行定量分析的场合,用无量纲的分数进行综合评价。它的基本思想是先分别按不同指标的评价标准对各评价指标进行评分,再根据专家评价法确定各项指标的权重,然后加权求和得到总分。通过对数据的综合处理,达到用一个量化的结果表达评价结论的目的。采用综合评分法评价供应链绩效通常包括六个步骤。

1)确定评价指标和评价等级。评价指标的确定在前文已做介绍。综合评分法的评价等级一般分为优、良、中、差、劣五个级别。划分依据是某一预先制定的评价标准。等级的区分是通过不同的分值体现的,分值常有小数制、十分制和百分制三种形式。其中百分制评分的范围较宽,能够区分同一等级内部的细微差别,因而使用得比较普遍,见表6-2。

表6-2 评价等级的分值

| 指标 | 等级 | | | | | 权数 | 该项得分 | 评分说明 |
| --- | --- | --- | --- | --- | --- | --- | --- | --- |
| | 优 80～100 | 良 60～79 | 中 40～59 | 差 20～39 | 劣 0～19 | | | |
| $A_1$ | | | | | | $P_1$ | $A_1 P_1$ | |
| $A_2$ | | | | | | $P_2$ | $A_2 P_2$ | |
| $A_3$ | | | | | | $P_3$ | $A_3 P_3$ | |
| ⋮ | | | | | | ⋮ | ⋮ | |
| 总分 | | | | | | | $\sum_{i=1}^{n} A_i P_i$ | |

2)聘请专家。通过专家讨论确定每一个评价指标在供应链绩效评价中的权数。
3)给各项评价指标打分。根据评价标准对每一项评价指标给出一个具体的分值。
4)计算各项加权分数。将各项评价指标的分值和专家给出的权数相乘。

$$各项指标加权分数 = A_i P_i \tag{6-4}$$

5)加权求和得出总分。先将每一评价指标的分值与该指标所对应的权重相乘,得出各

**供应链管理基础**

项指标的加权分数，再将这些加权分数相加求和得出总分。

$$供应链绩效评分 = \sum_{i=1}^{n} A_i P_i \qquad (6-5)$$

6）根据各项指标分数和得到的总分进行供应链运营绩效分析评价。

### 2. 综合评分法的优缺点

综合评分法引入权重的概念，有利于发挥专家的作用，具有更科学、可量化的优点。但在专家确定权数时，由于专家组成员属于临时抽调性质，在短时间内充分熟悉被评项目资料、全面正确掌握评价因素及其权重有一定困难，再加上评价指标因素及权重的确定比较复杂，评价指标因素及权重难以合理界定，所以真正做到科学合理是很困难的。另外，由于赋予了专家较大的权利，而所聘请专家的业务水平不尽相同，这也会影响评价结果的科学性和准确性。

## 能力训练

【讨论】根据任务描述中提供的G公司的相关背景资料，结合供应链绩效评价的相关知识，以小组为单位讨论G公司供应链绩效评价委员会的管理者该如何在供应链绩效评价工作中落实绩效评价原则。

# 任务十二　供应链企业激励

## 知识链接

## 一、供应链激励机制的要点

### （一）供应链激励机制的重要性

从某种意义上讲，供应链是否具有强大的竞争力、能否有机协调运作，将主要取决于供应链企业的激励机制是否公正、合理和有效。因此，要使供应链企业之间保持长期的战略伙伴关系，共担风险、共享利益、共同成长，一定要建立有效的激励机制。供应链是由上下游财务独立、目标不同甚至是目标相互冲突的成员企业组成的，随着时间的变化，不仅顾客需求和供应能力会改变，而且供应链成员之间的关系也会改变，由于每个成员企业对供应链的贡献大小不同，因此必须根据每个成员企业对供应链所做贡献的大小来分配供应链的收益。只有供应链各成员企业都从供应链管理中受益，各企业才能自觉地维护供应链的整体利益，并且要对那些为供应链做出较大贡献的企业进行重点激励，整个供应链才能充满活力。设计对供应链各节点企业的激励机制，并以此开展供应链企业的有效激励，使供应链企业的利益紧密联系在一起，对保证供应链的整体利益是非常重要的。

### （二）供应链激励机制的内容

激励的主体是指激励者，激励的客体是指被激励者，即激励对象。供应链管理中的激励对象（激励的客体）主要指供应链节点企业，例如上游的供应商、下游的分销商等，也包括每个供应链企业内部的管理者和员工。这里主要讨论以代理人为特征的供应链企业的激励，或对代理人的激励。因此，供应链管理环境下的激励内容主要包括：①核心企业对成员企业的激励；②制造商对供应商的激励，即下游企业对上游企业的激励；③制造商对分销商的激励，即上游企业对下游企业的激励；④供应链对成员企业的激励；⑤成员企业对供应链的激励。

### （三）供应链企业的激励目标

供应链企业间的关系实质上是一种委托—代理关系。委托—代理过程中的风险有多种表现形式，其中最为常见的是不完全信息下决策的风险和代理人的道德风险。信息非对称现象在经济活动中相当普遍，这导致许多经济合同是在信息非对称条件下执行的，难免会出现道德风险。产生道德风险的原因之一在于代理人拥有私有信息：委托人与代理人签订合同时，双方所掌握的信息是对称的（至少双方都认为自己已经掌握了对方了解的信息）；然而，建立委托—代理关系后，委托人无法观察到代理人的某些私有信息，特别是代理人努力程度方面的信息。在这种情况下，代理人可能会利用其私有信息采取某些损害委托人利益的行动。为了克服道德风险带来的危害，委托—代理理论研究者提出了以合作和分担风险理念为中心的信息激励机制理论。对委托人来讲，只有使代理人行动效用最大化，才能使委托人自身利益最大化。然而，要使代理人采取效用最大化的行动，就必须对代理人的工作进行有效的激励。供应链管理的激励目标就是通过某种激励措施，调动委托人和代理人的积极性，兼顾双方的共同利益，消除信息不对称和不道德行为所带来的风险，使供应链运作得更加顺畅和持续健康发展，实现供应链企业共赢的最终目的。

### （四）供应链企业的激励过程

供应链的激励机制包含激励对象（激励客体，代理方）、激励目标、供应链绩效测评（包括评价指标、指标测评和评价考核）和激励方式（正激励和负激励，物质激励、精神激励和情感激励）等内容。供应链企业的激励过程可以借用传统的激励过程模型来描述，如图6-3所示。

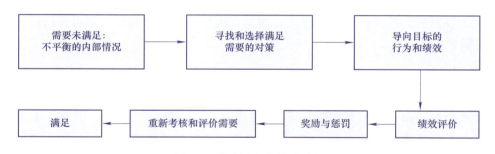

图6-3　供应链企业激励过程

### （五）供应链激励机制的平台

供应链激励需要一个好的平台。供应链协议（Supply Chain Protocol，SCP）充当了这一角色。供应链协议是将供应链管理工作程序化、标准化和规范化的协定。它为供应链绩效评价和激励的实现提供平台，为激励目标的确立、供应链绩效评价和激励方式的确定提供基本依据。供应链协议根据供应链产品生产模式的特点，结合ISO9000、TCP/IP等多方面知识，将供应链管理工作程序化、标准化和规范化，使供应链系统能够有效控制、良好运作、充分发挥功能。供应链协议强调供应链的实用性和供应链管理的可操作性，重视完全信息化和快速响应的实现。供应链协议的内容分为三个部分：

#### 1. 供应链协议文本

供应链协议文本（SCP文本）是供应链管理规范化、程序化、文本化的主要部分，包括：定义；语法规范；文本规范；供应链的组建和撤销；企业加入供应链的条件，享有的权利，应担风险及应尽义务；供应链关系的确立和解除；信息的传递、收集、共享与发布；供应、生产与分销的操作；资金结算；纠纷仲裁与责任追究。

#### 2. 供应链协议标准

供应链协议标准（SCP标准）包括产品标准、零配件标准、质量标准、标准合同、标准表（格）单（据）、标准指令、标准数据、标准文本以及供应链协议网标准等。

#### 3. 供应链协议网

供应链协议网（SCPNet）分为硬件和软件两部分，硬件部分包括Internet/Intranet客户机、工作站，软件部分包括数据库、网络系统、SCPNet支撑软件。

## 二、供应链企业的激励方式与激励模式

### （一）供应链企业的激励方式

#### 1. 目标激励

目标激励是把供应链的需求转化为供应链节点企业的需求。在供应链节点企业取得阶段性成果的时候，还应把成果及时反馈给供应链其他节点企业。供应链节点企业通过反馈可以知道自己的努力水平是否足够，是否需要更加努力，从而在完成阶段性目标之后进一步提高目标水平。运用目标激励必须注意目标设置应符合激励对象的需要。提出的目标一定要明确。设置的目标既要切实可行，又要具有挑战性。正确的做法是将长远目标分解为阶段性目标。

#### 2. 物质激励

所谓物质激励，是从满足企业的物质需要出发，对物质利益关系进行调节，从而激发供应链节点企业的向上动机并控制其行为的趋向。物质激励多以奖金、罚款、参股权等形式出现。在目前社会经济条件下，物质激励是不可或缺的重要激励手段，它对强化按贡献大小分配收益的原则和调动供应链节点企业的积极性有很大作用。

### 3. 正负激励

所谓正激励，是指对供应链节点企业符合供应链目标的行为进行奖励，以使这种行为更多地出现，提高供应链节点企业的积极性。所谓负激励，是指对供应链节点企业违背供应链目标的行为进行惩罚，以使这种行为不再发生，使供应链节点企业行为转向正确的方向。在管理中，正激励和负激励都是必要而有效的，因为这两种方式的激励效果不仅会直接作用于供应链节点企业，而且会间接影响很多供应链节点企业。通过树立正面的榜样和反面的典型，会产生无形的正面行为规范，形成一种良好的氛围，使整个供应链的运营更富有活力。

### 4. 差别激励

由于供应链节点企业的需求各不相同，例如有的企业需要科学技术的支持，有的企业需要管理技术的支持，还有的企业需要资金上的支持，因此对某供应链节点企业有效的激励措施可能对其他供应链节点企业就没有效果。应根据供应链节点企业需求差异对它们进行差别化的激励，只有这样才能使供应链节点企业感到满意。

### 5. 公平激励

公平激励就是减少和消除不公平现象。在现实社会中，不公平的现象比较多，公平激励可以满足激励对象的公平意识和公平要求。但正确的做法不是搞绝对平均主义，而是要做到公平处事、公正对待每一个供应链节点企业。对激励对象在收益分配、奖励等方面，力争做到公平合理。

## （二）供应链企业的激励模式

综合这些激励方式，结合供应链节点企业与员工的相同点，通过现代激励理论可导出供应链企业的激励模式，如图6-4所示。

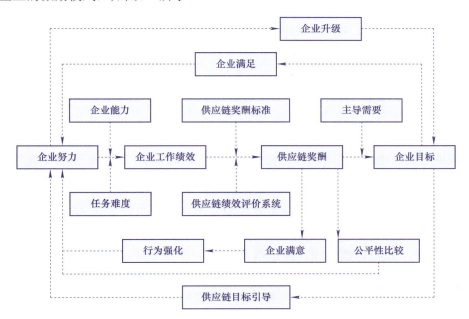

图6-4 供应链企业的激励模式

在激励供应链企业时,要注意以下要点:

(1)供应链节点企业的努力主要源自奖酬的价值 要使供应链企业认识到需要付出的努力和受到奖酬的概率,其觉察出来的努力和奖酬的概率也受其过去经验和实际绩效的影响。如果企业确切知道自己有把握完成任务或过去曾完成类似的任务,就将很乐意做出努力并对奖酬的概率更加清楚。

(2)供应链节点企业的绩效主要取决于自身因素 这些因素包括企业能力的大小、努力程度以及对所完成任务理解的深度等,如对完成目标所需从事的活动以及影响任务完成的其他因素的理解和掌握。

(3)供应链节点企业的激励要以实际绩效为前提 供应链节点企业的激励要以绩效为前提,不是先有激励后有绩效,而是必须先完成组织任务才能获得物质的和精神的奖励。当供应链节点企业发现激励与绩效很少有关系时,激励将无助于绩效的提高。

(4)激励结果的满意度取决于报酬是否高于预期 激励措施是否会产生满意的结果,取决于受激励者获得的报酬与其期望值相比是否超出预期,所获报酬如果超出预期,则会满意;反之,则不满意。满意将会促进供应链节点企业的进一步努力。

## 三、供应链企业的激励措施

在供应链企业间,核心企业为了维护供应链的高效运营,应该采取一些合理的机制激励合作企业。一个好的激励机制具有激励相容特征。激励相容是指供应链中上下游企业间通过建立价值共创、利益共享、风险共担的合作机制,使得每个合作企业的行为方式和结果符合供应链整体价值最大化的目标。

视频6-2 供应链企业的激励措施

### (一)价格激励

在供应链环境下,各个企业在战略上是相互合作的关系,但是每个企业又都是相对独立的个体,各个企业的利益都不能被忽视。供应链各企业间的利益分配主要是通过价格的调整来实现的。价格调整反映供应链利润在所有企业间的分配、供应链优化产生的额外收益或损失在所有企业间的均衡。价格对企业的激励作用是显而易见的,高价格能增强企业的积极性,不合理的低价会挫伤企业的积极性。供应链利润的合理分配有利于供应链企业间合作的稳定和运行的顺畅。但是,价格激励本身也隐含一定风险,这就是逆向选择问题,即制造商在挑选供应商时,因过分强调低价格,而影响了产品的质量、交货期等。

### (二)合同激励

合同是用来详细说明并约束采购者的订购行为以及供应商满足其订购合同要求的法律文本。近年来众多学者对合同设计中的柔性进行了深入的研究,总结出几种具有实践指导意义的模型,如:备货合同,最低购买价格、数量合同,带期权的分期承诺合同和滚动水平柔性合同,等等。这些合同将数量柔性作为一种商品,在供应商和采购商之间进行交易,以实现共享合作利润和共担风险,实现供应链总体利益的最大化。目前国内有部分企业采用回购合同和弹性数量合同以激励采购者,目的是提高它们的平均订货数

项目六 供应链绩效管理

量,从而提高供应链整体绩效。但同时也必须注意防范"牛鞭效应"的发生。

### (三) 商誉激励

商誉是企业的无形资产。委托—代理理论认为:在市场竞争中,代理人的代理量取决于其过去的代理质量与合作水平。即使没有显性激励合同,代理人也有努力工作的积极性,因为这样做可以改进自己在代理人市场上的声誉,从而提高未来收入。供应链核心企业应加强合作企业的商誉意识,充分发挥商誉的激励作用。

### (四) 淘汰激励

为使供应链的整体竞争力保持在一个较高水平,供应链管理必须建立对成员企业的淘汰机制。淘汰激励就是在供应链管理体系中形成一种危机激励机制,使合作企业产生危机感,绩效较差的企业为了避免被淘汰必然会积极努力,从而使供应链获得整体竞争优势。

### (五) 新产品或新技术的共同开发

新产品或新技术的开发按照团队方式在供应商、制造商、分销商之间开展全面合作,其成败将影响到整个供应链的所有企业。上下游企业通过共同开发与投资,不仅降低了新产品、新技术开发的风险,而且缩短了开发周期,提高了供应链企业的团队意识。因此,新产品、新技术的共同开发与投资就产生了对整个供应链的激励作用。

### (六) 信息共享激励

信息流是供应链管理的重要环节,而信息共享是实现供应链管理的基础。信息共享可以弱化供应链上不可避免的信息扭曲现象,如"牛鞭效应",改善供应链上由于信息不对称而导致的供应链失调。通过建立良好的供应链信息共享条件及有效的信息共享管理激励机制,可以提高供应链的性能,实现供应链成员的共赢。互联网和现代物流信息技术的迅速发展,给信息共享提供了便利条件。目前可以采用电子数据交换(EDI)、共享销售时点(POS)数据、联合库存管理(JMI)等手段实现信息共享。供应链企业通过畅通的信息共享,更为便利、快捷地获得合作企业的供需信息,并迅速提供优质的产品和服务,使供应链的运营绩效得到保证。这样就会提高供应链成员企业的满意度和合作意愿,从而起到一定程度的激励作用。

### (七) 组织激励

一个具有良好组织的供应链,对供应链及其成员企业都是一种激励。减少供应商的数量,与主要供应商和分销商保持长期稳定的合作伙伴关系,是以制造商为核心企业所采用的组织激励的主要措施。如果不能在组织方面保证供应链管理系统的运行环境,供应链的绩效就会受到影响。

## 能力训练

【讨论】根据任务描述中提供的G公司的相关背景资料,结合供应链企业激励的相关知

**供应链管理基础**

识,以小组为单位讨论G公司供应链绩效评价委员会的管理者该如何灵活运用供应链企业激励方式和措施开展激励工作。

## 复习思考题

1. 供应链绩效评价的特点有哪些?
2. 供应链绩效评价的作用有哪些?
3. 供应链绩效评价的原则有哪些?
4. 供应链绩效评价的内容有哪些?
5. 供应链绩效评价的指标有哪些?
6. 供应链企业的激励措施有哪些?

## 实践能力训练

【实训内容】根据任务描述中提供的G公司的相关背景资料,以小组为单位完成以下实训任务:

(1) 作为G公司供应链绩效评价委员会的管理者,为G公司设计供应链绩效评价指标体系。

(2) 作为G公司供应链绩效评价委员会的管理者,为G公司制订适合于供应链下游客户企业的激励方案。

【实训目的】通过实训,学生可以加深对供应链绩效评价和供应链企业激励相关知识的理解,并能运用所学知识解决实际问题,为后续学习奠定基础。

【实训安排】将学生按3~4人划分为一组,进行适当的任务分工,以小组为单位共同收集整理相关资料,最后制作PPT及电子文档进行汇报。教师也可组织学生进行讨论,并根据实际情况给予点评。

# 项目七

## 供应链风险管理

### 学习目标

**【知识目标】**
- ★ 理解供应链风险的含义及特性。
- ★ 掌握识别供应链风险的程序和方法。
- ★ 掌握供应链风险评估的步骤和方法。
- ★ 掌握供应链风险防范的机制和措施。

**【技能目标】**
- ★ 能够识别和评估供应链风险。
- ★ 能够建立供应链风险防范机制。
- ★ 能够制定供应链风险防范措施。

**【素质目标】**
- ★ 树立严谨认真的工作态度。
- ★ 培养团结协作的工作精神。

供应链管理基础

> **知** 识结构图

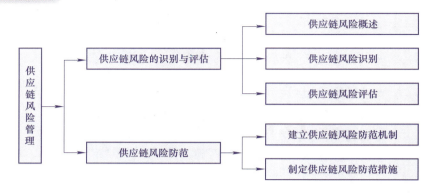

> **任** 务描述

2018年5月2日,福特汽车公司的一家关键零部件供应商Meridian在密歇根州的工厂发生火灾,直接导致福特三家生产皮卡汽车的工厂停产。这一事件为全球整车制造商和零部件供应商敲响了供应链风险防范的警钟。为此,G公司决定成立供应链风险应急管理部门,系统梳理和查找公司在供应链运营过程中可能存在的各种潜在风险,建立供应链风险防范和应急机制,制定供应链风险防范措施和应急策略,统一协调和处理公司供应链风险应急管理事务,确保公司供应链系统的正常有序运行。

> **任** 务分析

供应链风险应急管理是指公司为防范供应链风险或在供应链陷入危机时摆脱危机、维持供应链正常运行而采取的一系列危机处理的行动与对策。为此,公司供应链风险应急管理部门的管理者必须充分了解供应链风险识别、评估及防范的相关知识,熟悉协调和处理供应链危机的决策流程和方法。因此,管理者需要熟悉如下任务内容:

- 任务十三　供应链风险的识别与评估
- 任务十四　供应链风险防范

# 任务十三　供应链风险的识别与评估

> **知** 识链接

## 一、供应链风险概述

近年来,随着供应链全球化的飞速发展,供应链的复杂程度越来越高,供应链的脆弱性正在逐渐增强，各种供应链风险事件让很多企业损失惨重，有些企业甚至从此破产倒闭。于是，在面对各种风险事件或突发事件冲击时，供应链如何保持稳健运行，并能尽快从各种危机和冲击中恢复过来，尽量减少损失，已经成为21世纪供应链管理的重要内容。因此，供应链的风险管理问题值得特别重视。

### （一）供应链风险的含义

《供应链风险管理指南》（GB/T 244020—2009）对风险的定义为：风险是指不确定性对目标实现的影响。同样，供应链所面临的市场竞争环境也存在着大量的不确定性。只要存在不确定性，就存在一定的风险。所谓不确定性是指当引入时间因素后，事务的特征和状态不可充分地、准确地加以观察、测定和预见。在供应链企业之间的合作过程中，存在着各种产生内在不确定性和外在不确定性的因素，因此需要进行风险管理。

供应链系统是一个复杂的系统，其风险是很难界定的，不同学者从不同角度进行了定义。《供应链风险管理指南》（GB/T 244020—2009）将供应链风险定义为：供应链风险是指有关供应链的不确定性对目标实现的影响。因此，我们可以认为，供应链风险包括所有影响和破坏供应链安全运行，使之不能达到供应链管理目标，造成供应链效率下降、成本增加，导致供应链合作失败或解体的各种不确定因素和意外事件，既包括自然灾害带来的风险事件，也包括人为因素产生的风险事件。

为了提高供应链的竞争力，获取竞争优势，企业需要高度重视供应链风险管理。供应链风险管理不仅是供应链管理理论体系的核心内容之一，而且是供应链管理的内在要求。企业必须采取措施避免可能对供应链产生破坏的风险，尽量降低风险给供应链带来的损失，使供应链能够在受到风险事件冲击后迅速恢复到正常运行状态。

### （二）供应链风险的特性

供应链风险具有以下特性。

#### 1. 动态性

供应链管理目标的实现是供应链整合优化的过程。实现供应链目标的过程受到内部和外部各种因素的影响，不同的成员企业和业务面临的风险因素不同，其中有些因素随着环境和资源的变化及供应链管理目标的调整，可能会转化为供应链风险因素。供应链因外部客观环境或内部结构变化而产生风险，这些风险绝不会静止、僵化不变，而是随着风险处理的正确性与及时性的变化而变化。因此，供应链风险因素将与供应链的运作相伴存在，具有动态性特征。

视频7-1　供应链风险的特性

#### 2. 复杂性

供应链网络的复杂性导致供应链风险的来源呈现复杂性特征。供应链从构建起就面对许多风险，不仅要面对单个成员企业所要面对的系统风险与非系统风险，还要面对由于供应链的特有组织结构所决定的企业之间的合作风险、技术与信息资源的传递风险、文化冲突风险及利润分配风险等。因此供应链风险相比一般企业的风险，类型多、范围广，也更为复杂。另外，供应链结构呈现层次化和网络化，不同层次的供应链成员，如核心企业、供应商、分销商、协作层企业对供应链运作影响程度不同，同样的风险对不同层次的供应链成员的影响程度也不同。

### 3. 传递性

传递性是供应链风险最显著的特征，也是供应链自身组织结构所决定的。由于供应链从产品开发、原材料采购、生产加工到仓储配送的整个过程，都是由多个供应链节点企业共同参与完成的，根据流程的顺序，各节点企业的工作形成了一个交错的混合网络结构。其中某一项工作既可能由一个企业完成也可能由多个企业共同完成；某一个企业既可能参与一个环节也可能参与多个环节。因此各节点环环相扣，彼此依赖和相互影响，任何一个节点出现问题，都可能波及其他节点，进而影响整个供应链的正常运作。供应链是链式生产结构，源头企业的风险可以通过这种结构传递到下游企业，下游企业的风险也可能通过信息流、资金流等途径传递到上游企业。一个企业发生风险，存在生产、销售等运营的困难，那么整条供应链都要受到牵连。"牛鞭效应"便是由这种传递性引起的。传递性会利用供应链系统的联动性，使风险对供应链系统造成破坏，给上下游企业以及整个供应链带来损害和损失。各节点均可能存在风险，这些风险传递、汇聚就形成了供应链风险。

### 4. 此消彼长性

各个风险之间往往是相互联系的，采取措施消除一种风险可能会导致另一种风险的加剧；同样，供应链上某个企业采取的措施可能会增加供应链上其他企业的风险。供应链中的很多风险是此消彼长的，一种风险的减少会引起另一种风险的增加。一方面，企业内部一种风险的减少会导致另一种风险的增加，比如为了加强与供应商的长期战略合作，减少交易成本，可能会选择比较少的供应商，而这无疑增加了供应中断的风险。另一方面，供应链系统内各节点企业之间风险的此消彼长性，即某一企业风险的减少可能会导致相关企业风险的增加。比如制造商为了减少自身的库存风险，要求上游供应商采用准时制方式送货，而这势必导致上游供应商增加送货成本和库存积压。因此在加强供应链风险控制时要充分考虑风险之间的相互影响，对此消彼长的风险进行权衡以确保供应链整体风险最小。

## （三）供应链风险管理

由以上论述可知，供应链在日常运营中的风险是客观存在的，而且随着供应链全球化的发展，这种风险会越来越大。为了降低各种不确定性因素所引发的供应链中断或其他危机而导致损失，就需要加强对供应链风险的管理，提高供应链弹性或供应链柔性，使得供应链始终稳健地运行。

所谓供应链风险管理，就是为了提高供应链运营的稳健性而对风险环境做分析、风险识别、风险应对及供应链危机恢复过程中，所采取的风险应对计划、组织、协调和控制活动的总称。

## 二、供应链风险识别

供应链风险的识别是风险管理的前提和基础,通过风险识别我们可以审视供应链中的不确定性,并找到可能会发生的风险。但由于人们的认识水平的局限性和风险因素的多样性,不可能发现所有的风险。因此,在识别风险的过程中,识别那些最有影响力的风险是整个识别过程的重要任务。

### (一)供应链风险的类型

一般而言,将供应链风险按照供应链内部结构和运作环境分为供应链内部风险和外部风险两类。供应链内部风险主要来自供应链系统各组成环节之间的关系,它是由各环节之间潜在的互动博弈与合作造成的,主要表现为系统风险、信息风险、管理风险和合作风险。系统风险是指由供应链自身系统结构决定的,使供应链系统不能发挥其功能并遭受损失的可能性;信息风险主要是信息传递导致的不确定性所引起的;管理风险是指由于管理机制弱化而给供应链运作带来的风险;合作风险是指供应链合作企业之间的沟通不畅造成的信任缺失所导致的不确定性引起的风险。供应链外部风险是指因外部环境因素变化而产生的风险。供应链外部环境风险包括自然环境风险和市场环境风险。自然环境风险主要是指由自然环境因素如水灾、火灾、地震等各种不可抗力所造成的风险。这些风险的发生及其结果一般都是不可控的,也称不可控风险。市场环境风险主要是指影响市场的各种环境因素如政治、经济、法律、技术等风险。供应链风险的分类如图7-1所示。

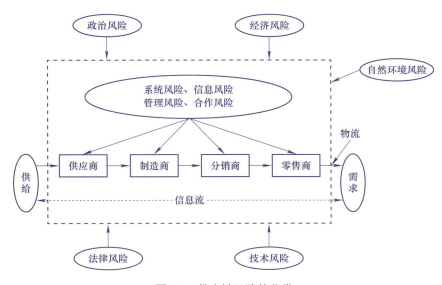

图7-1 供应链风险的分类

### (二)供应链风险的识别的程序和方法

对供应链风险的识别过程:首先是对供应链上各节点的构成与分布的全面分析归类;其次是对各节点所面临的和潜在的风险,以及发生风险损害的可能性进行识别与判断;最

### 供应链管理基础

后是对风险可能造成的后果与损失状态的归类和分析。必须强调的是，风险识别不仅要识别所面临的风险，更重要且更困难的是对各种潜在风险的识别。在此基础上，还要尽量发现风险的性质，即可能发生的风险是动态风险还是静态风险，是可管理风险还是不可管理风险等。只有这样，才能针对不同的风险采取有效的应对措施。

#### 1. 供应链风险识别的程序

供应链风险识别的过程包括以下五个主要步骤：

1）定义整体供应链流程。
2）将整体流程细化为一系列彼此独立又相关的运作活动。
3）系统地审视每一项运作活动的细节。
4）识别存在于每一项运作活动中的风险及特点。
5）描述出最具影响的风险。

识别风险绝非易事，尤其是在第4步中，许多正式的工具得以开发利用以识别现实中所发生的风险。其中有些工具具有普遍使用意义，可以用来识别任何一种风险，比如根本原因分析法、帕累托分析法、访谈法、专家小组讨论法、德尔菲法等。另外一些工具则专门用来识别供应链风险，如供应链图示法、关键路径识别法等。

#### 2. 供应链风险识别的方法

以上这些识别风险的工具，有的需要分析过往事件，有的需要集思广益，有的则需要直接分析运作活动，才能得以充分发挥作用。接下来我们介绍几类常用的方法。

（1）根本原因分析法。在有些风险事件确实已经发生的基础上，识别未来可能发生的此类风险的最简单方式就是，对过往事件发生的原因不断地提出问题和进一步挖掘，从而确定这种风险在未来发生的可能性。根本原因分析法的目标是找出问题（发生了什么）、原因（为什么发生）以及措施（什么办法能够阻止问题再次发生）。

根本原因分析法是一项结构化的问题处理方法，这种方法不是仅关注问题的表面，而是逐步找出问题的根本原因并加以解决。根本原因分析法是一个系统化的问题处理过程，在组织管理领域内，根本原因分析法能够帮助利益相关者发现组织问题的症结，并找出根本性解决方案。

这种方法的优点在于它分析调查了现实中所发生的风险，并且清晰地显示出问题与原因之间的关联性。局限性在于，这个方法认为问题的根本原因比较单一，而实际情形往往要复杂得多。

（2）帕累托分析法。根据以往发生的风险事件频率图，可以归纳出在将来最有可能再次发生的风险事件。帕累托图的绘制基础是80/20法则：80%的风险后果是由20%的主要原因造成的。帕累托分析法首先将导致某种风险结果的各种可能原因按照其数量的大小递减排序并制成坐标，横坐标表示原因，纵坐标表示结果数量或累积百分比，分析出主要原因供决策者作为参考。如果由于条件限制，不能完全解决问题，那么只要关注全部原因的20%部分，就能够解决80%的问题。因此在风险识别的过程中，帕累托分析法常被用来找出问题的主要原因，是一种有效及得到广泛应用的方法。

（3）访谈法。如果有关过往风险事件的分析还是无法为未来风险的发生、防范提供更多的信息，那么管理人员就要开始着手准备收集新的信息。最为直接的方法就是与相关知识背景、经验丰富的人员进行访谈。访谈人员对于风险的发生状况最为熟悉和了解，从访谈人员那里收集风险的详细信息，组织起来简单方便且较为迅速。但是，由于个人观点取决于个人的知识积累，因此，访谈法的缺点在于还要考虑到访谈人员的个人偏见、技能的缺乏，总体而言，访谈法缺乏预测力。

（4）专家小组讨论法。如果个人的观点不具有可信度，那么取而代之的是组织专家小组，让其研究讨论企业的各项运作活动，并最终形成一份重要风险的表单。这种专家小组的形式多种多样，可以是严谨正式的，也可以是非正式和非结构化的。

正式的专家小组讨论，先是个人的陈述，接下来是围绕陈述的要点展开讨论，并最终得出结论。相比于个人的访谈，专家小组讨论所得到的结果往往更冒进、更具风险性，其原因在于：一方面，"集体"的形式容易导致责任分散；另一方面，在小组讨论中，与性格温和或是沉默寡言的成员相比，个性过于坦率、更有影响力的成员的观点更为极端。

避免正式讨论所带来的副作用的方法就是要减少正式的程序，比如可以展开更为宽松、接受度更高的头脑风暴的形式。头脑风暴通过会议形式开展，采用自由畅谈、禁止批评的规则，鼓励所有参加者在自由愉快、畅所欲言的气氛中，通过相互之间的信息交流，毫无顾忌地提出自己的各种想法。没有了拘束的规则，参加者没有心理压力，有助于在短时间内得到更多创造性的成果。

（5）德尔菲法。任何一个专家小组讨论都难免出现权威人士的意见影响到他人的情况，有些专家碍于情面不愿意发表不同的意见，或者发言时间过长导致偏题。要解决这样的问题，可以通过问卷调查的方法来收集信息。

一般的做法是，组织15名供应链方面的专家成立专家小组，通常不超过20人。向所有专家发出问卷，收集他们对于供应链风险的看法。将各位专家第一次的问卷意见汇总、分析整理，再分发给各位专家，让专家比较自己与他人的不同意见，修改自己的意见和判断。所有的回复均采用匿名或背靠背的方式，使得每一位专家都能独立自主地做出自己的判断。

逐轮收集意见并向专家反馈信息是德尔菲法的主要环节。收集意见和信息反馈一般要经过三四轮。在向专家进行反馈的时候，只给出各种意见，并不说明发表意见的专家的具体姓名。这一过程重复进行，直到每一个专家不再改变自己的意见或者专家的意见逐渐趋同。

## 三、供应链风险评估

在识别供应链风险后，我们必须对供应链风险进行评估，其步骤如下。

### （一）调查表格的设计

将供应链的内外部指标确定为调查表格中的一级指标。二级指标有系统风险、信息风险、管理风险、合作风险、自然环境风险与市场环境风险等。在二级指标的基础之上又可细分出众多的易获得数据的三级指标。例如：信息风险可分为合作伙伴扭曲信息、IT系统和软件选择不当、信息共享水平低等；管理风险可分为采购价格过高、供应商选择不当、采购品质量不合格、客户关系管理能力差、库存控制不严格等；合作风险可分为合作伙伴的自利行为、合作伙伴间不信任、合作伙伴间利益分配不均等；自然环境风险包括发生自然灾害与疾病、不良气候等；市场环境风险可分为需求大幅度波动、行业限制及产业政策限制等。根据已确定的指标体系设计调查表格，并根据抽样调查原则，对各行业供应链企业进行问卷调查，对收集到的数据进行预处理，使之规范化、标准化。然后在预处理的基础上进行数据挖掘以确定重要数据间的潜在联系，发现奇异值，总结出特征指标，并对其进行归纳、分析和筛选，从而确定影响企业供应链风险识别的初级指标体系。

### （二）企业供应链风险识别指标体系的构建

对所确定的初级指标体系中的指标先进行简单的定性分类，使每一类指标都大概反映企业供应链风险的某个方面。再以此为基础对每一类指标进行主成分分析，将选出的主成分作为新的分析变量，以各企业在各个主成分上的得分作为新的分析数据再进行因子分析。通过因子分析，找出影响企业供应链风险的几个主要因素，并以此作为构建企业供应链风险最终评价指标体系的依据。接下来，计算出各企业在每个因子上的得分，作为判断企业在应对供应链风险某个方面强弱的标准。最后以每个因子的贡献率作为权重，得到加权因子得分和，便可作为评价整个企业供应链风险强弱的标准。

### （三）企业供应链风险评估模型的构建

首先，按统计分析中确定的不同因素对供应链企业风险的方式、范围和程度的影响的不同进行筛选，将筛选出的几个主要因素作为评估模型的构成要素；根据数据挖掘过程中确定的各种数据之间的潜在联系，确定评估模型的结构和各个要素在模型中的地位与相互关系；利用多元统计分析方法，根据不同行业的特点，确定该模型各个要素取值的有效范围、测试标准和适用场合。其次，在各种不同类型的企业中随机抽取足够多的样本，使用这些样本企业的数据对构造的模型进行测试，根据测试的结果对模型做出必要的修正。最后，可以通过模型对供应链企业风险进行动态测定，以利于企业实施有效的风险管理。

## 能力训练

【讨论】根据任务描述中提供的G公司的相关背景资料，结合供应链风险识别的相关知识，以小组为单位讨论G公司供应链风险应急管理部门的管理者该如何进行供应链风险识别。

# 任务十四　供应链风险防范

## 知识链接

需要强调的是，不同的风险应该采用不同的响应策略和方法，而不能用统一的管理策略和方法去应对所有风险事件。因此，供应链风险防范的主要任务是要建立起管理体系，用最合适的策略和方法去处理各种不同的供应链风险，并采取相应的措施来保证这些策略和方法的实施。通过对供应链风险的有效管控，保证供应链持续正常运作，或者使供应链中断达到最小。供应链风险防范体现了企业对待风险的态度，以及有效处理各种供应链风险的策略。

### 一、建立供应链风险防范机制

供应链风险管理者通过大量的研究发现，供应链企业面临的主要风险因素一般来说分为两类：未知的不确定性因素和可知的不确定性因素。

由于人们无法观测到未知的不确定性因素，因此根本预计不到什么时候将发生风险。针对这类风险事件，应建立起有效的风险应急机制。也就是说，在风险爆发之后，企业能够做出快速响应，不至于因为没有应急机制而手足无措，错失风险处理良机。

对于可知的某些不确定性因素，可以建立起风险防范机制，将可能发生的风险消除在萌芽状态。实际上最有效的风险管理是避免风险的发生，因为一旦形成风险，再有效的处理也无法避免损失，只能尽量减少损失而已。如果能够防范风险发生，则可以大大减少不必要的损失。

不论是前者还是后者，如果供应链企业能建立一套行之有效的风险管理体系和处理机制，将大大增强风险应对能力和防范能力。

#### （一）建立正式的风险管理组织机构

与供应链企业内的其他管理职能一样，真正了解和重视供应链风险管理的组织，首先要做的就是在组织内建立一个专门负责风险管理的部门。有的企业设有风险管理小组这类临时性机构，这虽然对风险管理有一定作用，但缺乏长效机制。因此，最有效的风险管理机制是在企业内建立一个专门负责供应链风险分析和管理的部门。

据此，当企业中有专门部门来防范和处理供应链风险问题的时候，在最初设计和构建供应链时就会认识到供应链存在的风险，然后根据供应链结构、环境等特点分析风险因素，区分风险类别，制定风险管理目标，合理选择风险工具。企业之间在合同设计、契约订立过程中要互相提供柔性设计，以消除由外界环境不确定性引起的变动因素，及时准确传递供给和需求的信息。

### （二）确定供应链风险管理部门的职能

#### 1. 制订风险应急计划，系统进行风险分析

供应链风险管理部门要对企业及供应链系统所处内外部环境进行风险因素分析，详细掌握各种风险因素的动态，然后定期或不定期地进行企业运营风险分析，并将分析报告及时提交给最高决策者。

#### 2. 做好风险爆发后的"被害预测"

有些风险事件是无法预测的，爆发时无任何征兆，对这类风险引发的重大事件，供应链风险管理部门要事先制订预案，并进行风险分级管理。一旦真的发生重大风险，要迅速做出"被害预测"，根据每一项风险的解决方案，明确责任人与责任完成时间。

#### 3. 处理风险事件的模拟训练

根据"被害预测"，做出对应的预案和实施措施，另外还要不定期举行不同范围的风险爆发处理的模拟训练。不仅要对高层管理者进行应对风险的训练，还要对全体员工进行各种风险事件爆发后的应对训练。平时的训练非常重要，一是可以让企业员工建立起风险防范意识，二是知道一旦发生风险如何应对。否则，风险爆发后将会给企业和个人造成巨大损失。

## 二、制定供应链风险防范措施

在供应链风险防范机制建立之后，对于供应链企业所面临的各种不同风险，就要采用行之有效的措施来处理和规避。供应链风险防范措施主要包括以下几种。

### （一）建立战略合作伙伴关系

供应链企业要实现既定的战略目标，客观上要求彼此互相合作，形成风险共担、利润共享的双赢局面。因此，供应链中其他成员企业之间建立紧密的合作伙伴关系，成为供应链成功运作与风险防范的一个非常重要的先决条件。这不仅包括了制造商与制造商之间的横向合作，也包括了供应商与制造商之间的纵向合作，这两种合作都对降低供应链的脆弱性和减少风险起着举足轻重的作用。

节点企业间要建立和保持长期的战略合作伙伴关系，应该注意以下几点：①要求供应链的节点企业间加强信任；②应该加强节点企业间信息的交流与共享；③必须建立正式的合作机制，在供应链节点企业间实现利益共享和风险共担；④要选择合适的、具有核心竞争能力的合作伙伴加盟供应链，并在恰当的范围内开展合作。

### （二）提高供应链弹性

所谓供应链的"弹性"，是指供应链作为一个整体对客户需求变化的适应程度，与"刚性"相对立。一般来说，增强供应链的"弹性"与供应链的低成本运营存在一定的矛盾，关键的问题是如何在这两者之间取得一种平衡。通常情况下低成本运营所带来的利益是直接的、明显的，如库存费用的降低将直接增加企业的利润；而由此造成的客户服务水

平的降低（比如出现缺货）所带来的负面影响，如市场份额丢失、商誉降低等企业利益的损失是潜在的、长期的。这便增加了这种平衡的难度。但无论如何，客户的需求总是变化的，富有"弹性"的供应链仍旧是降低供应链风险的有效手段。

供应链的"弹性"一般包括以下几个方面。

### 1. 合理的库存

供应链上各个节点的合理库存是防止短缺风险的最简单和有效的办法。尽管供应链上每个企业在成本的压力下都在追求零库存，但如果由于个别节点的短缺而造成整个供应链的中断，那么每个企业都将蒙受损失，因此建立合理的库存非常必要。

### 2. 保持一定的生产冗余

供应链企业保持协调一致的生产能力冗余（这里的生产能力是广义的，包括运输能力等），一方面减少了满负荷运转所带来的各自设施可靠性方面的风险，另一方面提高了对客户需求变化的适应性。因此，供应链的核心企业应不断重新评价合作伙伴，审视供应链的薄弱环节，即能力瓶颈，通过施加压力加以改进或直接取消其成员资格。

### 3. 提高供应链企业的柔性

整个供应链应能为客户提供多种产品选择，而且能够随客户需求的变化不断快速调整，因此供应链企业尤其是供应链上的核心企业要尽可能地提高自身的柔性，应能对产品变型、工程更改等做出反应，并能缩短新产品投放市场的时间等，避免不断重新选择供应商所带来的风险和低效率，以提高供应链整体竞争力。传统的企业供应链往往是单一的供应商机制，整个供应链缺乏柔性。为确保产品供应稳定，重要产品应该有两个以上的供应商，不能仅依靠某一供应商，否则一旦该供应商出现问题，就势必影响整个供应链的正常运行，使整条供应链变成一条危机链。设计柔性的多头供应链是解决供应链瓶颈、预防供应链风险的重要措施，多头的供应链机制不仅使供应链具有足够的柔性，而且还能在供应商之间形成竞争态势，保证产品的稳定供应。

## （三）建立信息共享平台

供应链各企业之间的信息共享，一方面提高了供应链运作的协同性和运作效率，另一方面有利于及时发现供应链上潜在的风险，为规避风险、及早采取补救措施赢得宝贵的时间。共享信息至少包括以下几类。

### 1. 库存信息

供应链成员企业各自的库存信息对其他供应链成员企业应该是透明的，供应商、制造商、分销商应通过共享库存信息，对需求做出一致、有效和必要的反应，防止反应迟钝或反应过激（牛鞭效应）。

### 2. 可供销售量信息

可供销售量是指除分配给特定订单以外的商品存量，即随时可以承诺给客户的部分。由于组成供应链的企业都是独立的经营主体，因此它们之间实际上是一层层的买卖关系。

各个环节的可供销售量是缓解突发需求的有效资源，因此供应链各个环节的可供销售信息的共享，对供应链各成员企业正确应对突发需求具有重要意义。

### 3. 订单信息

允许合作伙伴查询订单的执行状态，便于对延期订单及早采取措施，保证供应链服务水平。

### 4. 计划信息

任何需要协调一致的行动离开了正确的计划都是不可想象的，供应链成员之间的供需关系决定了它们的生产、发货计划必须协调一致。

### 5. 消费者的需求信息和历史信息

供应链最终客户即消费者的需求信息是供应链反应源，供应链的每个成员都需要将最终客户的需求转化为自己计划的依据，与其他成员协调，共同做出预测并分担风险。

### 6. 货物运输状态信息

运输是供应链物流中的一个重要环节，也是容易受不确定因素影响的环节。随着现代物流系统的发展，特别是第三方物流的兴起，对运输环节的控制有了更先进有效的平台和方法，如利用地理信息系统（Geographic Information System，GIS）和全球定位系统（Global Positioning System，GPS）等能够对运输物流进行动态的监控。

## （四）注重供应商选择

选择供应商是预防供应链风险的重要手段。如何选择供应商是每一家进行供应链管理的企业都必须面对的问题。供应链节点企业如果要与供应商建立信任、合作、开放性交流的长期合作关系，就必须首先分析市场竞争环境，必须知道现在的产品需求是什么，产品的类型和特征是什么，以确认客户需求，确认是否有建立供应链合作关系的必要性。如果已建立供应链合作关系，则应根据需求的变化确认供应链合作关系的必要性，同时分析现有供应商的现状和供应上存在的问题，对供应商的业绩、设备管理、人力资源开发、质量控制、成本控制、技术开发、客户满意度和交货协议等方面也要做充分的调查，它们很可能成为影响供应链安全的一个因素。一旦发现某个供应商出现问题，就应及时调整供应链战略。

视频7-2　拯救福特皮卡供应链

## （五）建立供应链预警机制

在供应链风险管理中，竞争中的企业时刻面临着风险，因此对于风险的管理必须持之以恒，建立有效的风险防范体系。构建合适的评估模型，建立一整套完善的预警评价指标体系，当其中一项以上的指标偏离正常水平并越过某一临界值时，就会发出预警信号。其中临界值的确定是个难点，因为：临界值偏离正常值太多，会使预警系统在许多危机来临之前就发出预警信号，失去预警效果；而临界值偏离正常值太少，则会使预警系统发出太多的错误信号，过度敏感。所以要根据各项指标的具体分布情况，选择一个合适的临界值，使该临界值具有较高的参考价值。

项目七　供应链风险管理

### （六）制订危机应急处理预案

在预警系统因超出临界值而发出警告后，应及时对紧急、突发的事件进行应急处理，避免给供应链企业带来严重后果。由于供应链系统自身的复杂性和层次性，应急处理预案的制订是一项复杂的系统工程，需要从多方面、多层次考虑。应急处理预案可以化解供应链合作中各种意外情况所带来的风险，减少由此带来的实际损失。

### （七）打造敏捷供应链

敏捷供应链以核心企业为中心，在竞争、合作和动态的市场环境中，通过对信息流、物流、资金流的有效集成与控制，将供应商、制造商、分销商、零售商直至最终用户整合到一个具有柔性与快速反应能力的动态供需网络上，以形成一个极具竞争力的动态联盟，以便快速重构和调整，快速响应市场需求的变化。可以通过以下方式保证供应链的安全和高效运行：对供应链进行组织流程重组，对各企业采购、生产、营销和物流等过程采取跨职能部门的平行管理，将多余的交接工作、垂直管理的弊病、不确定性和延误降到最少；对产品的生产、包装和运输进行全面质量管理；对生产设备和运输工具进行管理和维护，降低故障率，增强可用性；对分销网络和运输路线进行优化，采用专用运输工具和路线；采用第三方物流，将包装和运输服务外包给专业物流公司，安排充足的提前期和时间限度，加强运输过程实时跟踪控制和及时信息反馈。

### （八）加强对供应链企业的激励

为了加强对供应链企业间道德风险的防范，应建立和完善成员企业间的监督机制，尽可能地消除信息的不对称性，减少败德行为。同时，也要积极采用激励手段和机制，使合作伙伴能获取更大的利益，以消除代理人的道德风险。

## 能力训练

【讨论】根据任务描述中提供的G公司的相关背景资料，结合供应链风险防范的相关知识，以小组为单位讨论G公司供应链风险应急管理部门的管理者该如何进行供应链风险防范。

## 复习思考题

1. 供应链风险可分为哪几类？请举例说明。
2. 供应链风险的防范措施有哪些？该如何应用？
3. 提高供应链弹性的途径有哪些？
4. 提高供应链敏捷性的途径有哪些？

## 实践能力训练

【实训内容】根据任务描述中提供的G公司的背景及其相关资料，以小组为单位完成以下实训任务：

（1）作为供应链风险应急管理部门的管理者，请为G公司制订供应链风险评估方案。

（2）作为供应链风险应急管理部门的管理者，请为G公司制订供应链风险防范应急预案。

【实训目的】通过实训，学生加深对供应链风险识别和供应链风险防范相关知识的理解，并能运用所学知识解决实际问题，为后续学习奠定基础。

【实训安排】将学生按3~4人划分为一组，进行适当的任务分工，以小组为单位共同收集整理相关资料，最后制作PPT及电子文档进行汇报。教师也可组织学生进行讨论，并根据实际情况给予点评。

# 项目八

## 供应链服务管理

### 学习目标

**【知识目标】**

- ★ 掌握供应链物流服务外包的影响因素及决策流程。
- ★ 掌握供应链物流服务外包的模式及特点。
- ★ 了解供应链物流外包服务的运作过程及新趋势。
- ★ 掌握供应链物流客户服务的衡量标准及要求。
- ★ 理解供应链金融产生的背景、内涵及特点。
- ★ 掌握供应链金融服务的形态及运作流程。
- ★ 了解供应链金融风险的来源及控制机制。

**【技能目标】**

- ★ 能够设计合理的供应链物流服务方案。
- ★ 能够设计合理的供应链金融服务方案。

**【素质目标】**

- ★ 树立严谨认真的工作态度。
- ★ 培养团结协作的工作精神。

◆ **供应链管理基础**

### 知识结构图

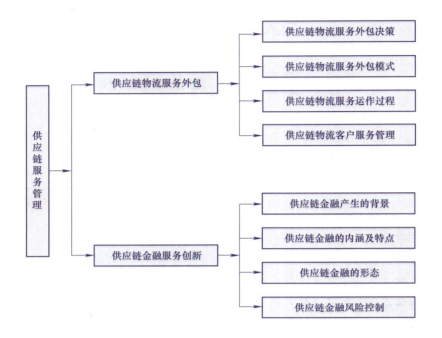

### 任务描述

G公司为了满足欧洲的大客户尤其是位于维也纳和布达佩斯两地的客户的提供准时化零部件供应的需求，决定将位于德国的物流分拨中心外包给专业化第三方物流公司运作，以便为客户提供更加安全高效的专业化物流服务。同时，G公司为了缓解运营过程中的资金压力，决定利用现有的应收账款、库存存货及预付款等事项向商业银行等金融机构申请供应链融资服务。

### 任务分析

为了提高决策的有效性，更好地实现为客户提供更加安全高效的物流服务和缓解公司运营过程中资金压力的目标，公司管理层必须充分了解供应链物流服务外包和供应链金融服务创新的相关知识，熟悉供应链物流服务外包和供应链金融服务申请的决策流程和方法。为此，公司的管理者需要熟悉如下任务内容：

 ○ 任务十五　供应链物流服务外包
 ○ 任务十六　供应链金融服务创新

项目八 供应链服务管理

# 任务十五　供应链物流服务外包

## 知识链接

### 一、供应链物流服务外包决策

所谓物流服务外包是指供应链中从事生产或销售等的企业为增强核心竞争能力，集中精力于核心业务，而将其物流业务以合同的方式委托给专业的物流服务公司。外包是一种长期的、战略的、相互渗透的、互惠互利的业务委托和合约执行方式。

#### （一）企业物流服务外包的优势分析

传统上，每个商业组织都在积极寻求降低物流成本、提高竞争力的方法。现今越来越多的供应链企业意识到，它们可以利用一些专业化公司来对部分物流环节或者全部物流运作进行管理，以便自己可以专心致志地发展核心业务。

在当今竞争日趋激化和社会分工日益精细化的大背景下，将物流服务外包给专业第三方物流（3PL）供应商，可以有效降低物流成本，提高企业的核心竞争力。具体来说，物流服务外包能够给供应链企业带来以下优势：①解决资源有限的问题，使企业更专注于核心业务的发展；②灵活运用新技术，实现以信息换库存、降低成本；③减少固定资产投资，加速资金周转；④企业得到更加专业化的服务，从而降低运营成本、提高服务质量；⑤可以与合作伙伴分担风险；⑥可以提高企业的运作柔性。

#### （二）企业物流服务外包失败的根源

物流服务外包作为一种提高物流速度、节省物流费用和减少在途资金积压的有效手段，确实能够给供需双方带来较多的收益。尽管供需双方均有信心和诚意，但在实践过程中，物流服务外包又举步维艰，常常出现合作中断，甚至失败。导致物流服务外包失败的原因主要有：①抵制变化；②害怕失去控制；③3PL缺乏合格、专业的物流顾问；④工作范围（即物流服务要求）不明确。

要确保物流服务外包成功，企业在寻找合作伙伴时：首先要克服思想和观念的阻碍，并积极了解受托的物流企业是否拥有外包项目所需要的实力；其次要与物流企业签订必要的法律文件，讨论全部物流服务项目细节、拟定工作范围，才能保证物流服务外包的顺利进行。

#### （三）物流服务外包决策的影响因素

**1. 物流对企业成功的重要性和企业对物流的管理能力**

物流对企业成功的重要性和企业对物流的管理能力，是影响企业物流采取自营模式还是外包模式的最重要的因素。物流自营和外包决策状态如图8-1所示。

图8-1 物流自营和外包决策状态

如果企业有很高的顾客服务需求标准，物流成本占总成本的比重极大，且自身物流管理能力强（处于Ⅰ区间），这类企业一般不会选择外包物流服务，而是采取自营的方式；对于那些物流在其战略中地位并不很重要，自身物流管理能力也比较欠缺的企业（处于Ⅲ区间），采用第三方物流是最佳选择，因为这样能大幅度降低物流成本，提高服务水平；如果物流在企业战略中起关键作用，但自身物流管理水平却较低（处于Ⅱ区间），寻找物流合作伙伴组建物流联盟，将会使企业在物流设施、运输能力、专业管理技能方面收益极大；对于物流在其战略中不占关键地位，但其物流管理水平很高的企业（处于Ⅳ区间），企业可以作为领导者寻找伙伴共享物流资源，通过增大物流量获得规模效应，降低成本。

## 2. 企业对物流控制力的要求

越是在竞争激烈的产业中，企业越要强化对供应和分销渠道的控制，此时企业应该自营物流。一般来说，主机厂或最终产品制造商对渠道或供应链过程的控制力比较强，往往选择自营物流，即作为龙头企业来组织全过程的物流活动和制定物流服务标准。

## 3. 企业产品自身的物流特点

对于大宗工业品原料的回运或鲜活产品的分销，则应利用相对固定的专业物流服务供应商和短渠道物流；对于全球市场的分销，宜采用地区性的专业物流服务提供商提供支持；对于产品线单一或为主机厂配套生产的企业，则应在龙头企业的统一领导下自营物流；对于技术性较强的物流服务如口岸物流服务，企业应采用委托代理的方式；对于非标准设备的制造商来说，虽然企业自营物流有利可图，但还是应该交给专业物流服务提供商去做。

## 4. 企业规模和实力

一般来说，大中型企业实力较雄厚，有能力建立自己的物流系统，制订合适的物流需求计划，保证物流服务的质量。它们还可以利用过剩的物流网络资源拓展外部业务，为其他企业提供物流服务。而小企业受人员、资金和管理等资源限制，物流管理效率难以提高，此时企业为了将资源用于核心业务，把物流管理外包给第三方专业物流公司。

### 5. 物流系统的总成本

在选择是自营还是外包物流服务时，必须弄清两种模式下物流系统的总成本。物流系统总成本的表达公式为

$$D=T+S+L+F_W+V_W+P+C \tag{8-1}$$

式中　$D$——物流系统总成本；

$T$——该系统的总运输成本；

$S$——库存维持费用，包括库存管理费用、包装费用以及返工费；

$L$——批量成本，包括物流加工费和采购费；

$F_W$——该系统的总固定仓储费用；

$V_W$——该系统的总变动仓储费用；

$P$——订单处理和信息费用，即订单处理和物流活动中的广泛交流等所发生的费用；

$C$——顾客服务费用，包括缺货损失费用、降价损失费用和丧失潜在顾客的机会成本。

这些成本之间存在着"二律背反"现象：减少仓库数量，可以降低保管费用，但会带来运输距离和次数的增加，从而导致运输费用增加；如果运输费用的增加部分超过了保管费用的减少部分，总的物流成本反而增大。所以，在选择和设计物流系统时，要对物流系统的总成本加以论证，最后选择成本最小的物流系统。

### 6. 第三方物流企业的客户服务能力

在选择物流模式时，成本尽管很重要，但第三方物流企业为本企业及顾客提供服务的能力也是至关重要的。也就是说，在具备满足企业对原材料及时需求的能力的前提下，对企业的零售商和最终顾客不断变化的需求的反应能力等方面应该作为选择第三方物流企业的重要考虑因素。

### 7. 自有资产和非自有资产第三方物流企业的选择

自有资产第三方物流企业，是指有自己的运输工具和仓库，真实从事物流操作的专业物流企业。它们有较大的规模、雄厚的客户基础、到位的系统，物流专业化程度较高，但灵活性受到一定限制。非自有资产第三方物流企业是指不拥有硬件设施或只租赁运输工具等少量资产，主要从事物流系统设计、库存管理和物流信息管理等事项，其货物运输和仓储保管等具体作业活动由其他物流企业承担，但对系统运营承担责任的物流管理企业。这类企业运作灵活，能定制服务内容，可以自由组合、调配供应商，管理费用较低。企业应根据自己的需求对两种模式加以选择和利用。

### （四）物流服务外包选择的程序

供应链企业在进行物流模式选择时，应从物流在企业中的战略地位出发，在考虑企业物流能力的基础上，充分比较各方面的约束因素，进行成本评价。物流模式选择程序如图8-2所示。

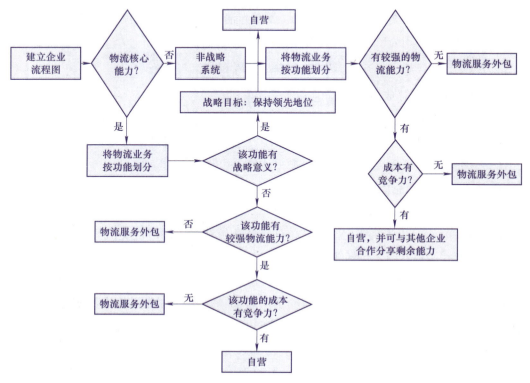

图8-2　物流模式选择程序

## 二、供应链物流服务外包模式

一般来说，供应链物流服务外包有三种模式：功能性物流外包模式、第三方物流模式及第四方物流模式。

### （一）功能性物流外包模式

功能性物流外包是指供应链企业将其物流业务中运输、仓储、物料采购、物料处理及库存管理等领域中的一个或多个运作环节外包给专业化的功能性物流企业，如图8-3所示。功能性物流企业，也叫作单一物流企业，它仅仅承担和完成某一项或几项物流功能。按照其主要从事的物流功能，可将其进一步分为运输企业、仓储企业、流通加工企业等。功能性物流外包模式一般适用于供应链企业物流需求比较单一，自主满足物流需求需要较多的人财物投入，而且运作成本较高的情况。该模式通过高效的协调和整合达到以较少的投入获得较多收益的目的。

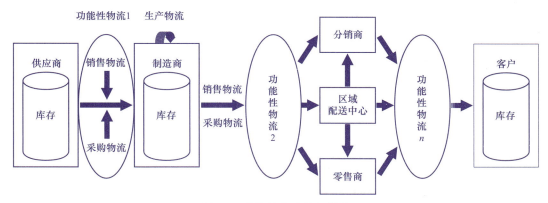

图8-3　功能性物流外包模式

### （二）第三方物流模式

#### 1. 第三方物流的概念

第三方物流（Third Party Logistics，3PL）是指接受客户委托为其提供专项或全面的物流系统设计以及系统运营的物流服务模式，如图8-4所示。第三方物流是一种实现供应链物流集成的有效方法和策略。通过将物流服务外包给第三方物流服务提供商，供应链企业就能够把时间和精力放在自己的核心业务上，因而有助于提高供应链的运作效率。

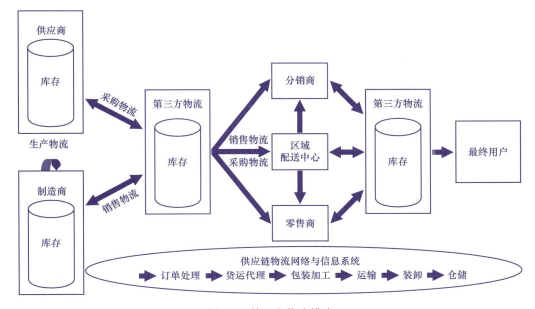

图8-4　第三方物流模式

#### 2. 第三方物流的特征

（1）关系契约化。第三方物流是通过契约形式来规范物流服务提供方与物流服务委托方之间的关系的。物流服务提供方根据契约规定，提供多功能直至全方位一体化的物流服务，并以契约来约束和管理所提供的物流服务的活动过程。

（2）服务个性化。第三方物流企业可根据不同客户在企业形象、业务流程、产品特征、顾客需求特征、竞争需要等多方面的不同要求，提供针对性的、个性化的物流服务和增值服务。第三方物流企业也因市场竞争、物流资源与能力的影响而形成核心业务，不断强化物流服务的个性化和特色化，以增强自身的市场竞争力。

（3）功能专业化。第三方物流企业提供专业化物流服务。从物流系统规划设计、物流业务操作、物流设施设备到物流服务管理，都必须体现专门化和专业水平，这既是物流服务委托方的需要，也是第三方物流企业自身发展的基本要求。

（4）管理系统化。第三方物流企业具有系统的物流功能，这是其产生和发展的基本要求，因此第三方物流企业要建立科学高效的现代管理系统以满足运行和发展的基本要求。

（5）信息网络化。信息技术是第三方物流企业赖以运作的基础。在物流服务过程中，信息实时共享的实现，促进了物流管理的科学化，极大地提高了物流服务效率和物流服务效益。

视频8-1　第三方物流的特征

3. 第三方物流的服务内容

第三方物流企业提供的服务内容见表8-1。

表8-1　第三方物流企业提供的服务内容

| 一般服务 | 增值服务 |
| --- | --- |
| 设计和开发物流方案或系统 | 咨询服务、金融服务 |
| 信息管理 | 库存管理 |
| 提供管理和服务水平的监测报告 | 组装、维修及包装 |
| 货物集运 | 退换货处理及维修 |
| 货运代理、海关代理 | 海外分销和采购 |
| 运输与配送 | 货物跟踪 |
| 仓储服务 | 进出口许可证协助办理和业务操作、海关通关 |
| 费用结算及支付 | 信用证审单和制单 |

4. 第三方物流的运作模式

（1）项目物流服务模式。项目物流服务模式是指为具体的项目提供全程物流服务的模式。这种模式的需求主要集中在一些重大的基础设施建设项目和综合性展会、运动会中，如港珠澳大桥、国家体育馆、世博会、进出口贸易博览会等的大宗商品运输物流服务。实施这种模式的第三方物流企业必须具备丰富的物流运作经验和强大的实力。

（2）行业物流服务模式。行业物流服务模式是通过运用现代技术手段和专业化经营管理方式、在拥有丰富的目标行业经验和对客户需求深度理解的基础上，在某一行业领域内提供全程或部分专业化物流服务的模式，如冷链物流、医药物流、汽车物流服务等。行业物流服务具有巨大的发展空间和市场潜力。

（3）定制式物流服务模式。定制式物流服务模式是指将物流服务具体到某个客户，为该客户提供从原材料采购到产成品销售过程中各个环节的全程物流服务模式。它涉及储存、运输、加工、包装、配送、咨询等全部服务，包括订单管理、库存管理、供应商协调等在内的增值服务。定制式物流服务模式不仅能保证物流企业拥有稳定的业务，而且能为客户企业节省运作成本。

（4）物流管理输出模式。物流管理输出模式是指第三方物流企业在拓展市场时，强调自己为客户提供物流管理运作的技术指导，由物流企业接管客户企业的物流设施或者成立合资公司承担物流具体运作任务的服务模式。

### （三）第四方物流模式

#### 1. 第四方物流的概念

第四方物流（Forth Party Logistics，4PL）是一个通过整合、组织、管理自身拥有的以及互补性服务提供商所提供的资源、技术和能力，提供系统完整的供应链解决方案的集成服务商。第四方物流模式如图8-5所示。

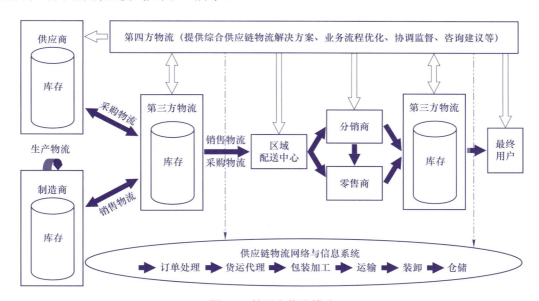

图8-5　第四方物流模式

第四方物流由第四方物流服务提供商运用自身的特长，为客户提供整个供应链物流系统的规划决策，如图8-6所示。与第三方物流最显著的不同是，客户企业可以将整个供应链和物流的规划与设计外包给第四方物流，从而进一步将精力集中于其核心业务。同时，第四方物流还能够：优化物流资源配置，推动物流业向规模化、社会化、网络化的方向发展；可以实现快速、高质量、低成本的产品运送服务；能够解决在供应链合作关系中普遍存在的问题，使合作双方能够彼此信任；能够解决整个社会物流的主要问题，使整个社会物流资源得以整合。

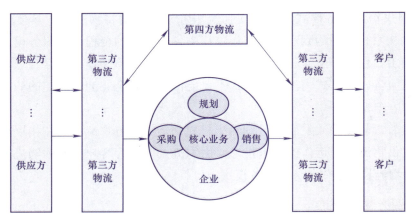

图8-6 第四方物流的物流系统规划决策

### 2. 第四方物流的运作模式

（1）协同运作模式。由第四方物流企业为第三方物流企业提供其缺少的资源，如信息技术、管理技术等，制定供应链策略和战略规划方案，并与第三方物流企业共同开发市场。具体的物流业务实施则在第四方物流企业指导下由第三方物流企业完成，它们之间一般采用商业契约或战略联盟的合作方式。在这种模式中，第四方物流企业为实力雄厚的第三方物流企业提供供应链战略方案、技术和专门的项目管理等补充功能，并主要通过第三方物流企业为多个客户提供全面的物流服务和最优的解决方案。

（2）方案集成模式。由第四方物流企业为客户提供整条供应链运作和管理的解决方案，为客户提供全面、集成的供应链管理服务。在这种模式中，第四方物流企业作为一个联盟的领导者和枢纽，集成多个服务供应商的资源，重点为一个主要客户服务。这种运作模式一般在同一个行业范围内采用，供应链成员处于供应链上下游和相关业务范围内，彼此间业务熟悉且联系紧密，具有一定的依赖性。第四方物流企业以服务主要客户为龙头，带动其他成员企业共同发展。

（3）行业创新模式。第四方物流企业通过与具有各种资源、技术和能力的服务商协作，为多个行业的客户提供供应链解决方案。它以整合供应链职能为重点，以各行业的特殊性为依据，领导整个行业供应链实现创新，给整个行业带来变革与最大化的利益。这种模式以第四方物流企业为主导，联合第三方物流企业及其他服务提供商，提供运输、仓储、配送等全方位的高端服务，为多个行业客户制订供应链解决方案。

（4）动态联盟模式。动态联盟是指一些相对独立的服务商和客户受市场机会驱动，通过信息技术相连接，在某个时期内结成的供应链管理联盟。联盟企业在设计、供应、制造、分销等领域分别为联盟贡献自己的核心能力，以实现利润共享和风险分担。这种联盟除了具有一般企业的特征外，还具有基于公共网络环境的全球化伙伴关系及企业合作、经营过程优化的组织、可再构重组的敏捷等特征。一个企业可同时以不同的角色加入多个第四方物流联盟，在贡献资源的同时，也获得自己所需要的资源。

# 三、供应链物流服务运作过程

## （一）仓储服务作业管理

在供应链仓储服务过程中，管理者关注的重点就是仓库的运作。一个典型的仓库里，存储的产品种类有原材料、零部件和流转过程中的产成品。仓库作业包括物料处理和货物存储，目的是有效地接收存货，按照要求进行存储，按照订单的需求把存货装配为成品并配送给客户。

### 1. 物料处理

物料处理的总体目标是将流入的货物按照客户要求分类，使它成为许多独立的客户物品。物料处理的三种主要方式是：物料接收、库内物料处理、发货。

（1）物料接收。大多数货物都是大批量地到达仓库的。物料处理活动的第一步是卸货，大多数仓库的卸货作业都是机械化的，以叉车、传送带和人工相结合的方式进行作业。当货物堆放在拖车上时，通常通过人工将货物放到托盘或传送带上。当流入货物集中放在托盘或集装箱中到达时，就利用叉车将货物从车上卸到站台上。接收成组装运货物的主要优势在于能够快速卸货，并且缩短运输设备的占用时间。

（2）库内物料处理。库内物料处理是指仓库内物料的搬运。在接收完货物并将货物搬运到一个地方堆放以后，由于存储和订单分拣的需要，货物要经常在仓库中移动。最终，在处理订单时，作业人员需要对货物进行分拣，并将分拣完毕的货物放置在发货区域。这两种典型的库内物料处理作业就是移动和分拣。

通常，在一个仓库中至少要进行两次，有时甚至是三次货物移动。第一次，将产品从接收区域移动到存储点。当货物是用托盘或滑板装运时，可以使用叉车来移动货物；如果用其他工具装运货物，就要使用相应的搬运设备。第二次库内搬运是在订单装配之前，按照仓库的作业程序，对货物进行移动。为了进行订单分拣，需要对一整箱货物进行拆箱，这一整箱货物通常被搬运到订单分拣区。如果是大型货物或大批量产品，如某些大型电器设备，把货物移动到分拣区的过程就没有必要了，这些货物或产品通常会在存储点进行分拣作业，然后直接移动到发货区域。库内物料处理与物料接收相比，它搬运的货物数量要少一些，但是两者搬运的货物比较相似。

订单分拣是仓库作业的一项主要活动。分拣过程要求对原材料、零部件、产成品进行分组，以便进行订单装配作业。通常的做法是，指定仓库的某个区域为订单分拣区域，在这里按照订单要求进行装配作业。对于每个订单，都要对分拣出来的货物进行组合，并按照客户的特定要求进行包装。

射频识别（RFID）技术作为一种新兴技术，在仓库布局、物料接收、订单分拣和发货等作业环节具有很大的应用价值。由于配送中心需要移动和处理数量巨大、品种繁多的货物，因此射频识别技术具有极大地提高作业效率的潜力。

（3）发货。发货包括订单确认和运输设备装载。与物料接收相同的是，可以使用传送带或者单位物料搬运设备,如叉车,将货物从存储点搬运到拖车或集装箱中。与物料接收相比,仓库的发货作业适合相对较小数量的组合产品,因此降低了规模经济效应。发货单元装载的货物能够大量缩短车辆的装载时间,因此现在变得越来越普遍。单元装载的货物包括成组的或者托盘化的产品。为了方便装载作业和后续的卸货作业,许多客户都要求供货商用拖车或者托盘装运组合产品。还有一种方案是在运输车辆内逐层堆放货箱。当产品的所有权发生改变的时候,需要对货物进行确认。确认工作可能只需要简单地清点货箱的数量,也可能要逐件检查产品的商标、尺寸是否正确,有时甚至还要检查货物的序列号以确保发货的准确性。当拖车已经装满并准备出发时,通常都会贴上封条。封条的作用在于确保车内的货物在运输途中没有变化。

### 2. 货物存储

在安排仓库布局时,根据每种货物的特点将它们放在指定的位置是必要的,我们称这些指定的位置为仓位。在仓位安排中要考虑的最重要的变量是货物周转率、重量以及特殊的存储要求。

货物周转率是仓库布局安排的主要因素。周转快速的货物放置原则是使移动距离最小。例如,周转率较高的货物应该放置在门口、主要过道附近,或者是仓库中较低的货架上。这种放置方式使货物搬运最少,并且减少了频繁搬运的需要。相反,周转率较低的货物应该放在距离主要过道较远的地方,或者是货架的上层。图8-7是一个基于货物周转率的存储设计图。

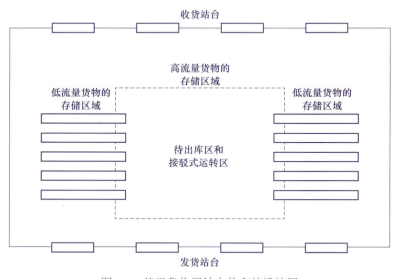

图8-7 基于货物周转率的存储设计图

制订存储计划时,还要考虑货物的重量和其他特殊因素。相对较重的货物应该放置在离地面较近的位置,以使提升作业最小。体积大或密度低的货物则可能需要使用储存货架、柜子或抽屉等存储设施。一份完整全面的存储计划必须考虑每种货物的特性。

在通常情况下,仓库涉及的存储作业包括短期存储和长期存储。直接为客户服务的仓库主要提供比较积极的短期存储。而对于投机性产品、季节性产品或过时的库存产品，仓库则实施长期存储策略。在对仓库的作业进行控制和测量时，企业需要对货物的短期存储和长期存储的不同需要与操作能力进行衡量，这一点非常重要。

（1）短期存储。尽管库存货物的库存周转率不同，但是大多数货物都必须经过短期存储。满足基本库存补给的存储方式就是短期存储。短期存储必须提供充足的库存货物来满足服务区域的周期性需求。短期存储能实现运输或装载的规模经济性。对于短期存储而言，物料的装载过程和技术需要实现快速流动与柔性，而较少考虑存储的长期性和存储密度。

短期存储的思想还包括通过式配送或越库转运，这是指在保持最低库存或零库存水平的同时，利用仓库进行货物的组合或分类。由于通过式或越库技术的目标是降低库存，因此它强调货物的流动性，而不强调存储量。通过式配送适合那些数量多、流动速度快，并且需求可以被预测的货物。虽然通过式配送要求的库存量最小，但是它要求对货物进行快速卸货、拆货、分组、按照客户分类排序以及二次装载。因此，这种物料处理过程强调在精确信息的指导下的货物的快速流动。

（2）长期存储。当库存持有时间超过了客户的正常补货周期时，我们称这种存储方式为长期存储。在某些特殊情况下，货物在送给客户之前，需要在仓库中存储几个月。长期存储使用的作业处理流程和技术强调最大限度地利用仓储空间，并不关注快速存取。

进行长期存储的原因有以下几个方面：某些产品，如季节性产品，要求对产品进行存储以等待需求到来，或者是进行一段时间内的产品供应；还有其他一些原因，如不稳定的需求、产品的处理、投机采购和折扣等也需要进行长期存储。

产品的处理方法有时候要求进行长期存储，如催熟香蕉。食品仓库通常都有催熟区域用来长期存储，以使产品达到质量最好的状态。当质量检查需要较长时间时，长期存储也是必要的。

当货物采购是以投机为目的时，仓库也可能要较长时间地存储货物。投机采购的数量取决于所涉及的具体物料和行业，但对于一些商品和季节性产品来说，投机采购是非常普遍的。例如，如果预测某种商品的价格将会上涨，企业通常会以当前的价格采购，并在仓库内存储该商品，以备将来使用。在这种情况下，企业需要比较提前采购所节约的资金和长期存储所需的库存持有成本，看节约的资金是否能够弥补库存持有成本。粮食、石油和木材等商品通常被人们出于投机目的进行采购和存储。

### （二）运输服务作业管理

运输服务作业管理最关键的要素包括设备安排与堆场管理、制订装货计划、路线安排与预先发货清单（ASN）以及承运人管理。

#### 1. 设备安排与堆场管理

运输部门的主要任务之一就是设备安排与堆场管理。无论是对于公共承运人，还是对于私营承运人而言，设备安排都是一个非常重要的环节。如果让运输设备长时间地等待装货或者卸货，就会造成严重的浪费，还会形成瓶颈。要进行有效的堆场管理，就要对多因素进行综合考虑，如装货计划、设备的使用和驾驶人的安排等。此外，还需要考虑设备的预防性保养问题，以及相应的安排、协调与监督。还必须明确是否存在使用特殊设备的需求，如果存在，则需要做出相应的安排。

与设备安排密切相关的工作是交货安排和提货约定。为了防止等待时间过长，并且提高设备的利用率，提前分配轮船泊位或者预先安排运输的工作地点都是非常必要的。为了便于装卸作业，通常的做法是为常规运输确定一个固定的工作地点。有些企业甚至在下达订单的同时就已经确定了固定的作业地点。要想实施基于时间的一体化物流作业，对设备进行有效的安排就显得更为重要。例如，准确的交叉作业完全依赖于对设备到达和出发时间的精确安排。

### 2. 制订装货计划

货物的装车安排将直接影响运输的效率。在汽车运输中，运输能力受到重量和容积的限制。如果一辆拖车上同时装有多种货物，那么在制订装货计划以及安排装货顺序时，就必须考虑货物的物理特点、批量大小和运送的先后顺序。

### 3. 路线安排与预先发货清单

提高运输效率的关键之一就是进行有效的路线安排。从管理的角度来看，运输部门在满足主要客户服务需要的同时，还要确保路线安排工作的有效进行。一种常见的做法是，发货人通过电子方式为收货人提供预先发货清单。尽管预先发货清单的具体内容会因为收货人的不同而不同，但是它的主要目的始终是为货物的到达提供足够的时间，排列交货的先后顺序，并对运输进行重新部署等。设计运输路线时必须考虑客户的特殊要求，如送达时间、送达地点及特殊的卸货服务等。

### 4. 承运人管理

运输管理者的一项基本职责是对租赁承运人和私营运输承运人的作业进行管理。要实现有效的管理，就必须持续衡量、评估承运人的作业水平。信息技术的发展大大增强了运输信息的可靠性。许多托运人都在努力减少承运人的数量，以便简化相应的管理工作。对承运人的有效管理包括承运人的甄选、整合和评估等几个方面。

运输部门的基本任务之一是对承运人进行甄选，完成运输的外包。从某种程度上说，所有企业都使用了租赁承运人提供的服务。即便是那些与私营运输车队有合作协议的企业，也常常需要与公共承运人、合同承运人或特殊承运人合作，以获得自身所需要的额外的服务，从而最终满足运输要求。

## （三）物流服务运作的新趋势

### 1. 交叉货仓

物流服务商为了满足客户企业准时制生产的需要，采用货车运输甚至航空运输，以提供支持准时制运营所需的速度和可靠性。当使用货车运输来支持更高频率和更小批量的货物运输时，物流服务商可能会设计交叉货仓（Crossdocks）以保持运输的经济性，如图8-8所示。

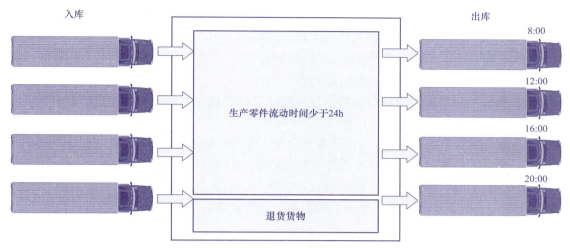

图8-8 交叉货仓

交叉货仓的功能主要是集并、分类、组合和分拨。交叉货仓货物运输的关键是车辆到达和离开时都必须是满载的，这有助于维持运输的规模经济性。因此，交叉货仓的运营需要大量的协调，以便根据客户需要合理地进行运输编排，从而实现以尽可能低的成本满足客户需求。另外，物流服务商也可以在交叉货仓的入库和出库流程中采用循环取货，以支持货物在多个客户地点的流动。循环取货是指沿途在多个地点收取或卸下货物以有效利用货车的循环路线。使用循环取货，可以通过在各个供应地点收集大量货物来满足多个客户的入库需求，这些货物量是单个客户可能在短时间内需要的。入库循环取货收取到的货物在交叉货仓集中进行分类，从而形成了由来自许多不同供应商的各种货物组成的货车货运量。于是，每个客户收到的都是一辆货车上的来自几个不同供应商的各种货物。这有助于改善这些货物的库存性能水平，并降低运营和管理成本。

## 2. 在途合并

在途合并（Merge in Transit，MIT）是与多厂商合并相关的一种合作形式。在运输成本不断上升的今天，这是一个越来越流行的概念。在途合并的基本思想是：在途合并系统在一个合并点（通常合并点位于终端客户附近）将来自各个供应商的货物合并起来。在途合并允许企业通过合并零担货物运输和与另一供应商到同一客户兼容的运输来减少运输费用。通过在中间合并点合并货物，供应商可以减少对零担货物运输时间的依赖。对于客户来说，在途合并有助于交付单个的、合并发货的运输，而不是多个较小的运输。典型的在途合并操作如图8-9所示。

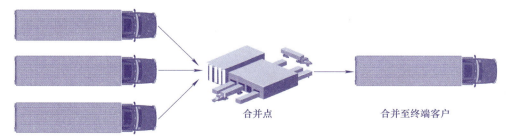

图8-9 在途合并操作

在途合并系统取决于几个关键因素,包括客户的多个供应商的可用性、定期向客户发货、订单大小,以及具有战略意义的合并点的可用性。当这些因素确定后,即可创建在途合并操作。在途合并系统从单个供应商级别开始,订单不是从原始托运商处直接运送给收货人的,而是通过拖车直接运送到区域站点(合并点)。在合并点,收货人将订单货物卸下、分离和合并。最后,将订单货物重新装载(通常装载在整车货物运输货车上),以交付最终目的地。

与在途合并完全相反的是一个叫作联营分配(Pooled Distribution)的系统。在这样的系统中,一个供应商通常会将订单分发到特定地理区域内的多个目的地。订单不是从原始托运商处直接运送到收货人处的,而是通过合并拖车直接运送到地区站点。在那里,收货人将货物卸下、分离和分类,然后重新装载到本地的送货货车上,以运送到最终目的地。

### 3. 协同运输管理

协同运输管理(Collaborative Transportation Management,CTM)是CPFR逻辑的延伸,虽然CPFR侧重于供应链中供应商和客户之间的业务往来,但它缺乏促进物流服务商将货物从供应商处运输到客户处的能力的提高。协同运输管理试图通过将物流服务商纳入协调客户送货工作中来弥补这一缺陷。协同运输管理的定义是:通过供应链中供应商、客户及物流服务商之间的密切配合与协同,提高运输计划和执行效率的整体过程。其前提是消除供应链合作伙伴和物流服务商交易过程中的浪费,以追求三方共赢的结果。

协同运输管理从运营角度出发,专注于货物的分配和运输。它的实施要求物流服务商参与供应链贸易伙伴的发货计划。由于CPFR流程中包含了总体销售预测和订单预测,因此物流服务商可以以此为基础来设计发货预测,以便为即将到来的发货作业分配设备和劳动力。这样一方面可以使物流服务商避免运输需求的急剧变化所导致的意外,另一方面也能够更好地确保供应链中供应商和客户共同业务的有效开展。

协同运输管理在活动流程上涉及战略、战术、运营及绩效评估四个层面。在战略层面,合作各方需要确定如何共同开展业务并说明合作努力的方向及目标;在战术层面,合作各方将共同预测货运量,解决各方认为的任何异常或差异;在运营层面,预测将转变为所有各方的实际订单和行动;在绩效评估层面,各方根据既定目标评估绩效,总结经验,从错误中吸取教训,并完善流程。

实践证明,有效实施协同运输管理可以为供应链中供应商和客户带来以下收益:①准时服务增加了35%;②交货时间缩短了75%以上;③库存减少了50%;④通过改善对客户的服务,销售额提高了23%;⑤货物运输成本降低了20%以上;⑥管理成本降低了20%。

同样,有效实施协同运输管理可以为物流服务商带来以下收益:①减少了15%的空车里程;②停留时间缩短了15%以上;③车队利用率提高了33%;④驾驶员流动率减少了15%。

## 四、供应链物流客户服务管理

卓越的物流客户服务可以增加整个供应链的价值。因此,企业在实施物流服务战略时,必须明确一点:为了实现特殊服务而支付所需的费用是否是一项理性投资。仔细分析企业的竞争能力以及客户对物流服务各种特性的敏感程度将有助于企业制定基本的物流服务战略。为了满足客户对物流服务的需求，物流客户服务计划的重点是物流服务运作方面：按照正确的信息，在正确的时间、正确的地点，以正确的数量、正确的价格、正确的质量提供正确的货物。基本的物流客户服务要素包括可得性、运作绩效、服务可靠性。基本物流服务的最高目标是实现完美订货，这就需要企业实现零缺陷承诺的物流运作。

### （一）可得性

可得性是当客户提出产品需求时，企业能够获得该产品库存的能力。虽然这看上去很容易实现，但是我们经常可以看到，尽管企业花费了大量时间、金钱和精力来引导客户需求，但却往往无法按照客户订单的要求提供所需的产品。在传统的运作方式中，企业对客户的需求量进行预测，然后根据预测的结果做出库存安排。也就是说，库存计划通常以需求预测为基础。企业根据特定产品的销售情况、盈利能力以及产品对整个产品线的重要性而采取不同的库存策略。

企业只有进行大量的计划才能确保实现较高的库存可得性。究其本质，库存可得性的关键在于尽量降低企业对库存和设施的总投资额，同时保证高水平的产品可得性。企业制订并执行库存可得性计划时不能一概而论。可得性是以三项绩效衡量指标为基础的，即缺货频率、订单完成率和订单配送的完成情况。

#### 1. 缺货频率

缺货，顾名思义，就是指企业无法提供满足客户需求的产品。缺货频率则指的是出现缺货的可能性。例如一项对零售超市的研究表明，在一周内的任何时间点，所有超市的平均缺货率大约为8%，某些发展势头较好的产品的缺货率可能会高达16%。但是，需要注意的是，只有当客户真正存在某种需求而企业无法提供相应产品时，缺货才会产生实质性影响。企业可以将全部产品的累计缺货数量作为一项指标，衡量企业为实现产品可得性所提供的基本服务水平。

#### 2. 订单完成率

订单完成率衡量了缺货随时间变化的程度和影响情况。只有当客户提出产品需求时，缺货才会影响企业的服务水平。因此，判定哪些产品发生了缺货以及客户的需求量是多少就显得非常重要。为了更有效地研究订单完成率，企业通常对一段时间内客户订单的完成情况进行评估。这样，企业便可以针对特定的客户、特定的产品，以及客户、产品和商业细分的组合来分析订单的满足情况。

#### 3. 订单配送的完成情况

在衡量产品可得性及配送绩效时，最准确的指标便是订单配送的完成情况，它将客户订货过程中涉及的所有环节都看成是标准的、可接受的运作。在处理客户订单的过程中，即使企业只是无法提供一件产品，但是从完成配送的角度上讲，这张订单的效果也为零。

将产品可得性的上述三个指标结合起来便能衡量一个企业库存策略满足客户需求的能力和程度。这三个指标同样也是企业评价是否应该将可得性与基本的物流服务计划相结合的基础。企业为了提高产品的可得性，通常需要维持高水平的库存量。然而，借助于信息技术，企业能够在客户下达订单之前就了解其需求，于是就可以采取新的策略，在不增加库存的前提下提供产品可得性高的基础服务。

### （二）运作绩效

运作绩效需要评价完成客户订单配送所需的时间。无论涉及的实际运作周期是处在客户服务阶段、生产支持阶段还是采购阶段，通常都能从速度、一致性、柔性以及故障的解决这几方面对运作绩效进行衡量。

#### 1. 速度

运作周期是指从客户产生需求、下达采购订单、完成产品的配送直到客户能够使用产品这一系列过程中所花费的时间。整个运作周期的长短取决于物流系统的设计情况和运作策略。在交通和通信技术高度发达的今天，订货周期甚至可以短到仅需几个小时。当然在多数情况下，订货周期通常为几周或几个月。

毫无疑问，大多数客户都希望订货周期越短越好。在许多及时和快速响应的物流战略中，速度是至关重要的影响因素，这是因为快速的运作周期能够降低客户对库存的需求。然而，提高服务的速度常常会带来高额的成本，导致总成本的增加。因此，企业必须寻求恰当的服务速度与适宜的成本，做出合理的权衡，实现两者之间的协调。也就是说，企业需要建立一套相关体系用于评估服务速度的价值，这样才能使客户获益。

#### 2. 一致性

订货周期的一致性是指实际运作周期符合计划所规定时间的次数。尽管服务的速度对于企业而言非常重要，但是物流管理者更加重视运作的一致性，这是因为一致性将直接影响客户计划和开展自身工作的能力。举例来说，如果订货周期发生了变化，那么客户必须持有一定数量的安全库存以应对可能出现的延迟交货，这样订货周期的变化程度就会直接影响客户对安全库存的需求。订货周期的执行过程包括了大量的活动，因此在许多环节上都可能存在运作的不一致。

越来越多的客户在下达订单时就明确提出了期望的交货日期，有的客户甚至在订货时就对送货事宜进行了具体的约定，因此保证订货周期的一致性是企业进行有效物流运作的基础。在制订详细计划时，企业也许会考虑供应商以往的绩效，但并不是任何时候都需要这样做。事实上，企业经常在货物销售完之前的一段时间内，就下达订单补充存货。在这种情况下，客户就很难理解为什么在早已确定好交货具体事宜的情况下供应商还是会出现问题。客户在判断供应商的实际运作是否一致时，往往考察供应商以往能否按照要求准时交货。如果以这种观点为依据，就需要对一致性的定义进行修改，因为仅从预期完成时间这个角度来衡量一致性就显得不够全面和充分了。企业必须明确能否在客户期望的时间内完成运作周期，这一点至关重要。因此，在当前的物流环境下，一致性通常用以衡量企业是否具有准时交货的能力。

#### 3. 柔性

柔性包括企业应对特殊环境的能力，以及满足客户特殊的或预期之外的需求的能力。

例如，一家企业的标准客户服务模式是在货车上装满产品后发往客户仓库。然而，有时候客户会提出要求，希望以小批量的形式直接将产品送到各个零售地点。企业的物流能力直接表现在它如何解决这种意料之外的情况。从很多方面来讲，卓越的物流运作的本质在于它所具有的柔性能力。

### 4. 故障的解决

不管企业的物流运作多么通畅、高效，发生故障也是在所难免的事情。对企业来说，每天都不断地提供服务承诺是一项非常艰难的工作。最理想的情况是，企业有能力调整和采取措施以应对特殊情况，从而防止运作故障的发生。举例来说，如果仓库中某种关键物料发生了缺货，企业则可以从其他仓库中以快运的方式将短缺的物料迅速调配过来。有效的客户服务通常认为在运作中难免会出现故障或服务失误，因此企业事先就需要制订出适当的应急计划，以便尽快解决问题。

## （三）服务可靠性

服务可靠性综合体现了物流的多种特征，它涉及企业从事与订单相关的所有活动的能力，同时还包括为客户提供有关物流运作和物流状态的重要信息。除了可得性和运作绩效之外，服务可靠性还包括以下特征：货物到达时必须完好无损；正确无误地结算；将货物准确送达目的地；产品的数量完全符合订单要求。需要关注的重点在于，客户要求能按照日常处理模式完成交易中大量的细节工作。除此之外，服务的可靠性还包括企业是否愿意向客户提供准确的运作信息和订单状态信息，以及企业是否具有提供准确信息的能力。研究表明，企业提供准确信息的能力是企业实现优质服务的一个重要组成要素。越来越多的客户认为，企业应该将运作中出现的问题及时告诉它们，如哪些订单无法按时完成等，这类信息比订单完成信息更加重要。

## （四）完美订货

完美订货的定义就是将客户所订购的货物按照时间要求，完好无误地运送到正确的目的地，同时也必须保证与货物相关单据的完整性和准确性。要实现完美订货，整个订货周期的运作就必须实现零缺陷，产品的可得性和运作绩效必须保持非常高的水平，并且所有的辅助活动都必须完全符合对客户所做出的承诺。

企业为了提高物流运作绩效、实施完美订货，需要投入大量的资源，如必须维持较高的库存水平，从而满足客户各种不同的订货需求和特殊要求。企业要实现完美订货服务，使物流绩效无限接近零缺陷水平，不能仅仅依靠高水平的库存，还必须将客户联盟、信息技术、延迟战略、库存维持战略、最优运输以及选择性的特殊计划结合起来，从而更好地实现自身的物流资源与关键客户需求之间的协调和匹配。企业要想提供出色的物流客户服务，就要充分认识到在实现零缺陷时所面临的各种挑战。如果企业能够尽量杜绝任何运作中的错误，或者在发生失误后能立刻为客户提供解决办法，那么就能超越竞争对手，获得更有利的战略优势。

## 能力训练

**【讨论】**根据项目四任务描述中所提供的G公司的背景资料,并结合G公司在欧洲建立物流分拨中心的选址结果,通过小组讨论的方式为G公司在欧洲建立的物流分拨中心的内部布局提出具体意见,并说明理由和依据。

# 任务十六　供应链金融服务创新

## 知识链接

### 一、供应链金融产生的背景

#### (一)供应链金融产生的微观基础

供应链是一个复杂的经营和管理过程,其中涉及许多企业间的协调和交互活动,这些协调和交互活动的状况直接影响到供应链的服务、质量和成效。在一般的供应链运营中,资金流是企业的生命源泉,因为资金流动能满足企业任何时刻的支付需求。由于企业支出和收入的资金发生在不同的时刻,因而就产生了资金缺口。如图8-10所示,在企业下达订单与接受存货之间存在着资金缺口,一旦下游企业出现资金困难就很难采购到所需的原材料或产品;在接受存货和形成产品销售之间存在着资金上的压力,因为库存管理活动需要资金支持,并产生库存持有成本;在销售产品和下游客户支付现金之间也存在一定程度的资金缺口,形成所谓的应收账款;在支付现金和实际接受现金之间产生了现金转换周期,从而对上游企业产生资金压力,因为如果不能及时获得资金,就可能对企业的现金流产生不利影响,使正常的生产经营活动出现困难。

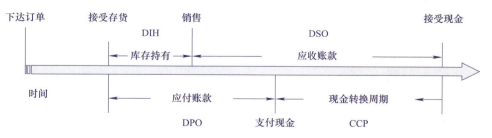

其中:库存持有天数(DIH)=库存/(销售成本/365)
　　　应收账款天数(DSO)=应收账款/(销售成本/365)
　　　应付账款天数(DPO)=应付账款/(销售成本/365)
　　　现金转换周期(CCP)=DIH+DSO−DPO

图8-10　企业资金运营状况

从销售和贸易的视角看,供应链企业为了缓解自身的资金缺口问题,往往会采用三种不同的运作方式:一是单方面延长支付,这种状况往往发生在强势下游客户对弱势供应商的交易之中,例如在贸易过程中要求延长支付周期至30天乃至60天的情况较为普遍。这种方式虽然有利于下游客户的资金流动和效率,但是却为上游供应商带来了较大的资金障碍。解决这一问题的方案,反过来加大了供应链的融资成本,最终使得供应商不是在产品和生产上下功夫,而是更加关注如何解决资金问题。另一种在贸易中常常使用的方法是早期支付折扣计划,即下游客户如果能够提前支付货款便能获得较好的交易价格。这种交易方式尽管也能解决上游供应商的资金问题,但是存在着将折扣算入产品销售价格的现象,从而可能提高对下游客户的供货价格。在实际供应链运行中,供应商管理库存的方式被经常使用,这一方式既能提高供应链运行效率,又能有效解决资金占压问题。具体来讲,买卖双方在一个共同确定的框架下,由供应商承担下游企业仓库中库存管理的工作和代价,直到所供应的产品被下游客户使用时才进行所有权转移。这种合作性库存管理策略能为交易双方带来效益:一方面减少了下游客户的资金占压,保障了及时供货;另一方面有利于供应商合理规划生产,避免产品库存积压,供应商还能了解客户信息。然而对上游供应商而言,这种方式不仅占用了库存资金,而且凭此获得融资较为困难,其原因在于商业银行难以对无法监控的库存进行贷款融资。上述这些状况使得在传统的供应链运作过程中,产生了一系列资金问题。因此,如果不能有效解决资金流与商流、物流和信息流的整合问题,供应链就会难以为继,这是供应链金融产生的微观基础。

### (二)供应链金融产生的宏观基础

从某种意义上讲,供应链金融是适应国际贸易新形势的产物,是在新的国际贸易背景下对新型组织间关系的有益探索。

#### 1. 国际贸易的全球化趋势催生新的贸易融资模式

国际贸易的全球化趋势在客观上带来了金融的全球化。金融的全球化促使资金在世界范围内重新配置,使资本流向效益更高的国家和地区。与此同时,通过资本市场、金融机构、货币体系、金融政策与法律等金融要素的进一步同质化,全球金融市场日趋一体化。

生产链和供应链在全球化背景下联系日趋紧密,生产链的全球化必然要求供应链金融服务的全球化。以此为基础,国际贸易的全球化趋势必然要求金融市场以供应链为中心,提供更为灵活、成本更低、效率更高、风险可控的金融产品和融资模式。供应链金融正是在这种背景下应运而生的。

#### 2. 中小企业贸易融资需求急待供应链金融的支撑

随着我国加入世界贸易组织(WTO),越来越多的中小企业开始进入全球产业分工链条之中。但是,由于缺乏资金,很多中小企业在成长的道路上举步维艰,不堪重负。这在很大程度上限制了中小企业进入国际市场、提升竞争实力。中小企业融资难的问题一直是个急待解决的棘手问题。

从融资渠道来看,大多数中小企业主要采用内源性融资模式。然而,由于大多数中小企业属于劳动密集型企业,利润水平不高,企业自身的资本积累能力不足,内源性融资在很大程度上无法满足扩大再生产、提高企业竞争力的客观要求。而从外源性融资方式来看，由于国内股票市场的准入门槛很高，很多中小企业受注册资本和公司股本总额的限制，根本无法进入主板市场。可以说，我国绝大多数中小企业还无法进入公开的证券市场进行融资，这在很大程度上限制了中小企业的发展。

迄今为止，银行信贷是中小企业最主要的融资渠道。但是，中小企业很难从商业银行那里获得贷款。由于中小企业的资信状况较差、财务制度不健全、抗风险能力弱、缺乏足够的抵押担保，商业银行为了尽量地减少呆账、坏账，对中小企业放贷审核严格。从银企关系的角度讲，中小企业客观上需要信贷资金的支持，而商业银行又苦于中小企业条件不足而惜贷、惧贷，这就造成了银企关系上的信用隔阂。要突破这种隔阂，就必须寻找新的融资模式。目前来看，供应链融资模式是解决这一问题最好的可尝试的方式之一。

**3. 商业银行的发展以及金融业态的多样化需要新的业务生长点和利润来源**

商业银行作为金融体系中的重要一环，如今也面临着商业模式创新的需要，这推动了供应链金融的产生。目前，我国商业银行的利润来源主要是存贷利差，而国外发达国家的商业银行一半以上的利润来源于中间业务收入。所谓中间业务，就是银行为客户办理各种委托代理业务。银行作为信用关系的中间人，既不是债务人，也不是债权人，它只提供金融服务，受托处理各类业务并从中抽取一定的服务费用和佣金。从中不难发现，国内商业银行的利润来源单一，利润生长点僵化。更为重要的是，随着资本市场的不断开放，存贷利差的规模正在不断缩小，商业银行的盈利水平正在进一步降低。

如果商业银行还以传统的存贷利差作为单一的收入来源，只把目光聚焦在大企业和大客户身上，那么在未来金融体制的发展趋势下，商业银行就很难适应灵活多变的市场需求，不仅盈利水平会持续下滑，而且传统盈利模式造成的路径依赖会进一步限制经营模式的结构型转变。

综上所述，正是上述企业微观和产业宏观层面的共同作用，使得供应链金融逐渐进入人们的视野，成为新经济环境下一种重要的创新模式。而这种创新模式的核心就是结合产业运行特点，有效地解决企业尤其是中小企业日常经营管理活动中融资难的问题，在全球产业分工的大形势下，将金融资源和产业资源高度结合，实现产业效益与金融效益的乘数效应。

## 二、供应链金融的内涵及特点

### （一）供应链金融的含义

随着供应链管理思想在企业中的不断应用，供应链中的物流、商流、信息流的效率得到极大提升。原本被认为是辅助流程的资金流动问题，逐渐出现在资金相对短缺的中小企业身上，成为制约整个供应链发展的瓶颈。当供应链中物流和信息流的整合在实践中被应用和检验时，资金流也开始得到越来越多的关注。

**1. 国外对供应链金融的理解**

在供应链金融的研究中，埃里克·霍夫曼（Erik Hofmann）在2005年提出具有代表性的供应链金融定义，他将供应链金融定义为：供应链中包括外部服务提供者在内的两个以上的组织，通过计划、执行和控制金融资源在组织间的流动，以共同创造价值的一种途径。供应链金融的整体框架如图8-11所示。

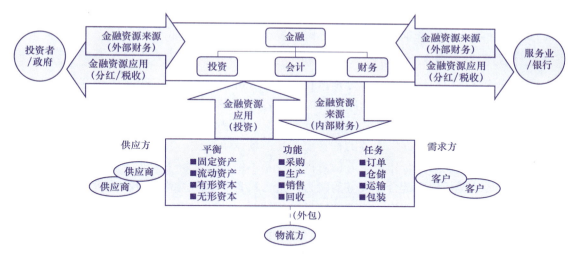

图8-11　供应链金融的整体框架

### 2. 国内对供应链金融的理解

近年来，供应链中的资金流管理日益受到国内各行各业的关注。国内关于供应链金融的被普遍接受的定义为：供应链金融是指以核心客户为依托，以真实贸易背景为前提，运用自偿性贸易融资方式，通过应收账款质押登记、第三方监管等专业手段封闭资金流或控制物权，对供应链上下游企业提供的综合性金融产品和服务。供应链金融是一种独特的商业融资模式，依托于产业供应链核心企业为单个企业或上下游多个企业提供全面金融服务，以促进产业供应链上核心企业及上下游配套企业顺畅运行，降低整个供应链运作成本，并通过金融资本和实体经济的有效协作，构筑银行、企业和供应链的互利共存、持续发展的产业生态。

综上所述，我们认为供应链金融是一种集物流运作、商业运作和金融管理为一体的管理行为和过程，它将贸易中的买方、卖方、第三方物流以及金融机构紧密地联系在一起，实现了用供应链物流盘活资金，同时用资金拉动供应链物流的作用。

## （二）供应链金融的特点

从产业供应链角度出发，供应链金融的实质就是：金融服务提供者通过对供应链参与企业的整体评价，针对供应链各渠道运作过程中企业拥有的流动性较差的资产，以资产所产生的确定的未来现金流作为直接还款来源，运用丰富的金融产品，采用闭合性资金运作的模式，并借助中介企业的渠道优势，提供个性化的金融服务方案，为企业、渠道以及供应链提供全面的金融服务，提升供应链的协同性，降低其运作成本。具体来讲，供应链金融具有以下特点。

### 1. 现代供应链管理是供应链金融服务的基本理念

供应链金融是一种适应生产组织体系的全方位金融性服务，特别是融资模式，它不是单纯依赖客户企业的基本面资信状况来判断是否提供服务的,而是依据供应链整体运作情况,从企业之间真实的贸易背景入手,来判断流动性较差的资产未来的变现能力和收益性。通过融入供应链管理理念,可以更加客观地判断客户企业的抗风险能力和运营能力。可以说,没有实际的供应链做支撑,就不可能产生供应链金融,而且供应链运行的质量和稳定性直接决定了供应链金融的规模和风险。

### 2. 大数据对客户企业的整体评价是供应链金融服务的前提

整体评价是指供应链服务平台分别从行业、供应链和企业自身三个角度对客户企业进行系统的分析和研判,然后根据分析结果判断其是否符合服务条件。行业分析主要是考虑客户企业受宏观经济环境、政策和监管环境、行业状况、发展前景等因素的综合影响;供应链分析主要是评判客户企业所在供应链的行业前景与市场竞争地位,客户企业在供应链内部的地位,以及与其他企业间的合作情况等信息;企业基本信息的评价主要是了解其运营情况和生产实力是否具备履行供应链合作义务的能力,是否具备一定的盈利能力和营运效率,最为重要的就是掌握企业的资产结构和流动性信息,并针对流动性弱的资产进行融通可行性分析。显然,上述所有信息都有赖于大数据的建立,大数据指的是某事物所涉及的数据量规模巨大,以至于无法通过人工在合理的时间内实现截取、管理、处理并整理成为人类所能解读的信息的数据。事实上,供应链运行中的每一笔交易、每一项物流活动,甚至每一个信息沟通都是数据,通过筛选、整理、分析得出的结果不只是简单、客观的结论,也是能用于提高企业经营决策水平的信息。搜集起来的数据还可以被规划用以引导供应链金融活动的产生。

### 3. 闭合式资金运作是供应链金融服务的刚性要求

供应链金融是对资金流、贸易流和物流的有效控制,将注入企业内的融资的运用限制在可控范围之内,按照具体业务逐笔审核放款,并通过对融资形成的确定的未来现金流进行及时回收与监管,达到过程风险控制的目标。也就是说,供应链金融服务运作过程中,供应链的资金流、物流运作需要按照合同预定的确定模式流动。

### 4. 构建供应链商业生态系统是供应链金融的主要手段

供应链金融要有效运行,还有一个关键点在于商业生态系统的建立。所谓商业生态系统,是指以组织和个人的相互作用为基础的经济联合体,是供应商、制造商、销售商、市场中介、投资商、政府、消费者等以生产商品和提供服务为中心而组成的群体。它们在一个商业生态系统中发挥着不同的功能,各司其职,但又形成相互依赖、共生的生态系统。在这一商业生态系统中,个体虽由不同的利益驱动,但身在其中的组织和个人互利共存,资源共享,注重社会、经济、环境综合效益,共同维持系统的延续和发展。在供应链金融运作中,也存在着商业生态系统的建立,该系统包括管理部门、供应链参与者、金融服务的直接提供者以及各类相关的经济组织,这些组织共同构筑了供应链金融的生态圈。如果不能有效地构建这一商业生态系统,或者说组织之间缺乏有效的分工,不能承担相应的责任和义务,并且进行实时的沟通和互动,供应链金融就很难开展。

### 5. 企业、渠道和供应链特别是成长型中小企业是供应链金融服务的主要对象

与传统信贷服务不同,供应链金融服务运作过程中涉及渠道或供应链内的多个交易主

体，供应链金融服务提供者可以获得渠道或供应链内的大量客户群和客户信息，为此可以根据不同企业、渠道或供应链的具体需求，定制个性化的服务方案，提供全面金融服务。供应链中的中小企业尤其是成长型中小企业，往往是供应链金融服务的主要对象，通过供应链金融服务，这些企业的资金流得到优化，经营管理能力得到了提高。传统信贷模式下中小企业存在的问题，都能在供应链金融模式下得到解决。

### 6. 流动性较差的资产是供应链金融服务的针对目标

在供应链运作过程中，企业会由于生产和贸易的原因，而形成库存、预付款项或应收账款等众多资金沉淀环节，并由此产生了对供应链金融的迫切需求，因此这些流动性较差的资产就为服务提供商或金融机构开展金融服务提供了理想的业务资源。但是流动性较差的资产要具备一个关键属性，那就是良好的自偿性。这类资产会产生确定的未来现金流，如同企业经过"输血"后，成功实现"造血"功能。供应链金融的实质，就是供应链金融服务提供者或金融机构针对供应链运作过程中，企业形成的应收、预付、存货等各项流动资产进行方案设计和融资安排，将多项金融创新产品在整个供应链各个环节中有效、灵活地组合，提供量身定制的解决方案，以满足供应链中各类企业的不同需求，在提供融资的同时也帮助提升供应链的协同性，降低其运作成本。

## 三、供应链金融的形态

供应链金融有三种传统的形态，即应收账款融资、库存融资、预付款融资，以及一种新兴的供应链金融形态——战略关系融资。在这里我们重点关注每种形态的业务流程与交易单元，从而深度刻画每种形态的具体细节。

视频8-2 供应链金融形态及其创新

### （一）应收账款融资

#### 1. 应收账款融资的背景

随着赊销成为最主要的销售方式，供应链上游的企业普遍承受着现金流紧张所带来的压力。为了确保生产运营的持续性，供应链上游企业需要找到较为便捷的资金来源。供应链应收账款融资模式是指企业为取得运营资金，以卖方与买方签订的真实贸易合同产生的应收账款为基础，为卖方提供的，以合同项下的应收账款作为还款来源的融资业务。供应商首先与供应链下游企业达成交易，下游企业发出应收账款单据。供应商将应收账款单据转让给金融机构，同时供应链下游企业也对金融机构做出付款承诺。金融机构此时给供应商提供信用贷款，缓解供应商资金流压力。一段时间后，当下游企业销货得到资金后再将应付账款支付给金融机构。

#### 2. 应收账款融资的主要方式

（1）保理。保理业务主要是为以赊销方式进行销售的企业设计的一种综合性金融服务，是一种通过收购企业应收账款为企业融资并提供其他相关服务的金融业务或产品。保理业务的一般做法是，保理商从其客户（供应商或卖方）的手中买入通常以发票形式表示的对债务人（买方）的应收账款，同时根据客户需要提供与此相关的单项或多项服务，包括账款回收、销售分户账管理、信用销售控制以及坏账担保等。对于客户而言，转让应收账款可以获得销售回款的提前实现，加速流动资金的周转。此外，卖方也无须提供其他质押物和担保，压力较小。

保理业务有多种分类。根据供应商是否会将应收账款转让行为通知买方，可分为明保理和暗保理。按有无第三方担保，可分为有担保的保理和无担保的保理。按有无追索权，可分为有追索权的保理和无追索权的保理。其中无追索权的保理又称买断保理，是指企业将其贸易型应收账款，通过无追索权形式出售给专业保理商或银行等金融机构，而获得一种短期融资。有追索权的保理又称回购保理，是指到期应收账款收不回时，保理商保留对企业的追索权，出售应收账款的企业要承担相应的坏账损失。因此在会计处理上，有追索权的保理可视为以应收账款作为担保的短期借款。

保理业务的一般操作流程是：保理商或银行首先与融资企业（即商品销售行为中的卖方）签订一个保理协议。一般卖方需将所有通过赊销（期限一般在90天以内，最长可达180天）产生的合格的应收账款出售给保理商或银行。签订协议之后，对于无追索权的保理，保理商或银行首先需要对与卖方有业务往来的供应链下游企业（买方）进行资信评估，并给每一个买方核定一个信用额度。对这部分应收账款，在买方无能力付款时，保理商或银行将向卖方追索，收回向其提供的融资。保理业务流程如图8-12所示。

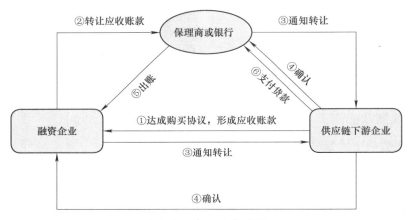

图8-12　保理业务流程

（2）保理池融资。保理池融资是指将一个或多个具有不同供应链下游企业（买方）、不同期限、不同金额的应收账款全部一次性转让给保理商或银行，保理商或银行根据累计的应收账款给予融资。对融资企业（即供应商、卖方）来说，该服务能够充分挖掘零散应收账款的融资能力，同时免去了多次保理的服务手续，提高了融资效率。但保理池融资对保理商或银行的风险控制能力提出了很高的要求，如果不能充分掌控每笔应收账款的交易细节，很容易出现坏账风险。

保理池融资除了能够挖掘零散应收账款的融资能力外，还有利于降低客户授信风险。保理池融资模式通过多个买方的应收账款来降低单一买方还款风险。由于买方分散，因而不易同时发生不还款的情况，可借此避免供应商在贸易流程中出现诚信风险。保理池授信业务流程如图8-13所示。

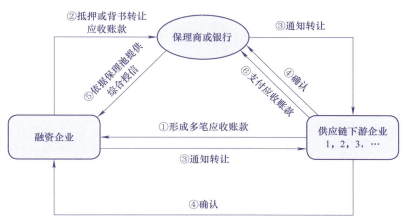

图8-13 保理池授信业务流程

（3）反向保理。反向保理也称为逆保理，主要适用于与焦点企业有大量稳定贸易往来的小微企业以及客户信用评级比较高的小微企业。通俗地讲，反向保理就是保理商或银行与焦点企业之间达成的，为焦点企业的上游供应商提供的一揽子融资、结算解决方案，这些解决方案所针对的是焦点企业与其上游供应商之间因贸易关系产生的应收账款。焦点企业具有较强的资信实力及付款能力，保有该焦点企业应收账款的任何供应商，只要取得焦点企业的确认，就都可以将应收账款转让给银行以取得融资。它的实质就是银行对高质量买家的应付账款进行买断。反向保理与普通保理的根本区别在于：①保理商或银行是对作为供应链焦点企业的买家进行风险的评估，而不是对供应商进行信用评估；②由于对买家比较了解，保理商或银行可以选择买家同意支付的应付账款进行融资，降低了整体风险。反向保理的业务流程如图8-14所示。

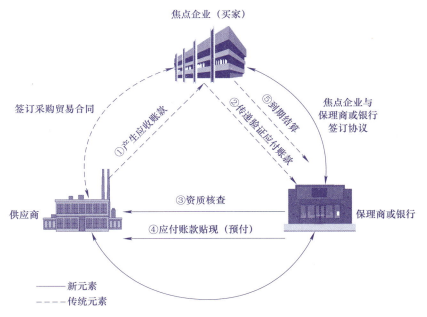

图8-14 反向保理的业务流程

（4）票据池授信。供应链金融中的票据主要指的是商业票据。票据池业务是银行或其他金融机构向企业提供包括票据管理、托收、授信等在内的一系列结算与融资服务。其中票据池授信是指企业将收到的票据进行质押或直接转让后，纳入银行授信的资产支持池，银行以票据池为限向企业授信。票据供应商通过银行的票据池业务，减少了自身票据管理的工作量，并能实现票据拆分、票据合并等效果，解决了票据收付过程中期限和金额不匹配的问题。

一般来说，票据池业务包含以下功能模块：①票据托收。融资企业对池内票据发起托收申请，在票据池可用担保额度足够时，银行将托收款项转入融资企业结算账户。②池内票据信息管理。融资企业可从银行每日获取上一日票据池业务信息，包括入池托管、入池抵押、票据出池、新开票据的数量与金额以及剩余可用额度等信息；还能通过银行柜面或银企互联渠道查询与银行签订的票据池协议信息，包括生效日期、到期日期、企业分支机构账号、企业分支机构剩余开票额度等，并于票据到期前主动通过银企互联渠道向融资企业发送提醒信息，包括到期票据笔数、金额、票据号码、到期日期等。③票据抵押。融资企业将银行认可的低风险银行承兑汇票加入票据池进行质押，按照一定比例形成可用质押额度，该可用质押额度与票据池的保证金共同组成票据池可用担保额度。入池质押票据或保证金的变化会影响可用担保额度。④票据贴现。融资企业可对池内票据发起贴现申请，在票据出池后进行贴现。⑤票据转让。融资企业可对入池托管的票据发起转让申请，在票据出池后背书转让给供应链下游的企业。票据池授信业务流程如图8-15所示。

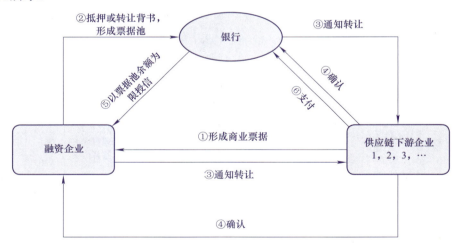

图8-15 票据池授信业务流程

## （二）库存融资

### 1. 库存融资的背景

库存成本是供应链成本的重要组成部分，根据国外的相关研究，库存成本占整个供应链运营成本的30%以上。而库存成本中最为关键的就是被"锁定"在库存商品中的资金占用成本与使用成本，资金占用成本实际上就是资金的机会成本。企业在诸多可能中选择购买库存或制造库存，这意味着企业丧失了将该笔资金使用在其他选择上时本可以获得的收益。资金的使用成本则来源于企业自身的融资成本，即企业通过债券融资和股权融资所获得资金的综合资本成本。以往的供应链与物流研究都从加强供应链上下游之间的信息沟通角度出发，试图通过降低供应链中牛鞭效应减少供应链企业库存，从而减少库存商品占用资金的两方面成本。而库存融资则能加快库存中占用资金的周转速度，降低库存资金的占用成本。由于产品生产周期不断缩短、需求市场波动频繁，缺乏良好融资渠道的中小企业陷入了两难的境地：一方面为了保证生产销售的稳定性，企业不得不保有大量的库存以应对市场变化；另一方面又希望尽快将库存转变为现金流，维持自身运营的持续性。在这样的背景下，库存融资对中小企业来说意义十分重大，尤其是在大多数中小企业无法改善供应链管理能力的情况下，库存融资成为提高流动性的重要手段之一。

### 2. 库存融资及其类型

库存融资又被称为存货融资。库存融资与应收账款融资在西方统称为ARIF（Accounts Receivable and Inventory Financing），是以资产控制为基础的商业贷款的基础。目前，我国库存融资的形态主要分为以下几类：

（1）静态抵质押授信。静态抵质押授信是指融资企业以自有或第三方合法拥有的动产为抵质押物的授信业务。银行委托第三方物流公司对融资企业提供的抵质押的货物实行监管，抵质押物不允许以货易货，融资企业必须打款赎货。静态抵质押授信适用于除了存货以外没有其他合适的抵质押物的融资企业，而且融资企业的购销模式为批量进货、分次销售。静态抵质押授信是货押业务中对融资企业要求较苛刻的一种，更多地适用于贸易型融资企业。静态抵质押授信业务流程如图8-16所示。

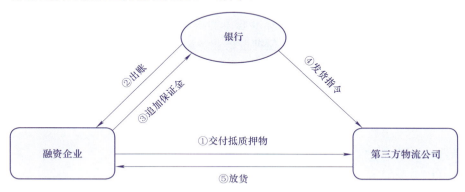

图8-16 静态抵质押授信业务流程

（2）动态抵质押授信。动态抵质押授信是延伸产品。银行对于融资企业抵质押的货物价值设定最低限额，允许在限额以上的货物出库，融资企业可以以货易货。这适用于库存稳定、货物品类较为一致、抵质押物的价值核定较为容易的融资企业。同时，对于一些融资企业的存货进出频繁、难以采用静态抵质押授信的情况，也可运用动态抵质押授信。对于融资企业而言，由于可以以货易货，因此抵质押设定对于生产经营活动的影响较小。特别对于库存稳定的融资企业而言，在合理设定抵质押价值底线的前提下，授信期间几乎无须启动追加保证金赎货的流程,因此对盘活存货的作用非常明显。对银行而言,动态抵质押授信的保证金效应相对小于静态抵质押授信,但是操作成本明显小于后者,这是因为以货易货的操作可以授权给第三方物流企业进行。动态抵质押授信业务流程如图8-17所示。

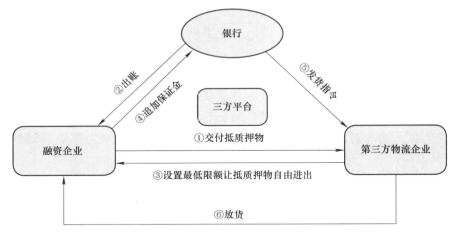

图8-17 动态抵质押授信业务流程

(3)仓单质押授信。仓单质押授信是国内运用较为成熟的一种供应链融资方式。仓单质押可以分为标准仓单质押授信和普通仓单质押授信,区别在于质押物是否为期货交割仓单。标准仓单质押授信是指融资企业以自有或第三人合法拥有的标准仓单为质押的授信业务。标准仓单是指符合交易所统一要求的、由指定交割仓库在完成入库货物验收、确认合格后,签发给货主用于提取货物的,并经交易所注册生效的标准化提货凭证。标准仓单质押适用于通过期货交易市场进行采购或销售的融资企业以及通过期货交易市场套期保值、规避经营风险的融资企业。对于融资企业而言,相比动产抵质押,标准仓单质押手续简便、成本较低。对银行而言,成本和风险都较低。此外,标准仓单的流动性很强,这也有利于银行在融资企业违约情况下对质押物的处置。标准仓单质押授信业务流程如图8-18所示。

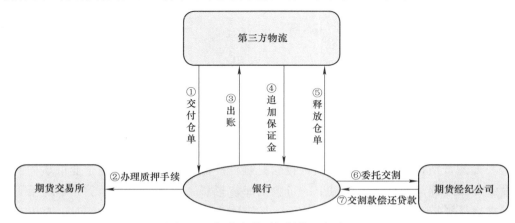

图8-18 标准仓单质押授信业务流程

普通仓单质押授信是指融资企业提供由仓库或其他第三方物流公司提供的非期货交割用仓单作为质押物,并对仓单做出质押背书,由银行提供融资的一种授信业务。应建立区别于动产质押的仓单质押操作流程和风险管理体系。鉴于仓单的有价证券性质，出具仓单的仓库或第三方物流公司需要具有很高的资质。普通仓单质押授信业务流程如图8-19所示。

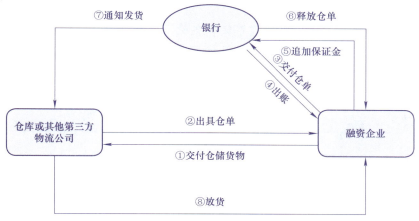

图8-19　普通仓单质押授信业务流程

### （三）预付款融资

#### 1. 预付款融资的内涵

预付款融资模式是指在上游企业承诺回购的前提下，由第三方物流企业提供信用担保，中小企业以金融机构指定仓库的既定仓单向银行等金融机构申请质押贷款来缓解预付款压力，同时由金融机构控制其提货权的融资业务。在此过程中，中小企业、焦点企业、物流企业以及银行共同签署应付账款融资业务合作协议书，银行为融资企业开出银行承兑汇票为其融资，作为银行还款来源的保障，最后购买方直接将货款支付给银行。这种融资多用于企业的采购阶段。预付款融资可以理解为"未来存货的融资"，预付款融资的担保基础是预付款项下客户对供应商的提货权，或提货实现后通过发货、运输等环节形成的在途存货和库存存货。当货物到达后，融资企业可以向银行申请将到达的货物进一步转化为存货融资，从而实现融资的"无缝衔接"。

#### 2. 预付款融资的主要类型

根据已有研究与相关企业实践，预付款融资的主要类型可以归纳为以下几种：

（1）先票/款后货授信。先票/款后货是存货融资的进一步发展，它是指融资企业（买方）从银行取得授信，在交纳一定比例保证金的前提下，向卖方议付全额货款；卖方按照购销合同以及合作协议书的约定发运货物，货物到达后设定抵质押作为银行授信的担保。

在实践中，一些热销产品的库存往往较少，因此企业的资金需求集中在预付款领域。同时，因为该产品涉及卖方及时发货、发货不足的退款、到货通知以及在途风险控制等环节，所以融资企业对卖方的谈判地位也是操作该产品的条件之一。

对融资企业而言，由于授信事件不仅覆盖了上游的排产周期和在途时间，而且到货后可以转化为库存融资，因此先票/款后货授信对客户流动资金需求压力的缓解要高于存货融资。而且，因为是在银行资金支持下进行的大批量采购，所以融资企业可以从卖方争取较高的商业折扣，进而提前锁定商品采购价格，防止涨价风险。

对银行而言，可以利用贸易链条的延伸，进一步开发供应链上游企业业务资源。此外，订立卖方对其销售货物的回购或调剂销售条款，有利于化解融资企业违约情况下的变现风险。另一个好处在于，由于货物直接从卖方发给融资企业，因此货物的权属要比存货融资模式更为直观和清晰。先票/款后货授信业务流程如图8-20所示。

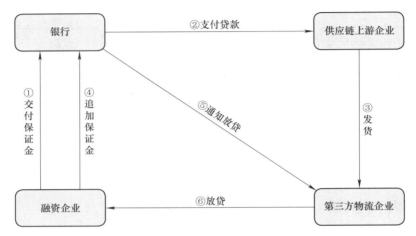

图8-20　先票/款后货授信业务流程

对先票/款后货授信业务来说，在考察风险时需要注意以下几点：①对供应链上游企业的发货、退款和回购等履约能力进行评估；②货物在途风险的防范、损失责任的认定；③货后入库环节的控制。

（2）担保提货（保兑仓）授信。担保提货是先票/款后货授信业务产品的变种，即在融资企业（买方）交纳一定保证金的前提下，银行贷出全额货款供融资企业向焦点企业（卖方）采购用于授信的抵质押物。随后，融资企业分次向银行提交提货保证金，银行再分次通知卖方向融资企业发货。卖方就发货不足部分的价值向银行承担退款责任。担保提货（保兑仓）授信又被称为卖方担保买方信贷模式，担保提货适用于一些特殊的贸易背景，例如：融资企业为了取得大批量采购的折扣，采取一次性付款方式，而卖方因为排产问题无法一次性发货；融资企业在淡季向上游卖方打款，提供上游生产所需的流动资金，并锁定优惠价格，然后在旺季分次提货用于销售。保兑仓融资模式同样主要是针对商品采购阶段的资金短缺问题而提出的。

对融资企业而言，大批量的采购可以获得价格优惠，"淡季打款、旺季销售"模式有利于防范价格风险。此外，由于货物直接由上游监管，省去了监管费用。对卖方而言，可以实现大笔预收款，缓解流动资金压力，同时也可以锁定未来销售，可以增强销售的确定性。

对银行而言，将卖方和物流监管合二为一，在简化风险控制维度的同时，引入卖方发货不足的退款责任，实际上直接解决了抵质押物的变现问题。此外，担保提货（保兑仓）授信中焦点企业的介入较深，有利于银行对焦点企业资源的直接开发。保兑仓授信业务流程如图8-21所示。

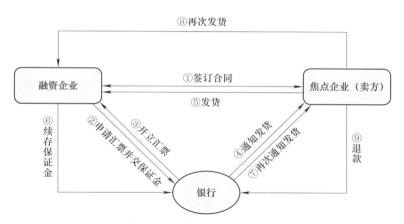

图8-21 保兑仓授信业务流程

（3）进口信用证项下未来货权质押授信。进口信用证项下未来货权质押授信是指融资企业（进口商）根据授信审批规定交纳一定比例的保证金后，银行为进口商开出信用证，并通过控制信用证项下单据所代表的货权来控制还款来源的一种授信方式。货物到港后可以转换为存货抵质押授信。进口信用证项下未来货权质押授信特别适用于进口大宗商品的企业、赊销渠道稳定的专业进口外贸公司，以及需要扩大财务杠杆效应、降低担保抵押成本的进口企业。

对融资企业而言，在没有其他抵质押物品或担保的情况下只需交纳一定的保证金，即可对外开证采购，融资企业可利用少量保证金扩大单次采购规模，且有利于获得优惠的商业折扣。

对银行而言，由于放弃了传统开证业务中对抵质押和保证担保的要求，因此扩大了融资企业范围。同时，由于控制了货权，银行风险并未明显放大。进口信用证项下未来货权质押授信业务流程如图8-22所示。

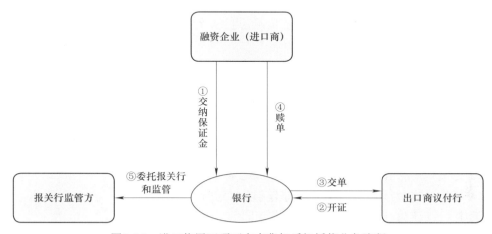

图8-22 进口信用证项下未来货权质押授信业务流程

在这项业务中，为了管控风险，银行需要：①关注不同类型的单证对货权控制的有效性；②根据不同情况，为在途货物购买以银行为受益人的保险；③续做押汇的情况下，关注到货到入仓监管之间衔接环节的货权控制；④做好融资企业弃货情况下的应急预案。

（4）国内信用证。国内信用证业务是指国内企业之间的商品交易中，银行依照融资企业（买方）的申请，开出的凭符合信用证条款的单据支付货款的付款承诺，国内信用证可以解决融资企业与陌生交易者之间的信用风险问题。它以银行信用弥补了商业信用的不足，规避了传统人民币结算业务中的诸多风险。同时，信用证也没有签发行承兑汇票时所设的金额限制，使交易更具弹性，手续更简便。此外，融资企业还可以利用在开证银行的授信额度开立延期付款信用来提取货物，用销售收入来支付国内信用证款项，而不占用自有资金，优化了资金使用效率。卖方按规定发货后，其应收账款就具备了银行信用的保障，能够杜绝拖欠及坏账。对银行而言，国内信用证相比先票/款后货授信以及担保提货（保兑仓）授信，规避了卖方的信用风险，对货权的控制更为有效。同时，银行还能够获得信用证相关的中间业务收入。

公路隔离护栏、指示牌等配套设施生产企业的上游产业链延伸是钢材生产企业或大型钢贸企业，这类企业实力和信誉资质较好。配套设施生产企业如果在向这些大型供应商采购的过程中出现了资金周转问题，需要融资，银行方面可以为其提供国内信用证业务。国内信用证业务流程如图8-23所示。

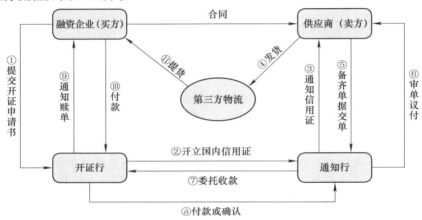

图8-23 国内信用证业务流程

具体流程包括：

1）买卖双方签订购销合同，买方向开证行提交开证申请书，申请开立可议付的延期付款信用证，付款期限为6个月以内。

2）开证行受理申请，向通知行（卖方开户银行）开立国内信用证。

3）通知行收到信用证并通知受益人（卖方）。

4）卖方收到国内信用证后，按照信用证条款和合同规定发货。

5）卖方发货后备齐单据，向委托行（通常为通知行）交单。

6）委托行（议付行）审单议付，向卖方支付对价。

7）委托行（议付行）将全套单据寄送开证行，办理委托收款。

8）开证行收到全套单据、审查单证相符后，向委托收款行（议付行）付款或发出到期付款确认书。

9）开证行通知买方付款赎单。

10）买方向开证行付款，收到复核信用证条款的单据。

11）买方提货。

风险管控要点：①货权单据选择的法律有效性；②跨行操作时关注不同银行的国内信

用证管理办法的差别；③与交易双方明确争端解决的参考制度和办法。

国内信用证项下打包贷款是指银行应卖方（国内信用证受益人）的申请，以其收到的信用证项下的预期销货款作为还款来源，为解决卖方在货物发运前，因支付采购款、组织生产、货物运输等资金需要而向其发放的短期贷款。国内信用证为不可撤销、不可转让的跟单信用证。打包贷款额度一般不超过信用证额度的80%。

对买方而言，国内信用证项下打包贷款能够保证买卖双方交易的安全。国内信用证项下打包贷款结算方式是有条件付款，如果卖方不能按期按时交货，银行可以不付款，从而保护了买方的利益。同时保证卖方生产的顺利开展，使买方能够按时收货。在卖方货款不足的情况下，银行提供打包贷款可以大大增强买方按时收货的可能性。有效降低了买方交易成本：国内信用证项下打包贷款不占用买方的任何资金，延缓付款期限，在保证交易安全的同时有效降低交易成本。改善买方企业报表表现：国内信用证是表外业务，只有买卖双方融资变现后才划到企业负债中，其间可以改善买方企业报表，降低企业负债率。

对于卖方而言，国内信用证项下打包贷款可以缓解卖方流动资金压力：在生产、采购等备货阶段都不必占用企业的自有资金，缓解了企业的流动资金压力。在资金不足时把握贸易机会：在卖方自身资金紧缺而又无法争取到预付货款时，帮助其顺利开展业务，把握贸易机会。信用证期限、金额、数量等条件可修改，满足贸易需求。保证损失最小化：使用国内信用证项下打包贷款，卖方只要保证单证相符、单单一致，在规定期限内按时交货，就能保证货款的收回。在开证行因正当原因不能付款或拒绝付款时，开证行有责任将代表货物的单据退给卖方，卖方虽收不到货款，但货权仍在自己手中，从而减少了损失。国内信用证项下打包贷款业务流程如图8-24所示。

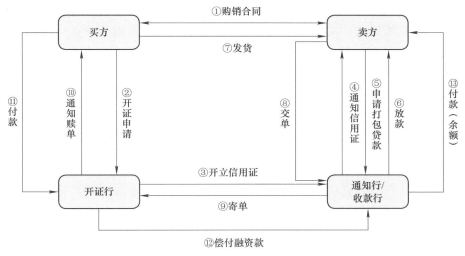

图8-24 国内信用证项下打包贷款业务流程

具体流程包括：

1）买卖双方基于真实贸易背景签订商品购销合同，双方约定以国内信用证为结算方式。

2）买方向当地开证行提出开证申请，提交相应单据。

3）开证行应买方申请，在审核买方资信后开立以卖方为受益人的国内信用证，并寄送给卖方当地银行（通知行/收款行）。

4）通知行通知卖方，将信用证交给卖方。
5）卖方在收到信用证后、发货前向通知行申请打包贷款。
6）通知行在审核买卖双方资信后同意卖方打包贷款申请并放款。
7）卖方准备好货物后向买方发货并获得相关单据。
8）卖方将取得的相关单据提交通知行。
9）通知行寄送单据给开证行。
10）开证行通知买方付款赎单。
11）买方向开证行支付信用证项下相应款项。
12）开证行向通知行偿付相应的融资款。
13）通知行在扣除相应的打包贷款金额及利息等其他费用后将余额支付给卖方。

### （四）战略关系融资

上面三种融资方式都属于有抵押物前提下的融资行为，因而与原有的企业融资方式存在一定的相似性。然而在供应链中存在着基于相互之间的战略伙伴关系、基于长期合作产生的信任而进行的融资，我们将其称为战略关系融资。这种融资方式的独特之处在于要求资金的供给方与需求方相互非常信任，通常发生在具有多年合作关系的战略合作伙伴之间。战略关系融资更多意义上代表了供需双方之间已经不仅依靠契约进行治理，还依靠关系治理。

#### 1. 战略关系融资的背景

国外学者将组织间交易治理机制分为契约治理和关系治理两种模式。契约治理主要适用于计划性交易。在非资产专用性条件下，对于偶然性或经常性的交易可采用市场治理结构，可称为契约治理结构。关系治理是指包括主要的关系专用性资产的组织间的一种交易模式，体现在组织间关系的结构和过程等维度上，是一种非正式的垂直的交易过程。事实上，契约治理和关系治理之间是互补关系。在契约治理有效保障双方行为框架的前提下，关系治理能够有效弥补契约治理带来的缺陷，尤其能够通过加深双方之间的信任减少机会主义的发生。供应链背景下的战略关系融资就是典型的关系治理手段之一。

#### 2. 战略关系融资的主要形态

战略关系融资是供应链参与企业之间基于长期合作关系所形成的信任而进行的融资活动。其特点是银行在融资过程中由于对供应链以及交易关系缺乏了解而仅仅成为资金来源（甚至有些情况下并没有银行参与），供应链中的参与企业是融资服务的组织者。目的是通过引入融资加深彼此之间的战略合作关系，为未来的价值创造打下基础。

下面以X企业为例详细说明战略关系融资的具体业务流程以及与其他供应链金融的不同之处。X企业是国际领先的消费品贸易公司，距今已有百余年的历史，目前其核心业务包括贸易出口、本土市场（美国、欧洲、亚洲）经销、物流、零售等。

在日益激烈的竞争中，X企业充分认识到上游供应商的重要性。正如X企业某经理所说："我不怕来自其他企业的竞争，但我害怕有实力的供应商没有加入我的供应链，或者我的优质供应商为其他企业生产。"基于以上认识，为了牢牢"抓住"优质供应商，X企业除了提供一系列供应商支持计划外，还开发了战略关系融资这一特殊的融资方式。首先，X企业各事业部会根据以往交易数据筛选出关键供应商。针对这部分供应商，X企业事业部会主动向其询问是否出现资金短缺情况并鼓励供应商进行生产设备、管理设施的改善升级。X企业在总部设立财务审核部门，X企业各事业部根据供应商需求向总部财务审核部门提出申请，然后由企业总部直接对供应商进行支持。这种融资方式的独特之处在于，融资并不以某个单独交易为依据，而是以双方的长期合作关系为基础，甚至不涉及抵质押物。在这一融资过程中，X企业关注的问题是通过给供应商提供融资，提升供应商的质量，从而提升供应链的价值创造能力，改善供应链整体生态，从根本上塑造供应链的竞争优势。战略关系融资业务流程如图8-25所示。

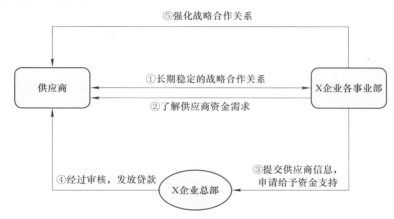

图8-25　战略关系融资业务流程

从供应链企业与上下游的交易关系来看，预付款融资主要解决企业采购时遇到的资金短缺问题，通过预付款融资可以缓解一次性交纳大额订货资金带来的资金压力，甚至能够拿到超越自身资金能力的订单；库存融资主要用于盘活采购之后在途物资以及产成品库存占用的沉淀资金，提高资金利用效率；而应收账款融资主要用于对供应链下游企业进行赊销时较长账期造成的资金紧张；战略关系融资则是从战略的角度提前锁定未来能力，保障供应链的长期稳定发展。因此，上述四种供应链金融形态可以用图8-26进行总结。

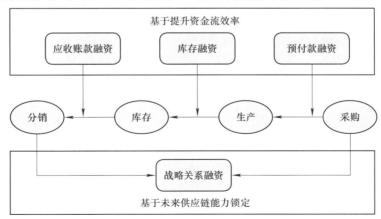

图8-26　供应链金融形态总结

## 四、供应链金融风险控制

### （一）供应链金融风险因素分析

供应链金融作为供应链参与者之间依托金融资源实现商流、物流结合的一种创新行为，必然会受到各种影响供应链运营因素的影响，并且对融资数量、融资周期和融资费率产生作用。具体来讲，按照不同的来源和层次，影响供应链金融风险的因素可以分为供应链外生风险、供应链内生风险和供应链主体风险三大类。

#### 1. 供应链外生风险

供应链外生风险主要是指由于外部经济、金融环境或产业条件变化，供应链资金与物流、商流的协调顺畅受到影响从而产生的潜在风险。市场利率、汇率变动导致供应链企业融资成本上升，或者宏观经济政策调整、法律修订、产业组织等因素导致产品需求中断，供应链增值难以实现，由此引起资金循环迟缓甚至中断的风险。这一类风险尽管不是供应链运营管理者能完全决定和管理的，但是在供应链金融业务开展过程中，供应链金融的综合管理者需要实时关注这些因素的变化，以及这些变化可能对供应链金融运行产生的正面或负面的影响，进而根据这些因素调整或决策供应链金融业务绩效的三个维度——融资数量、融资周期和融资费率。总体上讲，如果外生风险越大，融资的总量和周期就会越小，融资费率就会偏大。

在供应链外生风险分析过程中，除了自然灾害、战争等不可抗拒的风险因素外，很多风险驱动因素往往与供应链运营的行业、领域密切相关。具体来讲，导致供应链外生风险的因素主包括：

（1）经济环境与周期。经济因素，特别是经济周期性波动是供应链金融活动应当关注的外生因素之一。供应链金融活动涉及上下游企业之间，以及平台服务商、综合风险管理者和流动性提供者之间密切的合作和经济往来，整个经济状况出现波动，必然使得其中的环节或者主体所面对的风险增大，从而加剧了整个供应链的资金风险。

（2）政策监管环境。监管环境是指国家或地方的法律和政策对行业的支持或限制，以及其变动的可能性。这对行业发展具有很大的影响，进而影响到供应链金融的风险。监管环境对供应链金融的影响通常是比较确定的，一般而言，应该避免将贷款投放到监管不健全或是国家地方政策限制发展的行业或领域。

（3）上下游网络稳定与力量均衡。供应链上下游之间的力量均衡和稳定对于供应链金融具有很大的影响，如果某行业对其他行业依赖性过强，则此行业的信贷风险不仅包括该行业的风险，还应包括与其关联行业的风险。因此，上下游网络稳定与力量均衡也是需要关注的因素。

（4）产业组织环境。产业特征是对供应链活动有重要影响的因素之一。供应链运营环境中的产业特征是决定企业提供服务类型的重要因素，特别是在供应链金融活动中，越接近完全竞争的行业，其企业规模相对越小，产品同质性越高，价格控制能力越弱，信贷风险相对越高。

（5）市场竞争状况。市场竞争状况也是决定供应链企业融资风险的驱动因素之一。在一个高度竞争的市场中，企业一般倾向于高度利用资源、提高效率、降低成本，同时企业之间的模仿性很强，在这种状况下，如果供应链融资的总量过大或者周期过长，就会产生巨大的潜在风险。

（6）产品业务性质。产品业务的性质，特别是产品业务的价值性、质量稳定性及价值变动性等也是决定供应链金融风险的驱动因素。如果产品业务的价值不大，就会对融资的总量或周期产生负面影响。产品质量和价值越稳定，供应链金融的风险程度就相对越小；反之，就会越大。

### 2. 供应链内生风险

供应链内生风险主要是供应链内在结构、流程或要素出现问题而导致的潜在金融风险，显然，这是供应链组建和运行不当所产生的风险。供应链内生风险的产生有三个原因：一是由于供应链中企业的供需界限变得模糊，为了集中于核心能力，企业大量采用外包获取外部的生产资源、分销资源和物流资源，这种网络化的行为可能会混淆责任边界，出现断货或库存积压等现象；二是供应链中复杂的力量有时会导致供应链"混乱效应"，这种"混乱效应"源自供应链的过度反应、非必要性的介入、不信任以及信息扭曲等；三是供应链结构和系统的惯性，也就是固有供应链体系使得供应链结构和运作模式难以应对环境和市场的变化，这是因为供应链新体系的建立往往是以成本的上升为代价的。整个供应链体系运行的状态又会对企业信用评价产生影响。供应链运营状况良好，交易风险较小，就可以弱化供应链内企业的综合信用风险，放大融资总量、延长融资周期、使费率下降；反之，则会加剧供应链内企业的综合信用风险，使其信用状况恶化，增大融资的代价，使融资数量下降，融资周期缩短。具体来讲，导致供应链内生风险的因素主要包括：

（1）供应链结构。供应链结构是开展供应链金融的基础，如果供应链结构设计有问题，金融活动就会存在巨大的风险。因此：一是需要对供应链上下游企业结构进行分析，特别是要分析融资对象在供应链生态中的作用；二是需要对供应链金融活动推动者在供应链结构中的地位进行分析，例如平台服务商能否真正为企业供应链运行提供完整、全面的信息化服务，切实地掌握供应链运行的细节；三是要分析综合风险管理者能否了解供应链参与方的状况，把握其收益的来源，掌握潜在风险程度等，这些都在供应链金融的有效开展中发挥重要作用。

（2）供应链流程。供应链金融的高效持久运作依赖于供应链需求管理、客户关系管理、供应商关系管理、物流服务管理、复合型能力管理、资金和融资管理等主要流程的整合与协调，其目的是有效控制客户需求、生产过程及供应商绩效。所有上述要点都是需要评价的关键流程，否则供应链流程上的失误会导致供应链金融的巨大风险。

（3）供应链管理要素。供应链企业的组织管理能力直接影响到供应链的运营绩效，组织管理能力越强，供应链越趋于稳定，运营质量越高，运营风险越低；反之，即便初始的供应链结构和流程设计较好，之后也会产生诸多问题。组织管理能力包括计划与控制、组织结构、管理方法、领导力、风险与收益管理、企业文化等。

（4）供需目标一致性。从本质上讲，供应链管理和供应链金融是行为主体之间的一种互动。供应链能否稳定和持续,其中一个很重要的因素在于供需双方是否具有目标一致性,或者是否愿意为实现目标一致性而进行日常性投入。因此,如果供需双方协调成本较高,或者投入的资源和精力不足,就会造成目标的不一致,而这种不一致最终使得供应链绩效受到损失,供应链金融活动也将难以为继。

（5）利益分享与补偿机制。供应链成员企业为供应链整体利益所做出的各种贡献和支付,以及承担的各种风险,都必须按照市场原则得到等价的经济补偿。因此,在供应链金融运行过程中,需要考虑三类利益分享和补偿机制:一是供应链运营体系中各参与方的利益分享和补偿,如果供应链运营中某一方的利益得不到保证,供应链中断就会成为必然;二是供应链金融组织者之间的利益分享和补偿,即平台服务商、综合风险管理者和流动性提供者之间的利益分享和补偿;三是供应链运营参与者与供应链金融组织者之间的利益分享和补偿。只有这三方面的机制得以确立,供应链金融的风险才能被有效控制。

（6）合作经验与期限。业务合作经验与期限体现为供应链中焦点企业以往合作的历史和经验,以及各种合作项目的维系时间。供应链焦点企业的合作经验越丰富、合作期限越长,合作的质量就越高,合作双方的信任度就会进一步加深,供应链金融运行中的风险就会越少。

### 3. 供应链主体风险

供应链主体分析的目标是防止在供应链金融活动中,融资需求方或关联企业采取机会主义行为,从而使金融活动组织者或者某一方产生巨大的损失。供应链金融中的主体分析,既包括供应链运营中的客户企业,也包括供应链金融中的组织者。对这些主体的分析,既要看其自身运营情况和资源、经营实力,是否具备履行供应链合作义务的能力,也要对供应链背景下客户企业或合作者真实的业务运作状况进行分析,了解企业的盈利能力与营运效率,掌握企业的资产结构组成和各项资产的流动性,并针对流动性弱的资产进行融通可行性分析,此外还要了解企业经营者或合作对象的素质和信用,看其是否符合供应链金融长期合作的要求。

（1）主体资质。主体资质指的是行为主体的资源能力,以及其在行业或领域中的地位。对供应链融资的服务对象而言,主要是该企业的经营资源和能力,特别是该企业应对行业变动和风险的能力,如果融资对象的能力有限,而融资总量过大,或者融资周期过长,相应的风险就会很大。对供应链金融组织者而言,主体资质涉及不同参与者的能力,诸如:平台服务提供商是否具有信息整合、管理和沟通的能力;综合风险管理者是否具备连接各方利益,周密设计融资流程,管理、控制交易和物流过程,管理风险的能力;流动性提供者能否具备与综合风险管理者沟通、协调并参与风险管理的能力等。

（2）财务状况。在供应链金融中,尽管金融产生的基础是供应链运营中的贸易过程和物流过程,而不完全依据企业的财务报表和财务指标,特别是对于很多中小型企业,往往很难凭借其财务报表进行风险判断和管理,但是财务状况分析仍然是必要的,要分析企业的盈利能力和资金运作效率等。财务分析的一项关键任务是对客户企业的资产状况进行全面分析,了解企业的资产组成,确定各项资产的流动性状况,尤其是流动资产的各项内容,分析企业各项资产的流动性是否满足企业正常运营的需求。一旦资产不能满足流动性要求，或者融资的资金总量和周期超出了正常生产经营所需要的程度，就需要加以关注，以防止出现资金使用风险。

（3）诚信历史与现状。诚信是开展供应链金融服务的基础和前提，供应链参与方式或金融组织者如果没有良好的诚信，供应链金融活动就会产生巨大的风险。然而这一问题也是目前我国开展供应链金融的最大障碍之一：一是目前在资本市场上尚无完善的征信和信用管理体系，特别是中小企业的征信较为困难；二是由于政策执行上的不尽完善，违约的代价不足以抵销违约行为所获得的利益。所有这些使得诚信管理变得异常困难，也正是因为这样，建立有效的信用识别体系显得尤为重要。诚信体系的建构不仅包括对中小企业基本素质、偿债能力、运营能力、盈利能力、创新能力、成长能力、信用记录以及行业状况等影响因素的考察，还包括对企业所处供应链的整体运营绩效、上下游企业的合作状况、供应链竞争力及信息化共享程度等因素的综合评价。只有建立完善的信用管理体系，才能从根本上避免供应链金融风险的发生。

（4）真实贸易背景。对供应链运营主体真实贸易背景的判断和掌握是进行供应链金融风险管理的重要因素，很多供应链金融风险的产生，正是由于平台服务商、综合风险管理者、流动性提供者没能切实把握供应链运营的真实贸易过程。这种贸易过程的把握不仅是关注融资对象某一笔生意的交易方式、付款方式等，还要关注融资对象与供应链中其他企业或组织之间的贸易背景、贸易方式、收付款情况以及上下游企业等情况。因此，供应链金融服务平台对真实交易背景的透彻了解，有利于判断供应链金融服务的合理性，有利于服务平台对全过程进行监管和对风险资产及时预警，并及时采取合法有效的措施保全资产。

（5）运营状况。运营状况分析的对象除了融资需求方的经营状况外，还包括其上下游企业的运营状况，以及金融组织者对整个供应链运营的了解和掌握状况，尤其是供应链运营中的商流（贸易往来）和物流，特别是物流运营的监管和把握等方面的状况。没有扎实的物流管理，信息流和商流都会出问题，从而引发供应链金融风险，因此加强对供应链主体的运营监管是控制风险的首要方法。

（6）履约能力。企业的履约能力既可以反映企业经营风险的高低，又可以反映企业利用负债从事经营活动能力的强弱。供应链融资以供应链各渠道内的成长型中小企业为服务对象，这些企业的履约能力直接决定了其能否按渠道内其他企业的要求提供合格的产品和服务，进而影响融通资金的顺利回收。对企业履约能力的判断可以从企业的盈利能力、产品技术成熟度、产品质量可靠性、产品形象以及市场稳定性等多方面进行分析。同时，还需要分析判断供应链金融组织者的履约能力。供应链金融活动往往涉及不同的组织者和协调者，它们共同为供应链运营中的企业提供资金支持，并且管理资金风险。其中任何一方不尽职或者行为不当，都会直接影响到供应链金融运行的质量和风险程度。

上述三大类风险均对供应链金融绩效的三个维度产生影响（见图8-27），而且这些因素往往是结合在一起共同决定风险的程度和大小的，这会直接影响控制和管理供应链金融风险的方法。

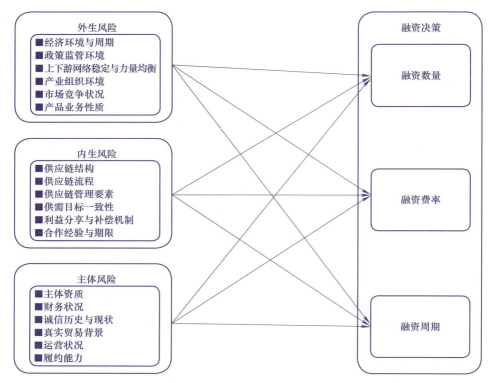

图8-27 供应链金融中的风险与绩效决策

## （二）供应链金融风险管理

### 1. 供应链金融风险管理的原则

导致供应链金融风险的因素有三类：供应链内生风险、供应链外生风险及供应链主体风险。供应链内生风险一方面来自供应链企业之间的互动，任何企业间不当的互动行为所导致的供应链损失都可以归结为供应链内生风险。供应链外生风险一般指的是供应链中所产生的外部不确定性因素，也可以称为系统性风险。这种风险往往会对供应链网络以及网络中的组织产生负面影响。供应链主体风险则是由供应链行为主体本身的原因造成的风险和不确定性。以上三种风险均会影响融资绩效，因此在供应链风险管理过程中，应当充分认识到上述三种风险的状况，合理地建构供应链和供应链金融运行体系。具体来讲，供应链风险管理的原则如下：

（1）业务闭合化。供应链金融运行的首要条件就是形成业务的闭合化，也就是供应链整个业务活动是有机相连、合理组织、有序运行的，从最初的价值挖掘到最终的价值传递和价值实现形成完整循环。这是因为供应链金融的核心和前提是供应链运营，一旦供应链运营活动环节难以实现闭合，或者价值生产和实现过程中出现偏差，就必然会产生潜在问题，从而导致金融风险产生。

（2）管理垂直化。供应链金融风险管理的垂直化意味着对各个管理活动和领域实施专业化管理，并且使之相互制衡，互补、从属或重叠。这样做的优势在于：一方面有利于细分管理领域或活动，明确责任，满足流程服务化的需要；另一方面可以建立基于市场和业务的明确的考核机制，有利于强化战略风险管理。

（3）收益自偿化。收益自偿化原则是供应链金融的基本条件。收益自偿是指根据企业真实的贸易背景和供应链流程，以及上下游综合经营实力，向供应链中的企业提供短期融资解决方案，并且以供应链运营收益或者所产生的确定未来现金流作为直接还款来源的融资过程。自偿性贸易融资业务注重贸易背景的真实性和企业物流和资金流的有效锁定，期限严格与贸易周期匹配，具有明显的自偿性。自偿性贸易融资为满足贸易的时效性、批量性和周转性的要求而多为额度授信，且自偿性贸易融资产品设计本身就包含较强的风险控制。

（4）交易信息化。供应链金融风险管理有赖于高度的信息化管理，这种信息化不仅表现为企业生产经营系统和管理系统的信息化，还在于企业内部与企业与外部的信息化沟通，以及供应链运营过程管理的信息化。

（5）风险结构化。风险结构化是指在供应链金融业务开展过程中，能合理设计业务结构，并且采用各种有效手段或组合化解可能存在的风险和不确定性。风险结构化需要考虑四个方面的要素：一是保险，保险是业务风险分散的首选方案之一；二是担保与承诺，供应链金融业务中需要考虑到各类不同参与方和主体所能起到的担保和承诺的职能；三是协议约定，供应链金融业务责任的承担，应本着既有利于业务开展又切实符合公开、公平、公正的原则；四是风险准备金的建立。

### 2. 供应链金融风险控制体系

供应链中上下游之间的交易需要通过一定的控制手段进行约束，以达到最初的交易目标。根据控制理论的经典理论，一般存在着两种控制方式：正式控制和非正式控制。

（1）正式控制。正式控制包括两种主要形式：一是结果控制，即采取绩效测量的方法对行为所产生的结果进行监控；二是行为控制，也叫过程控制，关注的是合适的行为转变成预期结果的过程。基于上述两种正式控制的特点，在供应链金融的运行过程中，可以按照流程分析风险的关键控制点（结果控制）进行供应链金融运营前期、中期和后期的全程管理（行为控制）。

（2）非正式控制。非正式控制包括两种形式：信任和资产专用性。

信任是关系规范中的一种重要表现形式，因此信任是非正式控制中的重要方式。信任是指在风险状态下一方对另一方的积极期望，也可以指一方在风险状态下对另一方的信赖。在供应链金融运营过程中，信任来源于金融主导者与所有相关参与者之间的互动和合作，特别是要明确各方的法律关系，提供服务的企业只承担自己可以承担和能够承担的责任，超出范围的业务坚决不做。

资产专用性是指资源一旦用作特定投资后，很难再移作他用的性质。相应地，专用资产就是用作支持某些特定交易的资产，一旦终止该资产所指向的交易，该资产无法全部或部分地挪作他用，就成为沉没成本。资产专用性程度越高，交易双方的依赖性就越高，任何一方违约都会给另一方造成巨大损失。在供应链金融中，资产专用性既可以体现为质押物、担保的存在，也可以体现为维系特定的关系或者业务所投入的资产，例如信息系统。信息系统包括协同管理系统、金融业务现场操作软件系统、互联网远程监控系统，以及

GPS、物联网技术在供应链金融领域的应用系统。

## 能力训练

【讨论】在日益激烈的市场竞争中，G公司充分认识到下游客户尤其是大客户的重要性。为了牢牢"抓住"优质大客户，G公司除了提供一系列客户服务支持计划外，还决定为其提供战略关系融资这一特殊的融资服务。请以小组为单位讨论供应链战略关系融资方式与其他供应链融资方式的主要区别，分析供应链战略关系融资的发展趋势，并说明理由和依据。

## 复习思考题

1. 供应链企业物流服务外包的优势有哪些？
2. 影响供应链企业物流服务外包的因素有哪些？
3. 供应链企业物流服务外包的模式有哪些？各有何特点？
4. 供应链金融服务创新的具体形态及其主要特点有哪些？
5. 影响供应链金融风险的因素有哪些？

## 实践能力训练

【实训内容】根据任务描述中提供的G公司的背景及相关资料，以小组为单位完成以下实训任务：

（1）如果G公司委托你作为其第三方物流服务方，你将如何利用所建立的分拨中心进行管理，请为G公司在欧洲的物流分拨中心设计运营方案。

（2）如果G公司委托你作为其供应链金融服务方，你将如何为其提供供应链金融服务，请为G公司设计供应链金融服务方案。

【实训目的】通过实训，学生加深对供应链物流服务外包和供应链金融服务创新相关知识的理解，并能运用所学知识解决实际问题，为后续学习奠定基础。

【实训安排】将学生按3~4人划分为一组，进行适当的任务分工，以小组为单位共同收集整理相关资料，最后制作PPT及电子文档进行汇报。教师也可组织学生进行讨论，并根据实际情况给予点评。

# 参 考 文 献

[1] 马世华,林勇. 供应链管理[M]. 5版. 北京:机械工业出版社,2016.

[2] 朱占峰,陈勇. 供应链管理[M]. 3版. 北京:高等教育出版社,2019.

[3] 乔普拉,迈因德尔. 供应链管理:第6版[M]. 陈荣秋,译. 北京:中国人民大学出版社,2017.

[4] 鲍尔索克斯,克劳斯,库珀,等. 供应链物流管理:第4版[M]. 马士华,张慧玉,等译. 北京:机械工业出版社,2014.

[5] 陈荣秋,马士华. 生产运作管理[M]. 3版. 北京:机械工业出版社,2009.

[6] 姜方桃. 集成化供应链管理的绩效评价研究[M]. 北京:中国大地出版社,2009.

[7] 辛奇-利维 D,卡明斯基,辛奇-利维 E. 供应链设计与管理:概念、战略与案例研究:第3版[M]. 季建华,邵晓峰,译. 北京:中国人民大学出版社,2010.

[8] 宋华. 供应链金融[M]. 2版. 北京:中国人民大学出版社,2016.